Python, Rで学ぶ
データサイエンス

Chantal D. Larose・Daniel T. Larose 著

阿部真人・西村晃治 訳

東京化学同人

DATA SCIENCE USING PYTHON AND R

Chantal D. Larose
Eastern Connecticut State University, Windham, CT, USA

Daniel T. Larose
Central Connecticut State University, New Britain, CT, USA

まえがき

この本が必要な二つの理由

理由1　今，データサイエンス分野の人気が過熱しているためだ．現在，データサイエンティストは，最高の職業であると考えられている．Bloomberg社[*1]は，データサイエンティストを“米国で今一番ホットな職業である”と位置付けている．Business Insider社[*2]も，“データサイエンティストは，現在の米国における最高の職業だ”と述べた．Glassdoor.com社[*3]では2018年現在，3年連続でデータサイエンティストに一番の評価を与えられている．Harvard Business Review誌[*4]は，データサイエンティストを“21世紀で最もセクシーな職業”であるとしている．

理由2　PythonとRは，データサイエンスに取組むうえで，最もよく使われるオープンソースのプログラミング言語であるためだ[*5]．世界中のアナリストやエンジニアが，無料で使える強力な分析用パッケージを日夜開発している．

本書を使ってデータサイエンスを学ぶことで，強力なオープンソースの分析ツールを用いて最先端の専門知識を身につけることができる．この本では，実社会におけるさまざまなビジネス上の分析課題を解決するための技術を，実践的に一歩ずつ学んでいくことが可能である．端的にいうなら，データサイエンスを実践することで学んでいくことができる．

経験者だけでなく，未経験者も歓迎だ

本書は，分析やプログラミングが未経験であってもデータサイエンスを学

---

*1　Bloomberg（ブルームバーグ）社はおもに経済，金融系を取扱う情報サービス企業．https://www.bloomberg.com/news/articles/2018-05-18/-sexiest-job-ignites-talent-wars-as-demandfor-data-geeks-soars.

*2　Business Insider（ビジネスインサイダー）社は米国のビジネスニュースサイト．https://www.businessinsider.com/what-its-like-to-be-a-data-scientist-best-job-in-america-2017-9.

*3　Glassdor.com（グラスドア）社は米国の求人口コミサイト．https://www.forbes.com/sites/louiscolumbus/2018/01/29/data-scientist-is-the-best-job-in-americaaccording-glassdoors-2018-rankings/#dd3f65055357.

*4　Harvard Business Review（ハーバード・ビジネス・レビュー）は米国の大手ビジネス誌．https://www.hbs.edu/faculty/Pages/item.aspx?num=43110.

*5　https://www.kdnuggets.com/2017/08/python-overtakes-r-leader-analytics-data-science.html.

べるように記述した．この本は，データサイエンスの初学者が即戦力を身につけるための助けとなるだろう．

本書の特筆すべき点として，下記の 4 点がある．

- Python と R をゼロから使えるようにするため，ツールのインストールからパッケージのダウンロードまで，第 2 章を丸ごと Python と R の基本を学ぶためにあてた．
- “データの要約と可視化” と題して，データ分析に必要な用語や知識を付録としてまとめている．
- 一歩一歩着実に学べるよう，本書で行う分析の細かな工程それぞれに解説をつけている．
- 理解を深めるため，すべての章に練習問題を用意している．

本書だけで，楽しく Python と R の一通りの実践的な分析力，プログラミングスキルを身に着けられるだろう．また，あなたが企業の経営者，CIO，CEO，CFO であるなら，本書を学び終えることで，データサイエンティストやデータベース技術者とよりよいコミュニケーションがとれるようになっているだろう．分析業務のビジネス上の価値を正確に理解し，将来的な損失の発生を未然に防ぐ役立つはずだ．

本書では，下記のような有用なトピックも用意している．

- ランダムフォレスト
- 一般化線形モデル
- データドリブンな不良コストの最小化と，収益の最大化

なお，本書で取扱うさまざまなデータセットは，東京化学同人のホームページ（http://www.tkd-pbl.com/）からダウンロードできる．

授業向け教材として

本書は，大学のデータサイエンス入門者から中級者向けコースとして，半期から通年の授業で使えるような構成となっている．本書は合計で 500 問以上の練習問題を用意しており，理解度を測りながら授業を進めていくことができる．

練習問題は三つのカテゴリーに分けられ，基本的な理解をテストするものから，新しく挑戦的な応用のより実践的な分析を行うものまである．

- **考え方の確認**: テキストで学んだ内容の理解をさらに深める．
- **データ分析練習**: 章ごとに学んだことを，実際のデータを使って Python および R 双方で分析できるようになる．
- **データ分析実践**: 実践的に分析に取組むことができる．新しいデータセットが都度提示され，データの傾向，特徴を確認しながら，現実世界の課題に近い分析課題に取組むことができる．本書の練習問題の半分以上は，このような実践課題である．

本書は，大学学部生から大学院生向けに書かれているが，統計やプログラミング，データベースについての知識がなくてもかまわない．必要なのは，学ぼうとする強い気持ちだけだ．

本書の構成

本書は，① 段階を踏んで，② 効率的に，③ 反復的に実施する，という科学的なフレームワークに即したデータサイエンスの方法論を学べる構成となっている．データサイエンスの方法論とは次のようなものだ．

1. **問題理解段階**　分析プロジェクトの目的を明確に定める．その後，データサイエンスの定量的なタスクに落とし込む．
2. **データ準備段階**　データクレンジングやデータの準備は，データサイエンスの中でも最も労働集約的な工程である．第 3 章で扱う．
3. **探索的データ解析段階**　データの可視化によって，データの傾向などへの洞察を得る．第 4 章で扱う．
4. **モデル構築下準備段階**　データ分析におけるモデル性能のベースラインを策定する．必要であれば，データの分割や，（不均衡なデータの）均衡化を行う．第 5 章で扱う
5. **モデル構築段階**　データサイエンスの核となる段階．アルゴリズムを駆使し，変数間にあるビジネスにとって真に有益な関係性を発見す

る．第 6 章，第 8 章〜第 14 章で扱う．

6. **モデル評価段階**　構築したモデルがどの程度有用か評価し，最もパフォーマンスの良いモデルを選択する．第 7 章で扱う．

7. **モデル展開段階**　ビジネスでの実運用との整合性を確認しながら，実際の現場へ適用する．

著 者 紹 介

著者の Chantal D. Larose（Ph.D.）と Daniel T. Larose（Ph.D.）の 2 人は，父娘のデータサイエンティストである．本書は，下記の 2 冊に続く，3 冊目の共著となる．

- "Data Mining and Predictive Analytics", 2nd Ed., Wiley (2015)
  800 ページからなる学術書で，本書とあわせてデータサイエンスを深く学ぶ良い教材である．
- "Discovering Knowledge in Data: An Introduction to Data Mining", 2nd Ed., Wiley (2014).

Chantal D. Larose は，米国コネチカット大学で "Model-Based Clustering of Incomplete Data（不完全データにおけるモデルベースクラスタリング）" の論文により，2015 年に Ph.D. を取得した．ニューヨーク州立大学（SUNY）ニューパルツ校の助教授として，ビジネスデータサイエンス学部の教育に携わり，現在はイースタン・コネチカット州立大学において，統計とデータサイエンスの助教授を務め，数理科学専攻のデータサイエンスカリキュラムに携わっている．

Daniel T. Larose は，1996 年に "Bayesian Approaches to Meta-Analysis（メタアナリシスにおけるベイズ統計学的アプローチ）" の論文により，コネチカット大学で統計学の学位を取得し，現在はセントラル・コネチカット州立大学（CCSU）において，統計とデータサイエンスの教授を務めている．2001 年には，世界ではじめて，データマイニングのオンライン修士課程のコースを開講した．本書は，彼の共著を含め 12 冊目の教科書となる．並行して小規模なコンサルティングビジネス（DataMiningConsulant.com）を行っており，また，CCSU のデータサイエンスプログラムにおいて，オンライン修士課程で指導にあたっている．

謝　辞

Chantal より

校正の際に，聞き古した指摘をくれたわが父ダニエルに深く感謝します．父の指導とデータ分析に対する情熱が，私の原稿をより優れたものにしてくれました．父との執筆作業はとても楽しいものでした．また，妹の Ravel の限りない愛と，驚くばかりの音楽・科学の才能にも感謝を．旅人でもある彼女は私にインスピレーションを与えてくれました．また，弟の Tristan には，彼が学校で頑張ってくれたことと，マリオカートで一度だけ私に勝たせてくれたことに感謝します．いつも食事をつくり，ハグをしてくれた母の Debra にも感謝します．そして，深い深い，とても深い感謝をコーヒーに捧げます．

Chantal D. Larose, Ph.D.
イースタン・コネチカット州立大学
統計・データサイエンス 助教授

Daniel より

すべての謝辞を家族に捧げます．娘の Chantal の深い洞察と，穏やかさ，彼女がもたらした日々の喜びに感謝します．個性豊かな娘 Ravel が，夢を追って勇気を出して化学者になってくれたことに感謝します．息子の Tristan には，彼の数学とコンピューターのスキルに，そして庭の石を動かしてくれたことに感謝します．生まれてくることができなかった娘の Ellyriane Soleil，生まれていたらどんな子になっていただろうか．最後に，愛する妻の Debra の深い愛と，家族への気配りに感謝します．皆とても愛しています．

Daniel T. Larose, Ph.D.
セントラル・コネチカット州立大学
統計・データサイエンス 教授
www.ccsu.edu/faculty/larose

訳者まえがき

昨今，ビジネスを含むさまざまな場面で統計解析や機械学習を用いたデータサイエンスが賑わっている．そのおもなきっかけは，ディープラーニングなどの性能のよい機械学習法が発展したことや大量のデータが取得・蓄積できるようになったことにある．そういったデータサイエンスが盛り上がる中で最も重要なことは，さまざまな意思決定を定量的で客観的なエビデンスに基づいて行うべきであるという認識が広まりつつあることだ．データに基づいて，科学の手法を用いて分析し，結果を評価することは，再現可能な形で，適切で，信頼性のある意思決定をもたらすことが期待される．しかし，このような素晴らしいデータサイエンスを学ぶ機会が十分かというと，まったく違う．データサイエンス業界で活躍するほとんどの人が，大学や大学院でデータサイエンスを学問として修めていない．これは，データサイエンスの学部や大学院がないからである（最近，滋賀大学や横浜市立大学，武蔵野大学にデータサイエンス学部が設置された）．このような状況において，データサイエンスを学ぶ一つの方法は，書籍を手にとって自学することだ．そして，データサイエンスを学ぶ中で重要なのは，自分の手を動かして Python や R といったプログラミング言語を使い，データに触れ，分析を実行することである．大学で統計学の講義を受講した方の中には，中心極限定理や正規分布の解説に何時間も費やされ，実際のデータ分析までたどり着かない，という経験がある人もいるのではないだろうか．数理統計学が重要であることは間違いないが，実際のデータに触れ，分析コードを書き，実行結果を眺め，評価する，というプロセスを経験しないことには，データサイエンスを学んだことにはならない．データを扱う際には，データに含まれるエラーを除くなどのデータクレンジングが必要になるなど，非常に煩雑なこともある．データに含まれるエラーによって分析結果が大きく変わってしまうこともしばしばだ（プログラミングのエラーであれば，エラーメッセージが出てプログラムは停止する．しかし，データのエラーは何らかの結果が出てしまうことがある.）．そのため，一連のデータ分析を通した経験が必要とされる．

本書は，データに触れ，可視化し，予測モデルを構築し，性能を評価するというデータサイエンスに必要な一通りの流れを学ぶことができるため，データサイエンスの基礎の学習に適しているといえる．特に，ビジネスなどの実務的な場面での分析が想定された，顧客データや売上といったビジネスに関するデータ（例題のデータは配布されている）を基に進めていくため，読者がイメージしやすく，また，データサイエンスがいかに役立つかも実感しやすい．データ分析の実践的な問題を多く（各章数十の問題）収載している点も，教育的である．そして，本書のタイトルにあるように，Python と R の両方で分析コードが紹介されていることも特徴であろう．データサイエンス分野では一般的に，Python は機械学習が得意で，R は統計解析が得意という傾向があり，必要に応じて使い分けることが望ましいが，両方を同時に学べる機会は意外と少ない．

本書の注意点としては，小さなサンプルサイズに対する統計解析（仮説検定など）の解説はほとんどなく，ビッグデータを意識した予測を中心にした解析手法（つまり統計解析というより機械学習の考えに近い）をメインに据えていることである．統計解析の基礎の学習には，“R で学ぶ統計学入門”（嶋田・阿部，東京化学同人）を読んでいただきたい．また，本書で紹介している手法はやや古典的であるが，データサイエンスの現場では，たとえば，最新のディープラーニングよりも古典的なロジスティック回帰で十分な場合が多くあるため，ベーシックな手法は依然として有用であるし，新規の手法を学ぶ土台にもなる．

前述したように，データサイエンスの専門家はデータサイエンスを修めていない．これは，データサイエンスが誰にでも開かれているということでもある．是非，本書を開いて，データサイエンスの基礎を学び，データに基づいた，適切で，信頼性のある意思決定につなげてほしいと思う．

2020 年 10 月

訳者を代表して　阿　部　真　人

目　　次

1 イントロダクション

1・1　なぜデータサイエンスが必要なのか

データサイエンス（data science）は，世界で最も成長している分野の一つである．2012年に比べて，2017年の求人数は6.5倍に増加し，未来にわたっても需要が増え続けていくことが見込まれている[*1]．たとえば，2017年5月にIBMが発表した予測では，“データサイエンティストやデータエンジニアの求人数は，2020年には70万人に達するだろう”としている[*2]．http://InfoWorld.comの報告によると，“米国においてデータサイエンティストがこれほどまでに求められている理由は，能力のある人たちが足りないからだ”としている[*3]．本書がデータサイエンティストとして活躍する人が少しでも増える一助となることを願っている．

1・2　データサイエンスとは何か

データサイエンスについて一言で表すなら，科学的なフレームワークに基づいた体系的データ分析のことである．データサイエンスとは，

- データ分析における，適応的・段階的・反復的なアプローチである．
- 体系的なフレームワークに基づいて実施される．
- 最適なモデルを模索するものである．
- 予測誤差による損失について，測定・評価するものである．

データサイエンスにより，巨大なデータからビジネス的なアクションに繋がる有益

---

*1　Forbes, https://www.forbes.com/sites/louiscolumbus/2017/12/11/linkedins-fastest-growing-jobs-today-are-in-data-science-machine-learning/#5b3100f051bd

*2　Forbes, https://www.forbes.com/sites/louiscolumbus/2017/05/13/ibm-predicts-demand-for-data-scientists-will-soar-28-by-2020/#6b6fde277e3b

*3　http://Infoworld.com, https://www.infoworld.com/article/3190008/big-data/3-reasons-why-data-scientist-remains-the-top-job-in-america.html

な示唆を得るためには，下記を統合したアプローチが必要となる．

- 統計的データ分析のデータドリブンな手法
- コンピュータの計算能力とプログラミング能力
- ビジネス領域に対するドメイン知識

別の言葉でいうのなら，データサイエンスは，有効活用されていないデータベースから利益につながる知見を発見し，企業の収益向上を可能にさせる．データサイエンスを学ぶことで，ビッグデータを扱う手法と，ビジネスにおける難解な問題について立ち向かう方法を身に着けることができる．

1・3　データサイエンスの方法論

データサイエンスの方法論（data science methodology, DSM）は*，分析の各段階において分析者が何をすべきかの指針を与える．図1・1にDSMの各段階において，データの傾向に合わせて調整し，繰返し実施していく実際のワークフローについて記載した．

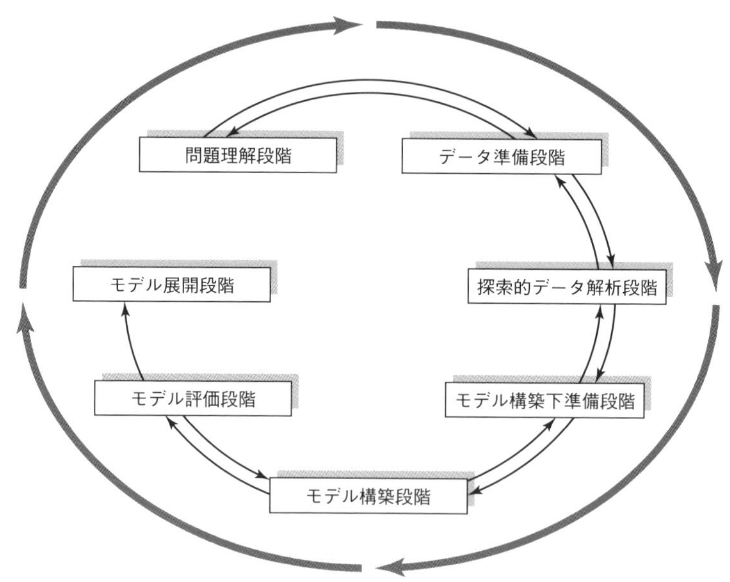

図1・1　データサイエンスの方法論における七つの段階

---

* CRISP-DM（Cross-Industry Standard Practice for Data Mining: 産業間共通のデータマイニングにおけるベストプラクティス）に基づいている．詳細は，D. T. Larose, C. D. Larose, “Data mining and predictive analytics”, John Wiley and Sons, Inc.（2015）を読むとよいだろう．

1. 問題理解段階　時間をかけてデータ分析を行った結果，そもそも分析課題の設定ミスに気づくことは，データサイエンスにおいてしばしば発生する．上記の問題を回避するための段階である．
　(a) まず，分析・予測の目的を明確に定義する．
　(b) そして，データサイエンスの定量的なタスクに落とし込む．

2. データ準備段階　生のデータは，そのままデータ分析のアルゴリズムに用いることはできない．データのクレンジングを行い，データ分析に適したフォーマットに整形する必要がある．データの質の問題は，分析者を常に悩ます問題である．この段階では，上記の問題について取組んでいく．データ準備段階におけるデータのクレンジングは，データサイエンスの中でも最も労働集約的な工程である．データ準備に必要なタスクを，網羅的に下記にまとめた．
　(a) 外れ値の検出と対応
　(b) データの変形と正規化
　(c) カテゴリ変数の再分類
　(d) 数値変数のビン化
　(e) インデックス（データの索引）の追加
　データ準備については，第3章で扱う．

3. 探索的データ解析（EDA）段階　データ準備が終わったら，ようやくデータについて基本的な情報を得るための分析を始めることができる．ここでは，特にグラフによる可視化について焦点を当てる．本書では詳しいアルゴリズムについては触れないが，単純かつ重要な手法について学ぶことができるだろう．本書で得た知見を基に，今後何を学んでいくべきかも，合わせて理解することができる．実際に取扱う内容について，下記に列記する．
　(a) 個々の説明変数と目的変数間の関係の解析（単変量解析）
　(b) 複数の変数間におけるデータの分布などの解析（多変量解析）
　(c) モデルの精度を上げるための説明変数のビン化
　(d) 複数の変数を基にした，新しい変数の作成
　探索的データ解析については，第4章で扱う．

4. モデル構築下準備段階　予測モデル構築に必要なデータが整ったので，モデル構築前に考慮すべきいくつかの重要なタスクについてふれる．
　(a) ホールドアウト法またはk-fold 交差検証法（クロスバリデーション）．データセットを学習用とテスト用に分割することで，モデルの過剰適合を防ぐことができる．なお，データの分割には無作為性が求められる．
　(b) データの均衡化．予測アルゴリズムの性能を高めることができる．

(c) 予測モデルのベースラインを策定する．たとえば，クレジットカード利用の不正について，99%で正解を予測できたとして，良い予測モデルといえるか考えてみよう．クレジットカードの不正利用率は，通常の利用に比べて極端に少ないことが予想される．実際には，不正でないクレジットカード利用は99.932%であり，何も考えずにすべてを正常と判定するモデルであっても正解率は99.932%となってしまう*．データと予測したい対象によって，予測モデル性能のベースラインを決めなければ，予測モデルの性能について議論することはできない．

モデル構築下準備については，第5章で扱う．

5. **モデル構築段階**　最先端のアルゴリズムを駆使し，ビジネス課題にとって有益な変数間の関係性を発見する．データサイエンスの中心となる段階である．
   (a) データの特徴や予測したい対象にあわせて，最適なアルゴリズムを選択し，実装する．適切でない手法は，適切でない予測を導き，ひいてはビジネスに重大な損失をもたらす．
   (b) 構築した予測モデルが，ベースラインを超えていることを確認する．
   (c) 予測結果をさらに良くするために，モデルのチューニングを行う．決定木モデルについて，より深くした方がよいだろうか？ ニューラルネットワークモデルについて，隠れ層をいくつ設定すべきだろうか？ データをどのように分割すればよいだろうか？ データサイエンティストは，最適な結論を導き出すために十分な時間を使わなくてはならない．

   モデル構築はデータサイエンスの核であり，花形である．第6章，第8章〜第14章で扱う．

6. **モデル評価段階**　あなたの同僚が，スーパーボウル（米国最大のアメフトイベント）でどのチームが優勝するか，自信満々に予想しているとしよう．彼の予測は正しいだろうか？ 予測結果を評価するには，実際に起こった結果と照らし合わせて検証する必要がある．モデル評価段階では，モデルがどのように機能しているか，利益に結び付くのか，モデルの予測結果についてさらに時間をかけて評価，チューニングしなければいけないのか，しっかりと検証する必要がある．
   (a) モデル構築段階で作成した予測モデルのベースラインに基づいて評価する．最低でも，あてずっぽうの予測モデルより高いパフォーマンスが出ているか，確認する必要がある．もしそうでないのなら，前の段階まで立ち戻る必要がある．

---

* The Alaric Fraud Report, 2015, https://www.paymentscardsandmobile.com/wp-content/uploads/2015/03/PCM_Alaric_Fraud-Report_2015.pdf

(b) 作成した予測モデルが，本当にビジネス課題の解決に寄与しているのか，吟味する．あなたのモデルは，問題理解段階で定義したビジネス課題を解決しているだろうか？ 抜け落ちている観点はないだろうか？

(c) モデルの予測が間違っていたとき，ビジネスにどの程度悪影響が及ぶのか定量的に考える．たとえば，販促キャンペーンを実施したとき，“顧客が購買すると予測したが実際には購買しなかった（偽陽性，false positive, FP）”損失は，“顧客が購買しないと予測して実際は購買した（偽陰性，false negative, FN）”損失より小さい．一方で，住宅ローンの契約についての予測ならば，“顧客が契約すると予測したが，実際には契約しなかった(FP)”の損失は相対的に大きくなる．

(d) モデルをいくつか並行で構築し，どのモデルの精度が一番よいか確認する．単一のモデルを選ぶか，いくつかのモデルを同時に利用することを選ぶかは，モデル展開段階で議論する．

モデル評価について，第7章で扱う．

7. モデル展開段階　上記の1〜6の段階を経て，あなたの作成した予測モデルは遂に完成した．ビジネス部門と実運用について議論し，展開していく．

(a) モデル運用について，運用例を添えてビジネス部門に報告する．ビジネス部門はあくまで運用に乗せた後どうなるかに興味がある．状況に応じて，あなたのモデルがビジネス課題を解決したことや，どの程度の利益を生み出したかについても報告する．

(b) プロジェクトには，継続的に関わっていく必要がある．ミーティングに参加し，モデルを展開・運用のプロセスにも関わっていき，ビジネス部門がビジネス課題にきちんと焦点を当て続けているかを確認する．

DSMは，データにあわせて逐次調整し，繰返し行っていくアプローチであることを忘れてはいけない．より適応的な結果を出すためには，時には以前の段階まで戻り，今の段階で得た知見を基に再検証を行うこともある．図1・1にDSMの概念図を示したが，各段階間に双方向の矢印を描画したのはそのような理由からである．たとえば，モデル評価段階において，構築したモデルがもともとのビジネス課題に焦点を当てていないことに気づいたのなら，モデル構築段階まで戻ってモデルを再構築する必要がある．

また，別の観点として，類似するビジネス課題において，先人がどのような予測モデルを構築してきたか，経験知として活用することができる．類似した問題であれば，類似したデータの傾向があり，同じようなアルゴリズムが有効であると考えられる．図1・1に概念図の外側にも矢印を引いているのは，そのようなプロセスを明示したものである．過去に作成したモデルは，新しいビジネス課題に対する問題解決法にも応用できるのだ．

1・4　データサイエンスのタスク

データサイエンスの最も普遍的なタスクとして，

- 記　述（description）
- 回　帰（regression）
- 分　類（classification）
- クラスタリング（clustering）
- 予　測（prediction）
- アソシエーション（association）

がある．次に，上記のタスクについて，それぞれが何を表しているかを紹介しよう．

1・4・1　記　　述

データサイエンティストは，データのパターンや傾向について考える必要がある．たとえば，長時間利用しカスタマーサービスにも頻繁に電話してくる人について，退会率が高い顧客群として特定することがあるかもしれない．この顧客群について説明するとき，たとえばカスタマーサービスへの頻繁な電話は，顧客がサービスに満足していないせいだ，という分析をする．マーケティング部門に対しては，上記顧客群の解約を防止する方策について改善案を提示する必要もでてくる．

データの記述・可視化については，データ解析の専門家であるかにかかわらず広く行われている．たとえば，スポーツアナウンサーが，ある野球選手の生涯打率が 0.350 であるというとき，アナウンサーは選手の生涯戦績について記述・可視化している．これはいわゆる記述統計の簡単な一例だが，他の例について知りたければ，巻末の“付録: データの要約と可視化”を確認してほしい．ほぼすべての章の練習問題にデータの可視化のタスクを設けているが，特に第 4 章の探索的データ解析や，第 10 章でのクラスタリングの説明，第 11 章での 2 変量解析のところで詳しく説明をしている．

1・4・2　回　　帰

回帰は，目的変数である数値変数について，いくつかの説明変数を基に近似するものである．回帰モデルは，目的変数といくつかの説明変数の関係を学習し，目的変数が未知である新しいデータに対して予測を行うのである．たとえば，顧客が住宅ローンの支払い能力がどれくらいあるかを予測するとき，過去の顧客の性別や年齢などの人口統計学的な属性と実際の支払金額などのデータを基に学習を行う．回帰モデルは，常に目的変数が数値変数であることに注意する．回帰モデルは，第 9, 11, 13 章で扱う．

1・4・3 分　類

分類は回帰と似ているが，目的変数が数値変数（連続値）でなく，Yes/No などのカテゴリ変数である．分類モデルはデータサイエンスのタスクのなかでも最も普遍的なものであり，かつ最も利益に結び付きやすいものである．たとえば，住宅ローン融資会社やクレジットカード会社は顧客が破産するか否かについて深く関心がある．分類モデルは，回帰モデルと同様，目的変数が既知である過去の顧客のデータを基に，どのような属性をもった顧客が破産しやすいか学習を行う．学習済のモデルを基に，目的変数が未知の新しいデータについて予測を行う．住宅ローン融資会社やクレジットカード会社は，債務のある顧客についてだれが破産しやすいかを特定する．分類モデルについては，第 6, 8, 9, 13 章で扱う．

1・4・4 クラスタリング

クラスタリングでは，変数間の関係性を基に，データをいくつかの集団に分割する．たとえば，クレジットカードの顧客について，あるクラスターには若く，教育を受けた人が多い．一方で，あるクラスターは年齢が高く，あまり教育を受けていない人が多い，といった形である．クラスタリングでは，お互いに似た属性をもつレコード（ある要素に対する複数の変数のまとまり）は，同じクラスターに配置し，似ていないレコードは別のクラスターに配置する．有効なクラスターを抽出するためには，下記の二つの観点が重要である．

(i) 特にクライアントが興味を持っている属性において，納得感のある分かれ方になっている．

(ii) クラスタリング後に構築する分類/回帰モデルについて，クラスター自体が有用な説明変数となる．

クラスタリングは，第 10 章で取扱う．

1・4・5 予　測

予測は，分類/回帰モデルと似ているが，将来を予測するものである．たとえば，証券アナリストは Apple 社の 3 カ月後の株価に興味があるだろう．これは目的変数が数値変数であるという点で回帰モデルに近い．別の例として，創薬化学者は何の分子が製薬会社にとって良い新薬となりうるかについて興味があるだろう．これらの予測は新薬が有用かどうか，という観点では分類モデルに近いともいえる．

1・4・6 アソシエーション

アソシエーションは変数の関係性，特に共起性（同時に起こること）に焦点を当てている．アソシエーションルールを使って，二つもしくはそれ以上の変数同士のルールの発見を目指す．アソシエーションルールは，“事象A（条件部）が発生すると，事象B（結論部）も発生する”という形をとり，支持度や信頼度といった指標で測ることができる．たとえば，顧客の解約について考えるとき，次のようなアソシエーションルールを発見できる．“カスタマーサービスへの電話が3件より大きいとき，顧客は解約する．”支持度はレコード全体における事象AとBの発生率を表し，信頼度は事象Aの発生率と，事象AかつBの発生率の割合である．アソシエーションルールについては，第14章で説明する．

練習問題

1・1 データサイエンスとは何か，説明せよ．

1・2 データサイエンスを実施するには，どのような知見が必要か説明せよ．

1・3 データサイエンスの目的は何か，説明せよ．

1・4 DSMにおける七つの段階の名前を答えよ．

1・5 問題理解段階が必要な理由を述べよ．

1・6 データ準備段階が必要な理由をのべよ．データ準備段階で実施する三つの課題を答えよ．

1・7 データの基礎集計，可視化を行うのはどの段階か答えよ．

1・8 モデルのベースラインを策定するべき理由を，自分の言葉で述べよ．また，どの段階で必要か答えよ．

1・9 データサイエンスによる分析において，核となる段階はどれか答えよ．問題解決にあたって，複数のアルゴリズムを考えておくべき理由を述べよ．

1・10 予測結果が役に立つどうかは，どのように測るべきか．また，どの段階で行うべきか，述べよ．

1・11 “データサイエンティストの仕事は，モデル評価段階まである．”というのは，正しいか答えよ．その理由も説明せよ．

1・12 DSMがどのように適応的なアプローチか，説明せよ．

1・13 DSMがどのように反復的なアプローチか，説明せよ．

1・14 データサイエンスにおける最も一般的なタスクを箇条書きにせよ．

1・15 練習問題1・14のタスクのなかで，専門家でなくても実施しているものはどれか，答えよ．

1・16 回帰モデルとは何か．回帰モデルにおける目的変数はどのようなものか，述べよ．

1・17 データサイエンスのタスクのうち，最も一般的に行われているものはどれか，答えよ．また，そのタスクにおいて，目的変数はどのようなものか，述べよ．

1・18 クラスタリングにおいて，どのようにレコードを分割するか，述べよ．

1・19 “予測において，目的変数はカテゴリ変数のみである．”というのは，正しいか答えよ．その理由も説明せよ．

1・20 アソシエーションルールにおいて，支持度とは何か説明せよ．

2

Python と R の基礎

2・1 Python のダウンロード

Python で記述されたコードを実行するためには，Python 用のコンパイラが必要となる．この本では，Anaconda ディストリビューションに含まれている統合開発環境 Spyder を使用する．Anaconda をインストールすることで，同時に Python 本体もインストールされる．

Anaconda をダウンロードするには，Spyder のインストールページ* に行き，

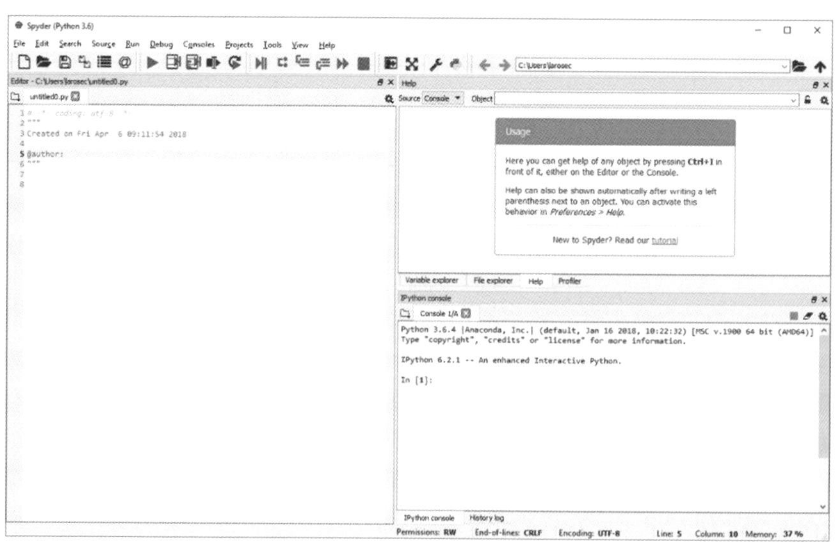

図 2・1 Spyder の画面（初起動時）

* http://pythonhosted.org/spyder/installation.html

WindowsまたはMacOS Xオプション下の該当リンクを選択する．インストールが完了したら，Spyderプログラムを起動する．

初めてSpyderを開くと，図2・1に示すウィンドウが表示される．左側の画面で，実際にPythonコードで記述する．実際にPythonを使ってデータ分析を行う際，この画面に対して最も時間を費やすことになるだろう．右上の画面には，Pythonコードを実行して作成されたデータセットや，統計情報が表示される．右下の画面では，エラーメッセージなどや，分析結果などの出力が表示される．

2・2 Pythonプログラミングの基礎

Pythonを含めたほとんどのプログラミング言語では，コードを実行すると何らかの処理が実施される．一部の処理において，計算結果やファイルなどの出力が行われる．この章では，データ分析作業において重要な，コメントの記述・パッケージのインポート・スクリプトの実行・出力結果の保存・データセット取込み，の五つの処理について解説していく．

2・2・1 コメントの記述

コメントとは，Pythonのコンパイラからは無視される，注釈あるいはメモである．コメントは，プログラミングを使った分析プロジェクトにおいて，もっとも重要な部分ともいえる．コメントは，他のプログラマがコードを理解しやすくするために使われ，たとえば，個々のコードがどんな処理を実行しているのか，何が出力されるかなどを記述する．Pythonでは"#（ハッシュマーク）"を文頭に記述することでコメントとして認識される．下記がコメントの例となる．

```
# これはコメント!
```

なお，本書ではPython, Rにかかわらず，今後すべてのサンプルコードは書体を変えて記述する．

2・2・2 コードの実行（Python）

実際に記述したコードを実行するためには，開発環境に用意された実行方法を知る必要がある．分析用途の場合，実際に記述したコード1行1行に対して個別に実行したいと思うだろう．Spyderでは，単一行のコード実行ボタンが用意されている．なお，コード実行ボタンにカーソルをあわせることで，キーボードショートカットが表示される．（図2・2）

複数行をまとめて実行する場合には，複数の行をドラッグ（ハイライト）して，[Run

selection or current line］ボタンを押すか，前述のキーボードショートカットで実行する．

図 2・2 Spyder における Python コードの選択範囲または行を実行するためのボタンと説明文

また，§2・2・1 で作成したコメントを実行してみてほしい．前述の通り，コメントはコンパイルされず，何の出力結果も表示されない．なお，Spyder の右下の画面には，コメント行が，(何の出力結果も生まないものの)実行されたことが示されている．

2・2・3 パッケージのインポート（Python）

Python では，機械学習に必要な処理を，その場ですぐに実現することができる．ただし，その前にパッケージのインポートをする必要がある．パッケージは，データサイエンスのさまざまな場面で必要なタスクを，私たちが細かな処理を記述せずに利用できるように，特別に設計されたコードが記述されている．たとえば，第 6 章で決定木（CART モデル）による分類回帰モデルを作成するが，実際には個別の決定木のアルゴリズムを私たち自身がゼロから記述する必要はない．決定木のアルゴリズムが含まれたパッケージをインポートし，パッケージの中身を呼び出すことで，簡単に決定木を作成できるようになる．

パッケージをインポートする場合，ほとんど単一の記述方法で記述することができる（第 10 章で説明する sklearn.naive_bayes パッケージに記述された `MultinomnalNB()` 関数などは除く）．たとえば，pandas と NumPy というパッケージをインポートする場合には，下記のように記述する．

```
import pandas as pd
import numpy as np
```

パッケージをインポートする場合には，`import` 文を利用する．`import` 文の後に記述された `as pd` や `as np` は，パッケージ名を短縮名称などの別名で置き換えることで，以降のコードでの記述を簡略化することができる．

上記のコードでは，pandas パッケージを `pd`，NumPy パッケージを `np` という短縮名称に置き換えている．パッケージ内のさまざまな関数を利用する際には，パッケージの名称（もしくは上記の別名）を記述した後に，関数名を入力する．たとえば，§2・2・4 で pandas パッケージに含まれる `read_csv()` 関数を利用するが，この関数を利用したい場合には，`pandas.read_csv()` と記述するか，先ほどの import as 文で定義した別名を使って `pd.read_csv()` と記述する．

また，パッケージをインポートする場合，パッケージ全体をインポートするだけでなく，一部の機能だけを切り取ってインポートすることも可能である．たとえば，第6章で sklearn.tree パッケージ内にある `DecisionTreeClassifier()` と `export_graphviz()` 関数を利用するが，下記のように記述することで，個別の関数だけをインポートすることができる．

```
from sklearn.tree import DecisionTreeClassifier,\
export_graphviz
```

パッケージ全体をインポートする場合と，若干文法が違うことに留意すること．`import sklearn.tree` から記述を始めるのではなく，`from sklearn.tree` と記述する．`from` を使うことで，どのパッケージから該当の関数をインポートするかを記述できる．その際，`from sklearn.tree` の後に，`import` 文を記述する．`DecistionTreeClassifier` 関数だけをインポートする場合には，そこで記述を終了するが，複数の関数をインポートする際には，該当の関数間をカンマ（`,`）で区切って，二つ目以降の関数（`export_graphviz`）を記述することで，複数の関数をまとめてインポートできる．

また，Python では 1 行ごとにコードを記述するが，上記のようにバックスラッシュ（\）を文末に挿入することで途中改行を行うことができる．以降本書では，紙面に合わせてバックスラッシュを用いた改行を行う．

Anacondaでのパッケージの追加

本書では，Python 内のパッケージは，Anaconda のインストール時にデフォルトで付属されているものしか利用しないが，実務で分析していく場合，必要に応じて追加のパッケージをインストールする必要も出てくるだろう．

その場合，Anaconda Navigator を使ってインストールするとよい．Anaconda Navigator を起動した後，下記の画面のように，[Environments] → [プルダウンメニュー] で [All] を選択 → 欲しいパッケージを検索し，選択 → [Apply] でインストールを行うことができる．実際に分析を進めていく際には試してみてほしい．

2・2・4 データセットの取込み（Python）

本書では，下記のように，pandas の `read_csv` 関数を使って，データセットの取込みを行う．

```
df = pd.read_csv("データのパス")
```

なお，前節の通り，`import pandas as pd` によって，pandas パッケージを別名 `pd` として事前に取込んでおく必要がある．

コード内に記載されたデータのパスは，ダブルクオーテーション（"　"）で囲う．Windows ユーザーなら，“`C:/`” からはじまるデータセットファイルの絶対パスを記述する形となるだろう．たとえば，第 4 章で銀行マーケティングデータの bank_marketing_traing データセットを取込むが，取込むためのコードはたとえば下記のように記述する（実際にコードを実行してみたい場合は，東京化学同人のホームページから本書の “データセット” をダウンロード・解凍し，bank_marketing_training を読み込めるようにしておこう）．

```
bank_train = pd.read_csv("C:/…/bank_marketing_training.csv")
```

`"C:/…/"` は，プログラマーがよく使う省略のための記法で，実際のパスはたとえば下記のようになるだろう．

```
bank_train = pd.read_csv("C:/Users/Data_Science/Data/
bank_marketing_training.csv")
```

“bank_marketing_training データセットファイルを読み込み，bank_train というデータフレームに格納する” という記述である．インポートするデータセットだけでなく，コード上で以降データセットを呼び出すデータフレームの名称（bank_train）も指定する．以降のコードで何度も呼び出すことになるため，なるべく短くわかりやすい名称にするのが望ましい．

2・2・5　出力結果の保存（Python）

データを使って何らかの出力をした際，出力した結果を後で使い回せるように，名前付きの “オブジェクト（出力結果を保存する “箱” のようなもの）” に格納する．

```
( 出力結果を保存するオブジェクト ) = ( データ出力コード )
```

上記のスクリプトを見たとき，bank_marketing_training のデータセットを取込んだときと同じ構造になっているのがわかるだろう．上記の記述の，`pd.read_csv(" データのパス ")` がデータ出力コードにあたり，オブジェクトが “bank_train” にあたる．データ出力コードを実行した際，出力結果をオブジェクトに格納するかどうかが，実際の挙動としてどのように変わっていくかを，分割表の作成を例にして考えてみよう．

図 2・3 は分割表を作成するためのコードと出力結果である．〔なお，`crosstab()` は分割表を作成するための pandas の関数である．〕

```
In [9]: pd.crosstab(bank_train['previous_outcome'], bank_train['response'])
Out[9]:
response            no   yes
previous_outcome
failure           2390   385
nonexistent      21176  2034
success            320   569
```

図2・3 Python で分割表を出力する

データの内容を確認するためだけにテーブルを作成し，以降該当のテーブルを利用しないのであれば，上記のコードだけで十分である．しかし，実際にはこの後テーブルを利用してさまざまな解析や加工を行うため（第4章では，この後実際に棒グラフを作成する），該当の表を名前付きのオブジェクトとして保存する必要がある．コードと出力結果は図2・4のようになる．

```
In [10]: crosstab_01 = pd.crosstab(bank_train['previous_outcome'], bank_train['response'])

In [11]:
```

図2・4 Python で分割表を作成し，crosstab_01 という名前を付けて保存する

作成するオブジェクトにつける名前はなんでもかまわないが，プログラム上いくつか制約がある．

- 数値や記号から始めることはできない．
- ピリオド（.）や一部の記号は利用することができない．アンダースコア〔_（アンダーバーともいう)〕などを利用すること．

ここでは，cross_tab01 という名称でオブジェクトを作成している．

なお，上述の cross_tab_01 = … のコードで，何も出力されていないことに留意すること．Python では，スクリプトによって生成された内容がオブジェクトに格納されたとき，該当のスクリプトによる出力結果はスキップされる．出力結果を確認したい場合には，該当のオブジェクト名（ここでは，crosstab_01）だけを記述して実行する（図2・5)．

```
In [11]: crosstab_01
Out[11]:
response            no   yes
previous_outcome
failure           2390   385
nonexistent      21176  2034
success            320   569
```

図2・5 Python で，crosstab_01 という名前で保存したオブジェクトを出力する

2・2・6 データと変数の確認，加工（Python）

データサイエンスでは，個別にデータの中身を確認する必要がある．例として，前述の銀行データセットを用いて，データの中身を確認してみよう．データの中身を確認するには，`.loc` アトリビュートを使う．アトリビュートとは，作成したオブジェクトの中身を探索，参照するための各種機能をさす．ここでは，pandas のデータフレームオブジェクトを作成していたので，データフレームに付随する機能として利用する．Python でデータを作成した場合は，レコードは 1 ではなく，0 からスタートするため，最初のレコードを参照したい場合は，“レコード [0]” を参照する必要がある．2 番目のレコードであれば，“レコード [1]” となる．bank_train データフレームに格納された最初のレコードを参照する場合は，下記のコードを実行する．

```
bank_train.loc[0]
```

`.loc` アトリビュートを使うことで，上記では bank_train の最初のレコードに含まれる各種変数（年齢，職業などの個別のデータ）を参照できる．図 2・6 に bank_train のデータセットの最初のレコードの最初の四つの変数を示す．

```
In [30]: bank_train.loc[0]
Out[30]:
age                               56
job                        housemaid
marital                      married
education                   basic.4y
```

図 2・6 Python で，bank_train データセットの最初のレコードの変数の値を出力する（最初の 4 変数のみ抜粋）

複数のレコードにまとめてアクセスする場合も，同様に `.loc` アトリビュートを使う．1 番目，3 番目，4 番目のレコードにまとめてアクセスする場合は，鍵カッコ（`[ ]`）とカンマ（`,`）で，行数を個別に指定する．

```
bank_train.loc[[0, 2, 3]]
```

なお，連番のレコードを取得する場合には，コロン（`:`）を使って下記のように記述することも可能である．

```
bank_train[0: 10]
```

今までレコードの番号（行）を番号で指定していたが，個々の説明変数（列）を名前で指定することも可能である．たとえば，“`age`（年齢）” の列を指定してデータを取得する場合は，下記のように記述する．

```
bank_train['age']
```

変数名をシングルクオーテーション（`' '`）で囲って指定することで，すべてのレコードの該当変数のデータを取得することができる．コードと最初の四つの age 変数を図 2・7 に示す．

```
In [48]: bank_train['age']
Out[48]:
0         56
1         57
2         41
3         25
```

図 2・7 Python で，age 変数の中身を出力する（最初の四つのみ抜粋）

複数の変数についてまとめてアクセスする場合は，.loc アトリビュートを使ってまとめてレコードを取得したときと同様に，鍵カッコ [ ] とカンマ（,）で要素を個別に指定する．

```
bank_train['age', 'job']
```

このスクリプトの出力結果を図 2・8 に示す．

```
In [49]: bank_train[['age', 'job']]
Out[49]:
      age          job
0      56    housemaid
1      57     services
2      41  blue-collar
3      25     services
```

図 2・8 age 変数と job 変数の中身を出力する（最初の四つのみ抜粋）

Anaconda でのパッケージの追加

Python はいわゆるオブジェクト指向の言語であり，本書でもそれに由来する難解な用語が出現する．

読者の理解のため，最低限の用語の説明を行う．

- 関数: 引数（ひきすう，カッコ内の値）を与えることで，一まとめにした処理を行い，何らかの結果を返すもの
- クラス: さまざまな関数や変数など，さまざまな内容を取まとめた設計図
- インスタンス: 定義したクラスに基づいて生成したオブジェクト（実体）
- 属性（アトリビュート）: クラスがもつ変数
- メソッド: クラスがもつ関数

上記の用語に興味をもったのなら，（Python における）オブジェクト指向について詳しく調べて，理解を進めてほしい．

2・2・7　グラフィックスの設定（Python）

最後に，出力した結果を図で表示する方法を説明する．Spyder のデフォルト設定では，IPython コンソール上で出力した図はすべて右下の画面上に表示されている．図 2・9 ではサンプル図としてヒストグラムを出力している．簡単な図の描画であれば，特に描画用のオプションを設定する必要はないが，より大きく複雑な図を描画する際には，オプションの追加設定が必要になる．グラフの描画設定を可能にするために，Spyder のグラフィックス設定を変更しなければならない．

```
In [5]: bank_train['age'].plot(kind='hist')
Out[5]: <matplotlib.axes._subplots.AxesSubplot at 0x1aff31e1518>
```

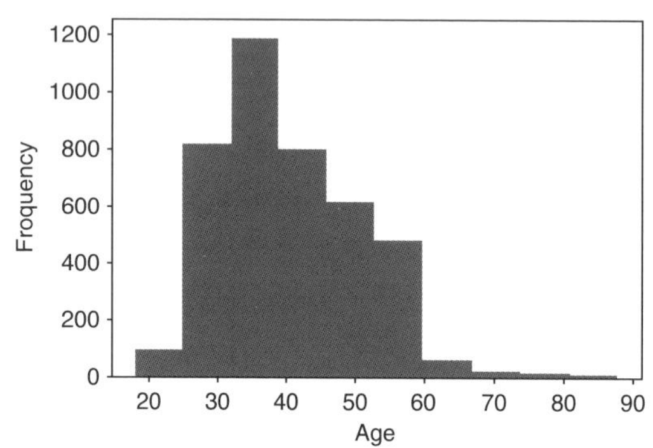

図 2・9　Spyder の出力部に表示されるヒストグラムの例

次の内容を実行する（一度実行すれば設定は保存されるため，起動のたびに毎回実行する必要はない）．

1. Spyder 画面上で，メニューバーの［ツール］→［設定］を順にクリックする．
2. 設定画面の左に表示されたリストの中から，［IPython コンソール］をクリックする．
3. ウィンドウの右側にある，［グラフィックス］タブをクリックする．
4. ［グラフィックスのバックエンド］内の［バックエンド］のドロップダウンメニューから，［自動］を選択する（図 2・10）．
5. ウィンドウ右下の［適用］→［OK］を順にクリックする．
6. 設定を反映させるため Spyder を一度終了し，再起動する．

再起動後，画像描画用の新しい画面が表示されたことが確認できる（図 2・11）．グラフィックスを詳細に確認するためには，さらにいくつかの設定を行うことができる．詳細については以降の章で都度解説するが，今章では基本的な設定のみについて

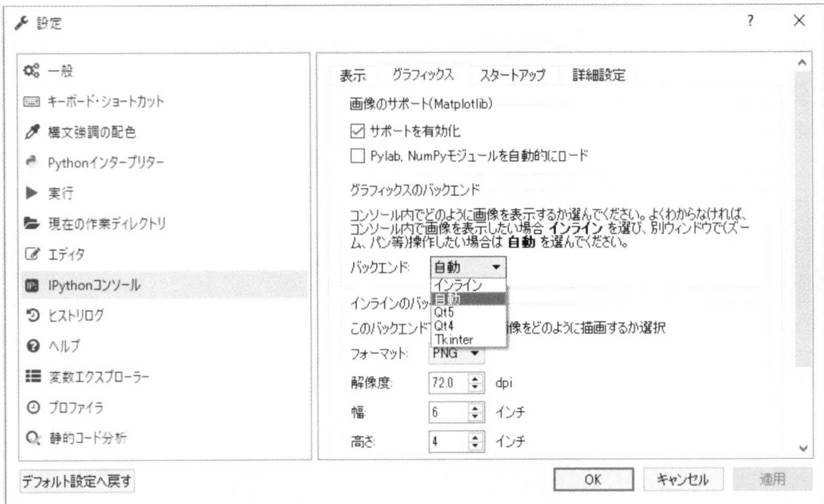

図 2・10　グラフィックスオプションを変更する準備をしているときの Spyder の環境設定画面

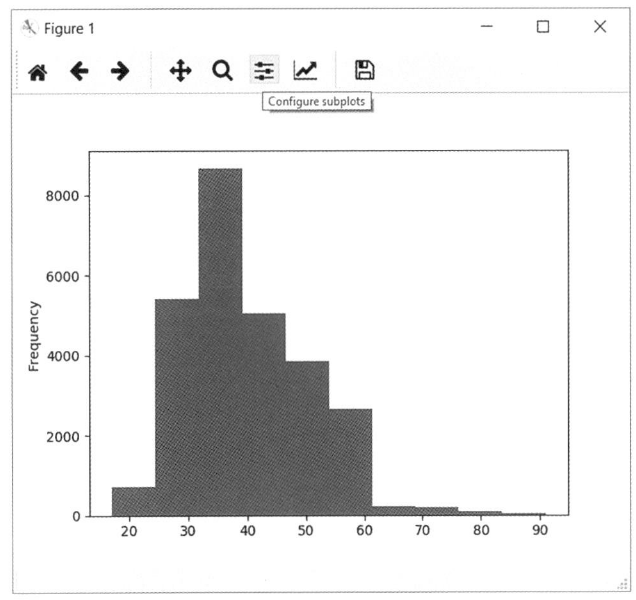

図 2・11　Spyder のプロットウィンドウ上の［Configure subplots］ボタン

簡単に触れるにとどめる．

図2・11のように，プロットウィンドウに表示された［configure subplots］ボタンから，マージン設定を行うことができる．また，その右隣の［Edit Axis］ボタンからは，図のタイトルと軸のラベルの設定を行うことができる．一番右の［save］ボタンで，図の表示を行う．試しに設定を変更してみて，さまざまな図の出力を行ってみよう．

これで，Python によるプログラミングの入り口に立つことができた．第3章以降，Python で使用するさまざまな手法やノウハウを解説していく．

Python の統合開発環境（IDE）について

本書では，Python の開発環境として，Anaconda に同梱されている Spyder を紹介している．上記以外にも，

- Anaconda に同梱されており，より対話的でマークダウン形式の記述を残せる jupyter notebook
- クラウドで利用できる jupyter notebook 環境で，機械学習に利用可能なパッケージがプリセットされている Google Colaboratory
- デバッグ機能が充実しており，よりエンジニア向きな PyCharm
- 有志によるアドインツールが豊富で，急速に利用者を増やしている Visual Studio Code

など，選択肢はさまざまである．

興味をもった方は，上記などのツールを実際に利用してみて，自分にあった統合開発環境を見つけるとよいだろう．

2・3 R と RStudio のダウンロード

さて，次は頭を切替えて，R 言語の基本的な設定や，プログラミング方法について学んでいこう．この本を通じて，Python と R についてさまざまな共通点を発見することになるだろう．一方で，パッケージのインポート方法など，Python と R で異なる点も見つかるだろう．

R のコードを実行するために，R と Rstudio の両方をダウンロードする必要がある．まず，R のインストールページ*1 にアクセスし，OS ごとの案内に従ってダウンロードする．RStudio のインストールページ*2 も同様である．インストール後，Rstudio を起

*1 https://cran.r-project.org/mirrors.html
*2 http://rstudio.com/products/rstudio/download

動する．

RStudio を起動後，コーディングをはじめるために，まず，メニューバーの［File］→［New File］→［R Script］をクリックし，エディタ画面を開く（図 2・12）．ウィンドウ上の左上の画面で，今後 R のコードを入力していく．右上の画面の［Import Dataset］ボタンから，PC 上のデータファイルなどを読み込むことができる．同画面の［Environment］タブでは，R 上で読み込み/作成したすべてのデータセットを確認することができる．ウィンドウ左下のコンソール画面では，テキストによる出力結果や，エラーなどの確認を行うことができる．右下の画面にはさまざまな機能が用意されているが，おもに［Plots］タブ上で，図の出力の確認を行うことが多いだろう．また［Help］タブから，R のマニュアルにアクセスすることもできる．

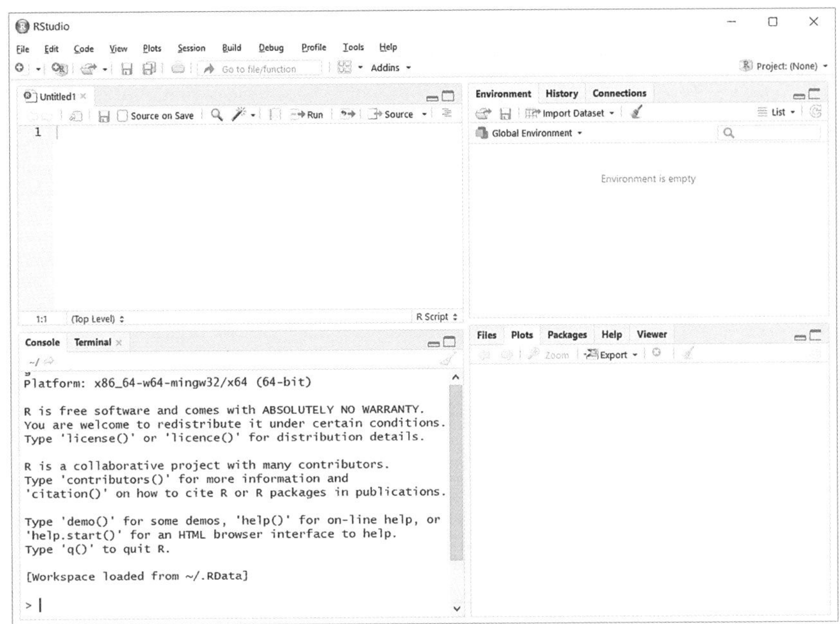

図 2・12　初めてプログラムを起動したときの RStudio の画面

2・4　R プログラミングの基礎

R では，Python と同じように，都度スクリプトを実行して出力を行う．R のコードは多くの点で Python と似通っているが，いくつかの点では異なる．本節では，Python のときと同様に，コメントの記述・パッケージのインポート・スクリプトの実行・出力結果の保存・データセットの取込み，の 5 点について解説していく．

2・4・1 コメントの記述

Python と同様，“記述したコードが何を意図しているのか”をコメントとして残しておくことは重要である．Python と同様，“#（ハッシュマーク）”から始まる行は，コメントとして扱われ，R によって実行されることはない．なお，今後，R のコードは，下記のように太字で記載していく．

```
# これはコメント！
```

コメントは，常に記載するように心がけること．コメントを記載することで，コードが自分にとっても，他の人にとっても読みやすくなるだろう．

2・4・2 コードの実行（R）

R のスクリプトは，Python と同じく一行ずつ実行することになるだろう．Rstudio 内左上の画面に表示された［Run］ボタンをクリックするか，キーボードショートカットから実行することができる．キーボードショートカットは，［Run］ボタンにカーソルを合わせることで確認できる（図 2・13）

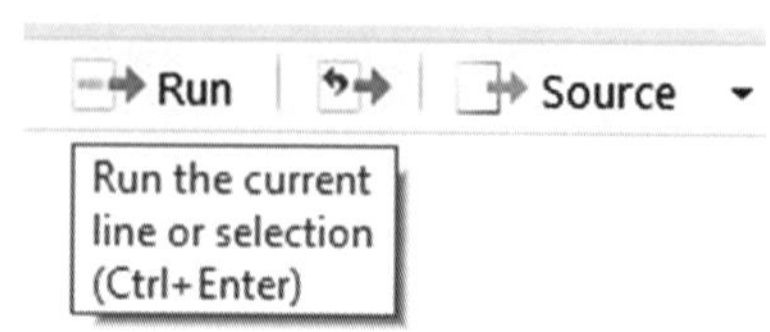

図 2・13 RStudio における R コードの選択範囲または行を実行するためのボタンと説明文

2・4・3 パッケージのインポート（R）

R は初期状態でも，データサイエンティストにとって有用なさまざまな関数が利用可能な状態になっている．ただし，分析内容に応じて，関数やデータを用途別に集めたパッケージを追加でダウンロードする必要もある．追加パッケージを使うためには，(1) パッケージをダウンロード，インストールし，(2) 個別に呼び出す，必要がある．

試しに，ggplot2 とよばれるきれいなグラフを描画するためのパッケージを呼び出すためのプロセスを見ていこう．このパッケージは実際に第 4 章で利用することになる．パッケージをダウンロード，インストールし，呼び出すには下記のスクリプトを実行する．

```
install.packages("ggplot2")
library(ggplot2)
```

1行目 `install.packages()` は，指定したパッケージをダウンロード，インストールする関数である．カッコ内に " "（ダブルクオーテーション）で括ったパッケージ名を入力する．このスクリプトをはじめて実行した際には，CRAN（Rの各種パッケージをダウンロードするためのネットワーク）に含まれた多数のミラーサイトから，ダウンロード先を選択する必要がある．基本的には，住んでいる場所近くのミラーサイト（訳注：日本であれば，統計数理研究所のものなど）を選択するとよいだろう．なお，パッケージは一度インストールすれば，PC内に保存されたままとなるため，毎回インストールを行う必要はない．ただし，2行目のパッケージを読み込むための関数は，都度実行する必要がある．`library()` 関数は，パッケージを読み込むための関数で，カッコ内にパッケージ名を入力する（パッケージ名を " " で括る必要はない）．

2・4・4 データセットの取込み（R）

データセットの取込みは，［Environment］タブ → ［Import Dataset］ボタンをクリックするか，直接ファイルのパスをRコード上で記述することで行う．

［Environment］タブ → ［Import Dataset］ボタンは，Rstudio画面右上にある（図2・14）．［Import Dataset］をクリックすると，ファイル取込み方法のいくつかのオプションが表示されるが，今回は［From Text(base)…］を選択する．ファイル選択画面が表示されるので，読み込みたいファイルを指定し，［Open］をクリックする．データをインポートする際，読み込む際のオプションがいくつか表示される（図2・15）．［Heading］（ヘッダー，列名）オプションは，データの1行目を列名として取込むかど

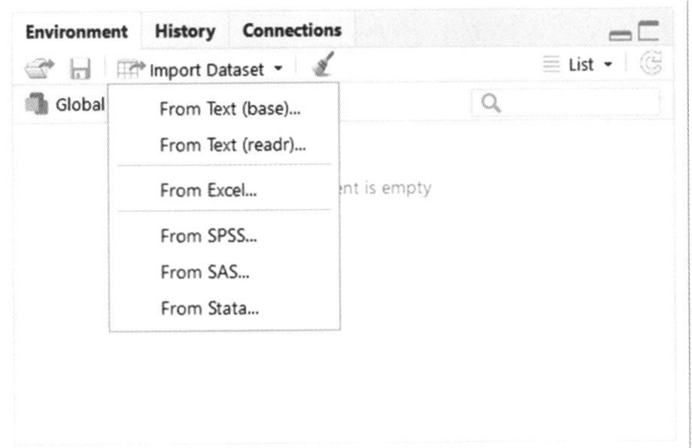

図2・14 RStudioで［Import Dataset］ボタンをクリックすると，ドロップダウンメニューが表示され，そこで［From Test (base)...］を選択する

うかを設定する．実際に取込んだデータのイメージは，ウィンドウの右部に表示される．その際，列名は太字で表示され，実際のデータとしては取込まれない．そのほか，［Separator］（変数ごとの区切り文字）オプションや，［na.strings］（データ欠損をどのように置き換えるか）オプションなどを選び，［Import］ボタンをクリックする．これでデータの取込みは完了である．ただし，ファイルのパスに日本語が含まれる場合，うまくいかないことがあるので注意．

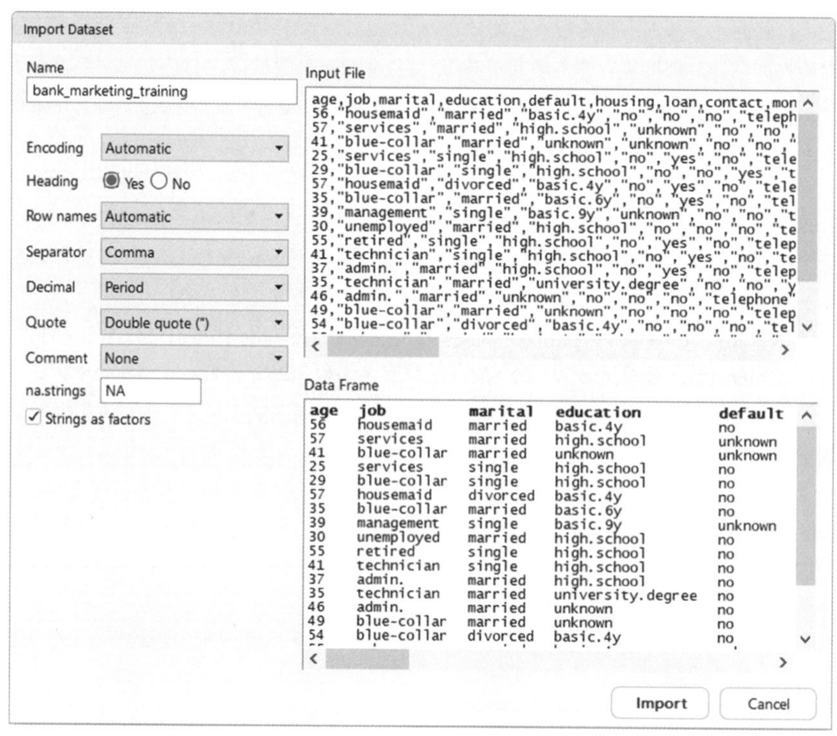

図 2・15　R の［Import Dataset］ウィンドウに，bank_marketing_training データセットを読み込むための設定が表示される．ここでは［Heading. Yes］を選択する

なお，データ取込み時に［Name］オプションを設定して，R コード内で扱うデータセットの名称を設定できる．なお，オプションで設定しなくても，下記のように R スクリプト側で名前の変更を行える．

```
bank_train <- bank_marketing_training
```

<-（左矢印）を使って，右側のデータセットを，左側の新しい名称に改名して代

入する．< と - の間にスペースなどを入れてはいけない．上記を一般化すると，下記のようになる．

```
(新規オブジェクト名) <- (左に保存したい既存オブジェクト)
```

なお，上記ではRのインターフェースを使ってデータを取込む方法を記載したが，下記のようにRのコード上で実行することもできる．

```
(データセット名) <- read.csv(file = "ファイルのパス")
```

上記では，read.csv() 関数を使って，ファイルの読み込みを行っている．read.csv() 内の，file = 以降に，ファイルのパスを " "（ダブルクオーテーション）で括って指定する．実際には，下記のようになる．

```
bank_train <- read.csv(file = "C:/Users/Data_Science/Data/
                       bank_marketing_training.csv")
```

2・4・5　出力結果の保存（R）

出力結果の保存は，データセットの名称を変更したやり方と同様の方法で行う．

```
(出力したいオブジェクト名) <- (保存したいオブジェクト名)
```

例として，分割表を作成し，保存する流れを見ていこう．分割表の作成は，下記の方法で行う（図2・16）．

```
table(bank_train$response, bank_train$previous_outcome)
```

```
> table(bank_train$response, bank_train$previous_outcome)

      failure nonexistent success
  no     2390       21176     320
  yes     385        2034     569
```

図2・16　分割表を出力する

上記で作成したテーブルを，加工・集計するために，t1 という名称で保存する（図2・17）．

```
t1 <- table(bank_train$response, bank_train$previous_
      outcome)
```

```
> t1 <- table(bank_train$response, bank_train$previous_outcome)
>
```

図2・17　Rで分割表を作成し，出力を t1 という名前で保存する

表名 t1 と記述して実行すれば，表の中身を確認できる（図 2・18）．

```
t1
```

```
> t1

     failure nonexistent success
no      2390       21176     320
yes      385        2034     569
```

図 2・18　保存した表 t1 の出力結果

2・4・6　データと変数の確認・加工（R）

bank_train データセットを例に，データの中身を確認・加工する方法を説明する．たとえばデータセットの 1 番目の中身を確認するには，下記のように記述する．

```
bank_train[1, ]
```

R では，特定のレコードのみを分離するような書き方はせず，代わりにブラケット記法“[ ]（鍵カッコ）”を使う．

```
(データセット名)[対象の行(レコード), 対象の列(変数)]
```

なお，データセット名と鍵カッコの間にスペースは開けてはいけない．もし 1 行目に興味があるのであれば，

```
bank_train[1, ]
```

と記述し，複数行（たとえば，1, 3, 4 行目）をまとめて確認したいのであれば，

```
bank_train[c(1,3,4),]
```

と記述する．c() 関数は，複数の数値をまとめて（ベクトルとして），取扱うための関数である．また，上記では列を空欄としており，すべての列が取出される．実行結果は図 2・19 を参照されたい．

```
> bank_train[c(1,3,4), ]
  age         job marital   education
1  56   housemaid married    basic.4y
3  41 blue-collar married     unknown
4  25    services  single high.school
```

図 2・19　*bank_train* データセットの 1 番目，3 番目，4 番目のレコードの内容（最初の四つの変数を表示している）を R で表示する

列（変数）を指定して取出す場合も同様に，鍵カッコの2番目の要素に，取出したい列の情報を記述する．たとえば，1列目と3列目を取出したいのであれば，

```
bank_tarin[, c(1, 3)]
```

と記述する．実行結果は図2・20となる．

```
> bank_train[, c(1, 3)]
   age  marital
1   56  married
2   57  married
3   41  married
4   25   single
5   29   single
```

図2・20　1番目と3番目の変数の内容をRで表示する
（最初の五つのレコードを表示している）

もちろん，行と列を個別に指定することもできる．練習として，1, 3行目と，age（年齢），marital（婚姻状況）列を指定して取出してみてほしい．

Rでは，データセットを取込むと，“データフレーム（data.frame）”として格納される．データセットを取扱うにあたって，データフレームには便利な機能が用意されている．たとえば，ドル記号（$）を使って，特定の列（変数）を指定して確認することができる．

```
bank_train$age
```

以上が，Rにおけるデータの取扱いの基礎となる．これでRへの入門も完了である．

PythonとRの基礎を学ぶことで，データサイエンスに取組む準備が整った．以降の章でも，RおよびPythonについて，分析をするうえで必要な関数，パッケージ，ノウハウなどは適宜紹介していく．

参考資料

1. K. Jarrod Millman and Michael Aivazis, Python for scientists and engineers, Computing in Science & Engineering, 13, 9–12, 2011, doi:https://doi.org/10.1109/MCSE.2011.36.
2. Wes McKinney, Data Structures for Statistical Computing in Python. In Proceedings of the 9th Python in Science Conference, pp. 51–56, 2010.
3. Travis E. Oliphant, A Guide to NumPy, Trelgol Publishing, Spanish Fork, 2006.
4. Travis E. Oliphant, Python for scientific computing, Computing in Science & Engineering, 9, 10–20, 2007, doi:https://doi.org/10.1109/MCSE.2007.58.

5. R Core Team, R: A Language and Environment for Statistical Computing, R Foundation for Statistical Computing, Vienna, Austria, 2018.

練習問題

考え方の確認

2・1 本章で扱った Python および R の五つの重要な機能を述べよ.

2・2 コメントは何のために使うか？ Python および R におけるコメントの記述方法を示せ.

2・3 パッケージのインポートは何のために行うか述べよ.

2・4 Python でのパッケージのインポート時，`as` と記述することがある．目的は何か.

2・5 Python でデータセットをオブジェクトに保存する方法を記述せよ.

2・6 R でデータセットをオブジェクトに保存する方法を記述せよ.

2・7 データセットをオブジェクトに格納する理由は何か.

2・8 Python でデータセットを読み込む方法を記述せよ.

2・9 読み込みたいデータセットに，ヘッダー（列名）が入っているかどうかをあらかじめ確認しなければならない．それはなぜか.

2・10 R（RStudio）において，データセットを取込む方法を二つ述べよ.

データ分析練習

練習問題 2・11〜2・34 では，あらかじめ bank_marketing_training データセットを Python および R で読み込めるように準備しておくこと.

2・11 Python（Spyder）と，R（RStudio）において，プログラムを記述するエディタ部分はどこにあるか示せ.

2・12 コメントを記述せよ.

2・13 Python（Spyder）と R（RStudio）において，[Run] ボタンの所在と，キーボードショートカットを示せ.

2・14 練習問題 2・12 でコメントを実行した場合，実行結果はどうなるか説明せよ.

2・15 下記のパッケージをインポートするためのコードを記述せよ.

(a) Python で，pandas と NumPy パッケージをインポートせよ．インポート時には，それぞれ `pd`，`np` の短縮名称で呼び出せるようにせよ.

(b) R で ggplot2 パッケージをインポートせよ．なお，インストールと読み込みの両方のコードを記述すること.

2・16 bank_marketing_training データセットを読み込み，別名 bank_train で保存せよ.

2・17 bank_train データセットにおいて，“response”（反応）と “previous_outcome”（前回結果）の 2 変数を使った分割表を作成せよ.

2・18 練習問題 2・17 で作成した分割表について，Python では `crosstab_01`，R では `t1` という名称で保存せよ.

2・19 練習問題 2・18 で保存した分割表について，保存名を使って出力せよ．

2・20 bank_train データセットについて，1〜9 番目のレコードを取出せ．

2・21 練習問題 2・20 で取出したデータについて，別名で保存せよ．

2・22 `age`（年齢），`marital`（婚姻状況）列（変数）を別名で保存せよ．

2・23 1〜9 番目のレコード，かつ `age`，`marital` 列（変数）を別名で保存せよ．

データ分析実践

2・24 adult_ch3_training データセットについて，ヘッダーを列名として扱う形で，読み込み処理を実行せよ．なお，データセットはインポート後，adult データフレームとして別名で保存せよ．

2・25 練習問題 2・24 のデータセットの別名保存処理について説明するコメントを記述せよ．

2・26 下記のパッケージをインポートするためのコードを記述せよ．

(a) Python で，`DecisionTreeClassifier` 関数を sklearn.tree パッケージからインポートせよ．

(b) R で，rpart パッケージをインストールせよ．なお，インストールと読み込みの両方のコードを記述すること．

2・27 `workclass`（労働者階層）と `sex`（性別）の 2 変数を使った分割表を作成し，`table01` として保存せよ．

2・28 `sex`（性別）と `marital`（婚姻状況）の 2 変数を使った分割表を作成し，`table02` として保存せよ．

2・29 練習問題 2・27 で作成した分割表について，1 番目のレコードを取出し，中身を確認せよ．`workclass`（労働者階層）と `sex`（性別）の 2 変数について，1 番目のレコードと同じ値をもつデータがいくつあるか確認せよ．

2・30 練習問題 2・28 で作成した分割表について，6〜10 番目のレコードを取出し，中身を確認せよ．`workclass`（労働者階層）と `sex`（性別）の 2 変数について，6〜10 番目のレコードと同じ値をもつデータがいくつあるか，それぞれ確認せよ．

2・31 練習問題 2・24 で作成したデータフレームについて，`marital`（婚姻状況）変数が `Married-civ-spouse`（結婚し，配偶者が存在する）となっているレコードのみを取出し，adultMarried データフレームとして保存せよ．

2・32 練習問題 2・31 で作成したデータフレームについて，`sex`（性別）と `marital`（婚姻状況）の 2 変数を使った分割表を作成せよ．データの中身を確認し，各性別間でどのような違いがあるか確認せよ．

2・33 練習問題 2・24 で作成したデータフレームについて，`age`（年齢）変数が 40 以上のレコードのみを取出し，adultOver40 データフレームとして保存せよ．

2・34 練習問題 2・33 で作成したデータフレームについて，`sex`（性別），`marital`（婚姻状況）の 2 変数を使った分割表を作成せよ．データの中身を確認し，各性別間，どこかでどのような違いがあるか確認せよ．

3

データ準備

3・1 銀行マーケティングデータセット

本章では，データサイエンスにおける最初の2ステップ：“課題設定”と，“データの準備”についてふれていく．bank_marketing_training データセットと，bank_marketing_test データセットを下記サイトからあらかじめダウンロードしておく．

東京化学同人ホームページ：http://www.tkd-pbl.com/

このデータセットは，機械学習を学ぶためによく利用される，UCI 機械学習リポジトリ[*1]にある bank_additional_full.txt データセット[*2]を加工したものである．簡単のために，説明変数を `age`（年齢），`education`（学歴），`previous_outcome`（前回時キャンペーンの反応），`days_since_previous`（前回キャンペーンからの経過日数）の四つに限定し，目的変数を `response`（今回キャンペーンの反応）として用意している．このデータは，ポルトガルの銀行での，電話のダイレクトマーケティングキャンペーンと，それによって定期預金口座に申し込んだかどうかの結果を示すデータとなっている．bank_marketring_training データセットには 26,874 個のレコードが含まれており，bank_marketring_test データセットには 10,255 個のレコードが含まれている．

3・2 分析課題を設定する

分析課題の設定に取組むことで，本来のビジネス目的から外れた分析を行ってしまわないように注意する必要がある．

＊1 The university of california at irvine machine learning repository, https://archive.ics.uci.edu/ml/index.php.

＊2 S. Moro, P. Cortez, P. Rita, ‘A data-driven approach to predict the success of bank telemarketing’, *Decision Support Systems*, **62**, 22-31 (June 2014).

3・2・1　分析目的の定義

今回の分析の目的は下記である．

1. 潜在的な顧客を発見する．ここでは，預金を行うか否かについて，それぞれの顧客特性を理解する．
2. 申込を行う顧客を予測するための有益な方法を発見し，ビジネス上のコスト（お金と時間）の節約につなげる．ここでは，申込を行う顧客を発見する予測モデルを開発し，そのモデルによってどの程度の利益がもたされるかを定量的に測る．

3・2・2　分析目的をデータサイエンスのタスクに落とし込む

データサイエンスを使って分析目的を達成するには，何をすればよいだろうか．

1. 潜在顧客を発見するには，いくつもの方法がある．
   (a) 探索的な手法を用いて，変数間の相関などを視覚的に表現する．たとえば，年齢に関するヒストグラムを作成し，目的変数と関係があるかどうかを確認する．
   (b) クラスタリングの手法を用いて，潜在顧客層をいくつかのグループに分割する．たとえば，若く/高学歴な顧客と，年配で/低学歴な顧客などのグループである．クラスターに分けた後，目的変数についてどの程度クラスターごとに差があるかを確認する．
   (c) アソシエーションルールの手法を用いて，データセットの部分集合同士の関係性を発見する．たとえば，“携帯電話を使う顧客は，口座を開設しやすい”などのルールは，支持度，信頼度がともに高くなる．このような手法を用いることで，すべてのデータに対して単一のモデルを開発することとは別に，携帯電話利用者などの部分集合について，個別にキャンペーンを実施できるようになる．
2. 申込を行う顧客を発見するために，データサイエンスを使って予測モデルを作成する．ここでは，目的変数が（Yes/No）の2値（カテゴリ変数）をとるため，分類モデルを用いる．
   (a) 最適な分類モデルを作成するために，下記のアルゴリズムが利用できる．
      (i) 決定木（第6章参照）
      (ii) ランダムフォレスト（第6章参照）
      (iii) 単純ベイズ分類器（第8章参照）
      (iv) ニューラルネットワーク（第9章参照）
      (v) ロジスティック回帰（第13章参照）

(b) あらかじめ決めておいたモデルの評価基準（誤分類率など）を用いて，作成したモデルを評価する．最良のモデル群とそれぞれの誤分類率を列挙する．

(c) 実際に施策に落とし込むにあたって，どのモデルが適切かをマネージャー層と擦り合わせる．

上記によって，(1) 分析目的の定義と，(2) (1)をデータサイエンスのタスクに落とし込むプロセスを確認した．これにより分析課題の理解を正しく行うことができる．

3・3 データの準備

次に，データを揃え，解析に耐えられるよう**クレンジング**を行う“データの準備”について解説する．データの準備について行うべきことはあまりにも多く，紙面も足りないが，ここではより基本的な下記の内容についてふれていく*．

- データに対してインデックス（索引）を作成する．
- モデルに悪影響をもたらす変数値を変換する．
- カテゴリ変数を数値変数に変換する．
- 数値変数を標準化する．
- 外れ値を特定する．

3・4 インデックスの付与

データをよりよく理解するために，既存のデータセットに対して新しい変数を追加することがある．たとえば，今回の銀行マーケティングのデータセットなら，一つ一つのレコードに対してIDとなる変数〔**インデックス**（index)〕を付与する，などである．インデックスを付ける理由は，(1) 元のデータセットにIDなどのインデックス列が存在しないため，(2) データの並べ替え処理などを実行した後でも，データベース上に最初の順番のデータを保持しておき，いつでも復旧できるようにしておくため，である．以下でPythonとRでのインデックス付与の方法を説明する．

3・4・1 インデックスの付与（Python）

まず，データセットを開くために，第2章でも扱ったパッケージのインポートを行う．

```
import pandas as pd
```

* より詳しくは，D. T. Larose, C. D. Larose, “Data Mining and Predictive Analytics”, John Wiley and Sons, Inc. (2015) を参照．

次に，read_csv() 関数を使って，銀行マーケティングのデータセットをPC内から読み込み，bank_train というデータフレームに格納する．

```
bank_train = pd.read_csv("C:/.../bank_marketing_training.csv")
```

第2章でも説明した通り，pandasパッケージ内で定義されたread_csv() 関数の前に，パッケージの短縮名称を入力する必要がある．pandasパッケージを別名pdとして開き，pd.read_csv() と記述する．

インデックスを作成するために，まずデータの行数と列数を確認する．

```
bank_train.shape
```

pandasデータフレームのshape メソッドを使うことで，データの行数と列数を確認することができる．出力結果の一つ目（26,874）はデータの行数（レコード数）であり，二つ目は列数（変数の種類数）である．

次に，それぞれのレコードに対して，一意の正の整数を付与した新しい変数列を追加する．

```
bank_train['index'] = pd.Series(range(0, 26874))
```

range() 関数は，最初の引数（上記の例では“0”）からはじまり，二つ目の引数個分（上記の例では 26874）の連番の集合（上記の例では“0,1,2,⋯,26,873”）のリスト型変数をつくる関数である．なお，Rと違い，Pythonにおける数値の数え上げは0からスタートすることに留意する．また，リスト型変数を，そのままpandasデータフレームの列として与えることはできないため，pandasのSeries() 関数でリスト型からpd.Series型（1列分のデータフレーム）へと変換する．そのうえで，bank_train内に新しく“index”列を定義し，格納する．

作成したデータの中身を簡単に確認するために，データフレーム内の最初の一部分だけを確認してみよう．

```
bank_train.head()
```

head() メソッドを使うことで，すべての変数について，データフレーム内の一番上に格納されたレコードのいくつか（デフォルトで5件）を確認できる．

3・4・2 インデックスの付与（R）

第2章で説明したように，Rstudioの［Import Dataset］ボタンを使って，bank_trainデータを取込んでみよう．取込み後，下記の方法でインデックスを作成する．

```
n <- dim(bank_train)[1]
```

dim() 関数を使って，丸カッコ内にデータフレーム（上記の例の場合，bank_train）を指定することで，データの行数と列数を確認できる．また，dim(bank_train) の後の [1] は，一つ目の値（行数）ついてのみ出力することを指定している．そして，小文字の n に出力結果を格納している．n はサンプルサイズの表記としてよく使われる変数名である．n の中身を確認すると，26,874 が出力される．これはデータセット内のレコード数を表している．

レコード数を取得できたので，1〜n までの整数値を作成し，それを bank_train データセット内の各レコードの順番を表す数値として新たに加える．

```
bank_train$Index <- c(1:n)
```

c() 関数は，入力された一連の値を一つのオブジェクト（ベクトル）として結合する．今回の入力値は 1:n となっており，これは“1 と n を含む，1 から n までの連続した整数値”を表す．c(1:n) は，1〜26,874（*bank_train* のレコード数）の値が格納されたオブジェクトとなる．この一連の数値をデータセットのインデックス（bank_train$Index）として保存しているわけである．

データセットのインデックスを使うことで，データの中身を直接指定することができるようになる．ちなみに，head() 関数を使うことで，データセットの中身の最初のいくつかを確認することができる．

```
head(bank_train)
```

出力結果には，最初のいくつかのレコードの変数値を確認することができるとともに，先ほど付与したインデックスも確認することができる．

3・5 モデルに悪影響をもたらす変数値の変換

days_since_previous（前回時からの経過日数）変数は，対象顧客が前回のキャンペーン実施時にコンタクトをとってから，経過した日数を表す変数である．経過日数は数値のため，R でヒストグラム*を作成し，データの分布を確認することができる（図 3・1）．実際には，データの中身はほぼ 1,000 近辺に偏っており，ごく一部が 0 近辺に存在する．データの生成過程を確認すると，実際にはデータの管理上前回コンタクトがなかった顧客は 999 の値が便宜上割り当てられているためであった．上記のような場合，999 という数値は意味をもたないため，**欠損値**（missing value）として処

* 付録の §A・2・2 参照.

理する必要がある．Python, R における欠損値の処理方法について，本節で解説する．

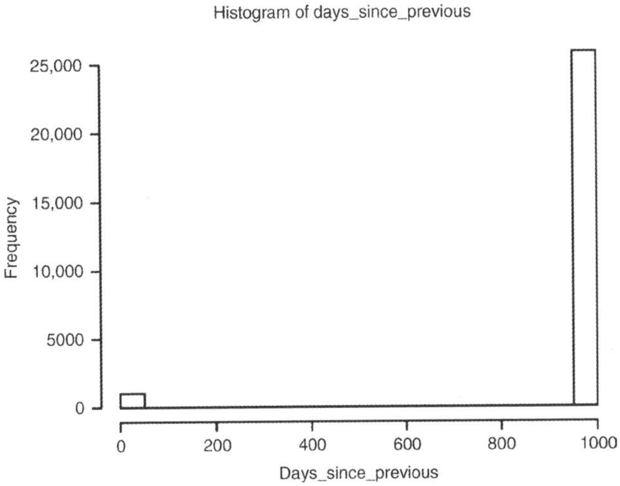

図 3・1　days_since_previous のヒストグラム（R で作成）　値の大半は 1,000 近辺に偏っている．

3・5・1　モデルに悪影響をもたらす変数値の変換（Python）

§3・4・1 で，pandas パッケージのインポート，ならびにデータセットの読み込みを行っていない場合には，事前に実行しておくこと．そのうえで，本節では合わせて NumPy パッケージのインポートを行う必要がある．

```
import numpy as np
```

days_since_previous 変数について，999 となっている値は，Python における欠損値を表す．そのため，np.NaN に置換する必要がある．置換後，days_since_previous 変数を置換した値で上書きする．

```
bank_train['days_since_previous'] = \
bank_train['days_since_previous'].replace({999: np.NaN})
```

bank_train['days_since_previous'] で，bank_train データフレーム内の days_since_previous 変数列を参照する．replace({999:np.NaN}) メソッドを使って，days_since_previous 変数内のすべての 999 を NaN 値で置換している．変換してできた新しい値について，元の days_since_previous 変数に代入し，上書きしている．

変数のヒストグラムを作成するためには，plot() メソッドを使う．

```
bank_train['days_since_previous'].plot(kind='hist', \
title='Histogram of Days Since Previous')
```

bank_train['days_since_previous'] の後に .plot() メソッドを記述する．plot() メソッドの引数の一つである kind（描画したいグラフの種類）に 'hist' を指定することで（kind='hist'），ヒストグラムを描画することができる．もう一つの title 引数は，' '（シングルクオーテーション）で括った中身をヒストグラムのタイトルとして設定する．ヒストグラムの形が変わっているが，これは欠損値が省かれ，0 近辺のデータをより詳細に記述できるようになったためである．出力結果を図 3・2 に示す．第 4 章では，より複雑なヒストグラムの描画方法にふれる．

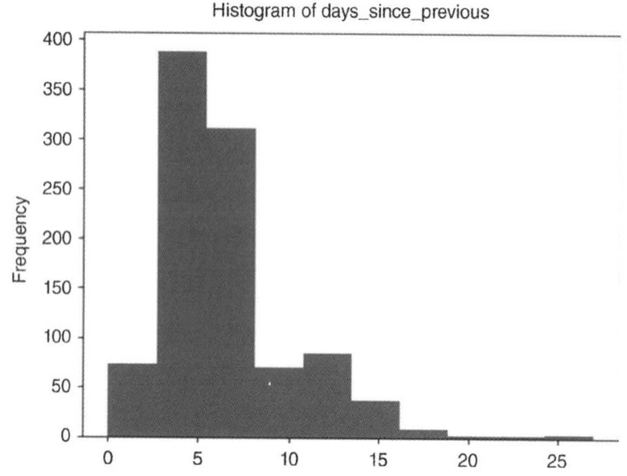

図 3・2 **days_since_previous** のヒストグラム（**Python** で作成）
欠損値を NaN としたため正しく省かれている．

3・5・2 モデルに悪影響をもたらす変数値の変換（R）

§3・4・2 で説明した，R でのデータセットの読み込みをまだ行っていない場合は，事前に実行しておくこと．R での特定値の欠損値への変換は，

- 999 となっている行を特定する．
- 上記の値を R における欠損値を表す，NA に変換する

の 2 段階で実施する．

```
bank_train$days_since_previous <- ifelse(test =
    bank_train$days_since_previous == 999, yes = NA,
    no = bank_train$days_since_previous)
```

ifelse() 関数は，引数 test に含まれた式の内容をチェックし，正しいなら引数 yes の内容を返し，間違っているなら引数 no の内容を返す．上記のコードの場合，正しい（999）なら NA の値を返し，間違っている（999 以外）なら元の値 bank_train$days_since_previous をそのまま返している．上記の ifelse() 関数によって得られた結果を，元の bank_train$day_since_previous 変数に代入し，新しい値で上書きしている．

変数のヒストグラムを作成するためには，hist() 関数を使う．

```
hist(bank_train$days_since_previous, xlab =
     "days_since_previous", main = "Histogram of
     days_since_previous - Missing Values replaced by NA")
```

hist() 関数は必須の引数として，どの変数について描画したいかを指定する．ここでは，bank_train$days_since_previous を指定している．オプションの引数として，xlab（ヒストグラムの X 軸に記述する文言）と main（ヒストグラムの上部に記述する文言）を指定している．

出力結果を図 3・3 に示す．Python 同様，欠損値が省かれて描画されている．

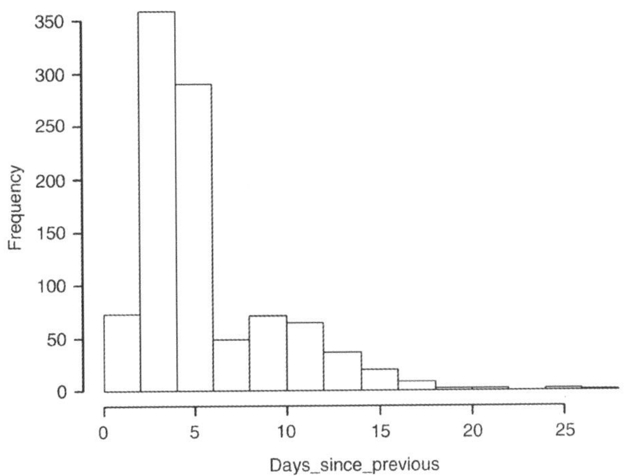

図 3・3　days_since_previous のヒストグラム（R で作成）　欠損値は適切に除外されている．

3・6　カテゴリ変数から数値変数への変換

図 3・4 は，education（学歴）変数がとりうる値と分布を示した棒グラフ* である．

＊　付録の §A・2・1 参照．

education 変数はカテゴリ変数であり，数値変数のような上下関係はない．カテゴリ変数のままだと，後の章で学ぶ機械学習アルゴリズムで，たとえば university.degree（大卒）basic.4y（初等教育 4 年間の修了）の差を取扱えなくなってしまう．これらの値を適切に扱えるようにするため，何らかの形で数値変数に変換し，数値の大小を比較できる形にする必要がある．なお，他のカテゴリ変数との相対的な差が保持されるよう，注意して行う必要がある．

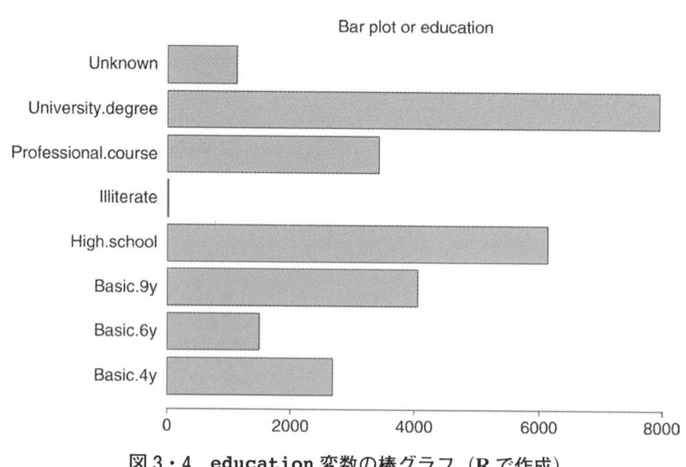

図 3・4　education 変数の棒グラフ（R で作成）

表 3・1 では，どのように変換を実施するかを示している．基本的には，教育課程に費やした年数の値で置き換えている．もちろん，unknown（未知）の値は，欠損値として取扱うべきである．

表 3・1　education（学歴）変数から数値変数への変換

カテゴリ変数	数値変数	カテゴリ変数	数値変数
illiterate	0	high.school	12
basic.4y	4	professional.course	12†
basic.6y	6	niversity.degree	16
basic.9y	9	unknown	欠損値

† 上記の値は，VET（職業教育訓練）における初期脱落者の発生を阻止し，定着させるための分析事例に準拠している（http://invet-project.eu/wp-content/uploads/2014/06/National-Report_Portugal_Final.pdf）．ここでは職業訓練コースの修了者と，高卒者を同一の連続値としている．この 2 群は，キャンペーンの反応率がほぼ同じ（11.1％対 10.7％）であるため，同値と扱っても問題ないとしている．

3・6・1 カテゴリ変数から数値変数への変換（Python）

ここでは，

- education（学歴）変数を複製し，ecucation_numeric（学歴_数値）と名付ける
- カテゴリ変数を数値変数に変換する

という形で実行する．

```
bank_train['education_numeric'] = bank_train['education']
```

bank_train の education 変数を，新しく作成した education numeric という変数に代入（=）し，複製している．

次に，カテゴリ変数を数値変数に変換するため，どのカテゴリ変数がどの数値に対応するかの Python の辞書型（dictionary, キーと値がセットになったリスト）を準備する．

```
dict_edu = {"education_numeric": {"illiterate": 0, \
"basic.4y": 4, "basic.6y": 6, "basic.9y": 9, \
"high.school": 12, "professional.course": 12, \
"university.degree": 16, "unknown": np.NaN}}
```

辞書型では，"education_numeric" として変換したい値のリストをコロン（:）でつなぎ，さらに波カッコ { } で括っている．入れ子になった 2 個目の波カッコ内で，

元値（カテゴリ値）: 新しい値（数値）

とし，個々の記述ごとにカンマ（,）で区切って対応表をつくっている．Python では前述のように，欠損値を np.NaN として設定する．

最後に，作成した辞書型を使って，変数値を変換する．

```
bank_train.replace(ditc_edu, inplace=True)
```

replace() メソッドは，dict_edu で定義したルールに従って，値の変換を行っている．

3・6・2 カテゴリ変数から数値変数への変換（R）

まず，plyr パッケージをインストールし，読み込む．

```
install.packages("plyr"),
library(plyr)
```

個々のカテゴリ値をどのように数値に変換するかは，表 3・1 に従って次のように記述する．

```
edu.num <- revalue(x = bank_train$education, replace =
                   c("illiterate" = 0, "basic.4y" = 4, "ba-
                   sic.6y" = 6, "basic.9y" = 9,
                   "high.school" = 12, "professional.course" =
                   12, "university.degree" = 16,
                   "unknown" = NA))
```

revalue() 関数は，x 引数に指定したデータについて，replace 引数で指定したルールに従って置き換える．replace 引数で，c() 関数で結合した一連の対応表を与えている．

元値（カテゴリ値）＝新しい値（数値）

として対応関係を示し，個々の記述ごとにカンマ（,）で区切っている．欠損値は R では NA として設定している．出力結果は edu.num に格納している．

edu.num は因子（ファクター）型とよばれる R 特有の変数（データ型）で保存されており，カテゴリごとの順序をもたない．このままでは，数値として取扱うことができず，ヒストグラムを使った可視化も行えないため，可視化する前に下記を実行する．

```
bank_train$education_numeric <-
as.numeric(levels(edu.num))[edu.num]
```

levels() 関数で edu.num 内のカテゴリ値の順序を指定し，as.numeric() 関数で数値に変換している．変換した数値は edu.num 変数に実際に適用され，出力結果が education_numeric という新しい変数に格納されている．図 3・5 は実際の education_numeric の分布を表したヒストグラムである．

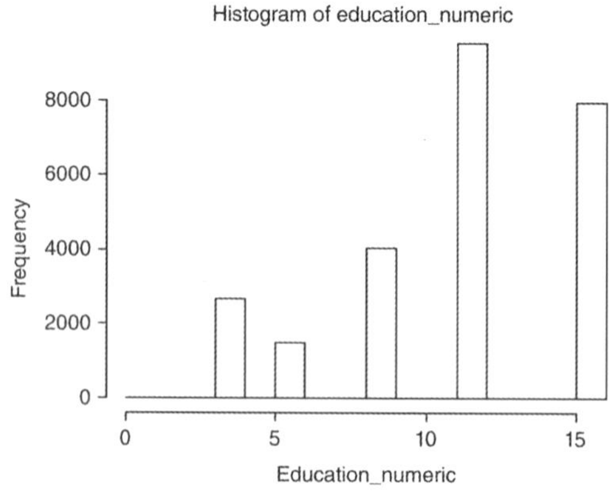

図 3・5 **education_numeric** のヒストグラム（**R** で作成）

3・7 数値変数の正規化

機械学習におけるいくつかのアルゴリズムは，数値変数の**正規化**（standardization）を行うことで，より適切に機能させることができる．数値変数の正規化とは，数値の平均値を 0 に，標準偏差を 1 になるように変換する処理のことである*．

$$z\ (\text{Z 値，正規化変数}) = \frac{x - \bar{x}}{s} = \frac{\text{元の値} - \text{平均}}{\text{標準偏差}}$$

Z 値が正をとるとき，標準偏差の z 個分だけ平均より高いことを表し，負の値をとるときは，標準偏差の $-z$ 個分だけ平均より低いことを表している．アナリストのなかには，数値変数はとりあえずすべて正規化する者もいる．次に，実際に Python と R を使って数値変数の正規化を行ってみよう．

3・7・1 数値変数の正規化（Python）

まず，scipy.stats パッケージをインポートする．

```
from scipy import stats
```

今回は，age（年齢）変数について，正規化を行い，age_z 変数に格納する．

```
bank_train['age_z'] = stats.zscore(bank_train['age'])
```

scipy.stats の zscore() 関数は，引数内で与えられた値について，Z 値を計算する．今回は，age 変数に対して実施するので，bank_train['age'] を与えている．zscore() 関数は，stats パッケージで定義された関数であるため，stats.zscore() と記述している．作成した変数を新しい age_z 変数として保存している．

3・7・2 数値変数の正規化（R）

R では数値の正規化を行う scale() 関数がデフォルトで利用できるため，追加でパッケージをインストール，読み込む必要はない．

```
bank_train$age_z <- scale(x = bank_train$age)
```

scale() 関数は，変数の平均を 0 に寄せることと，標準偏差を 1 にすること，そのどちらかもしくは両方を実行できる．デフォルトでは両方実行され，Z 値を出力する．ここでは bank_train$age_z という新しい変数として保存している．

---

* “平均”と“標準偏差”については付録参照．“正規化”についてより詳しくは，D. T. Larose, “Discovering Statistics”, 3rd Ed., W.H. Freeman（2016）参照．

3・8 外れ値の特定

数値変数の正規化を実施した後，Z 値を使って外れ値の特定を行うことができる．**外れ値**（outlier）とは，ある変数において，極端に高い/低い値のことである．たとえば，`number_of_contacts`（コンタクト回数）変数について外れ値を特定してみよう．`number_of_contacts` 変数は，キャンペーン内で顧客とコンタクトした回数を表す変数である．平均は 2.6 で，標準偏差は 2.7 である．Z 値を計算すると下記になる．

$$Z\text{値} = \frac{\texttt{number\_of\_contacts} - 2.6}{2.7}$$

経験則として，Z 値が 3 より大きい，もしくは−3 より小さければその値は外れ値とみなすことができる．たとえば，実際に 10 回コンタクトした顧客であれば，その Z 値は，

$$Z\text{値} = \frac{10 - 2.6}{2.7} = 2.7$$

と計算できる．−3<2.7<3 であるため，上記の方法に従えば外れ値ではないと判断できる．

データサイエンティストは外れ値をどのように扱うか，顧客ときちんと議論するべきである．外れ値は機械的に除外したり，変換したりするべきではない．不自然な値がデータの重要な一面を示唆することもあるため，なぜそのデータが生成されたかなど，顧客やデータベース管理者ときちんと議論をするべきである．

3・8・1 外れ値の特定（Python）

§3・7・1 で作成した `age_z` 変数を使って，外れ値を特定する．pandas データフレーム内から特定の条件でレコードを抽出する，`query()` メソッドを使う．

```
bank_train.query('age_z > 3 | age_z < -3')
```

上記のコードで，bank_train データフレーム内の `'age_z > 3 | age_z < -3'` の条件に合致するレコードを抽出できる．`' '` 内の | は “or（もしくは)” を意味し，| の前後の式のどちらか一方，あるいは両方を満たされているものを抽出している．

ここでは，条件（`age_z` が 3 より大きいか，−3 より小さい）を満たす 228 個のレコードが抽出されている．さらに，外れ値だけを抽出した新しいデータフレーム（`bank_train_outliers`）を作成する．

```
bank_train_outliers = bank_train.query('age_z > 3 | age_z \
< -3')
```

また，age_z の値によって，データの並び替え〔ソート（sort）〕を行う．

```
bank_train_sort = bank_train.sort_values(['age_z'], \
ascending=False)
```

sort_values() メソッドは特定の変数がとる値によって変数の並び替えを行う．並び替え順は昇順（ascending）か降順（descending）かを指定することができ，この例では age_z について降順に並び替えている（ascending=False）．

最後に，上記で並び替えたレコードについて，上位 15 名分の age 変数と marital（婚姻状況）変数を確認する．

```
bank_train_sort[['age', 'marital']].head(n=15)
```

一重ではなく二重のカギカッコを利用しているのは，複数列を指定する際に，列名をリストとして与えるためである．head() メソッドを使って，データを上からいくつか抽出することができるが，ここでは n 引数に 15 を与えることで，15 名分データを抽出するように指定している．n 引数を指定しなかった場合は，デフォルトで 5 個データが抽出される．出力結果として，age_z 変数が最も高い 15 名分の age 変数と marital 変数の値を確認できる．

3・8・2 外れ値の特定（R）

§3・7・2 で作成した age_z 変数を引き続き利用する．§2・4・6 で説明したように，特定の行について抽出したい場合には，下記のように記述する．

```
bank_train[ 対象行 ,]
```

カギカッコ内の，カンマ（,）で区切った右側は空欄としている．右側には対象列を記述するが，すべての列を確認したい場合には空欄を指定すればよい．

さて，今回は対象行を条件によって絞り込むため，which() 関数を利用する．

```
bank_outliers <- bank_train[which(bank_train$age_z < -3 |
                                  bank_train$age_z > 3), ]
```

which() 関数内で，age_z が 3 より大きいか，−3 より小さい行番号を取得している．カギカッコ内のカンマ（,）の左側に対象行番号を記述することで，bank_train の条件に合致したレコードのみを抽出できる．抽出したレコードは，新しい bank_outliers データフレームを作成し，保存している．

また，age_z の値によって，データの並び替えを行う．ここでは，order() 関数を使う．

```
bank_train_sort <- bank_train[ order(- bank_train$age_z), ]
```

order() 関数は，列を対象の変数の値を基準に並び替える．デフォルトでは昇順で並び替えるが，マイナス（-）をつけることで，降順に並び替えることもできる．

上記の order() 関数で降順に並び替えた際の行番号を取得し，bank_outliers と同様にカギカッコ内のカンマの左側に行番号を記述し，並び替えることができる．並び替えたデータを，bank_train_sort という新しいデータフレームに格納した．

bank_train_sort の上から 10 個のレコードを確認すれば，age_z 変数について上位 10 のレコードを確認することができるというわけである．カギカッコを使って，下記のように記述する．

```
bank_train_sort[1:10, ]
```

繰返しとなるが，カギカッコ内の右側を空欄にすることで，全列を取得できる．また，データの最初の数行を取得したいだけであれば，head() 関数を使って取得することもできる．

```
head(bank_train_sort)
```

なお，age 列は 1 列目で，marital 列は 3 列目であるため，最初の 10 行について，age 変数と marital 変数の情報を取得したい場合は，下記のように記述する．

```
bank_train_sort[1:10, c(1, 3)]
```

出力結果は，age_z について上位 10 位までの，age 変数，marital 変数である．

本章では，“データ準備段階”において実施する，典型的な作業のいくつかを紹介した．章末の練習問題“データ分析実践”では実際に元の変数から，新しい変数を作成する練習を実施してもらう．“データ準備段階”についてもっと詳細を知りたい場合は，“Data Mining and Predictive Analytics”* を読んでみてほしい．

参考資料

Python における，SciPy パッケージを使ったさまざまな演算について詳しく知りたければ，下記のページを参考にするとよいだろう．

1. E. Jones, E. Oliphant, P. Peterson, *et al.*, “SciPy: Open source scientific tools for Python”, (2001-), http://www.scipy.org.

* D. T. Larose, C. D. Larose, “Data Mining and Predictive Analytics”, 2nd Ed., John Wiley and Sons, Inc. (2015).

R での plyr パッケージを使ったデータ操作について詳しく知りたければ，下記の論文を見るとよいだろう．

2. H. Wickham, 'The split-apply-combine strategy for data analysis', *Journal of Statistical Software*, **40**(**1**), 1-29 (2011).

練習問題

考え方の確認

3・1　bank_marketing データセットを使った分析について，分析のおもな目的を二つ述べよ．

3・2　潜在顧客について発見，理解するために，とりうる三つの方法を述べよ．

3・3　分析の目的を達成する（実際に申込を行う顧客を発見する）ため，どのような予測モデルをつくればよいか述べよ．

3・4　データセットにインデックスを作成する理由を二つ述べよ．

3・5　`days_since_previous` 変数について，値 999 を放置してはいけない理由を述べよ．

3・6　`education` 変数について，数値変数に変換する理由を述べよ．

3・7　Z 値が 1 をとった場合，この値はどんな意味をもつか，述べよ．

3・8　Z 値を使って外れ値を検出する方法を一つ述べよ．

3・9　上記によって抽出した外れ値は機械的に除外するべきだろうか？ またその理由を述べよ．

3・10　外れ値を発見した際に，どのような処理をするべきか述べよ．

データ分析練習

練習問題 3・11〜3・20 では，あらかじめ bank_marketing_training データセットを Python と R で読み込めるように準備しておくこと．

3・11　データフレームにインデックスを付与せよ．

3・12　`days_since_previous`（前回キャンペーンからの経過日数）変数について，999 を欠損値に変換せよ．

3・13　`education`（学歴）変数について，表 3・1 に従って数値変数に変換せよ．

3・14　`age` 変数について，正規化せよ．正規化後，上位 10 件のレコードについて *age* 変数と `age_z`（*age* について正規化）変数を出力せよ．

3・15　`age_z` 変数について，外れ値と判定したレコードをすべて抽出し，上位 10 件のレコードを出力せよ．

3・16　`job`（職業）変数について，全体の 5% 以下である職業について，'other' に置換せよ．

3・17　`default`（債務不履行）変数について，変数名を `credit_default` に変更せよ．

3・18　`month`（月）変数について，1〜12 に置換せよ．ただし，変数はカテゴリ変数のままとすること．

3・19 duration（期間）変数について，下記を実施せよ.

(a) 変数を正規化せよ.

(b) 外れ値が何件あるか確認せよ．また，最大値を示せ.

3・20 campaign（キャンペーン）変数について，下記を実施せよ.

(a) 変数を正規化せよ.

(b) 外れ値が何件あるか確認せよ．また，最大値を示せ.

データ分析実践

練習問題 3・21〜3・25 では，Nutrtion_subset（食品の栄養素）データセットを分析する．当データセットは，961 の食品群に対して，飽和脂肪分とコレステロールが何グラム含まれているかを記述している．それぞれの練習問題について，Python と R のどちらかを使うこと.

3・21 当データセットでは，スプーン 1 杯のシナモンからホールのキャロットケーキまで，さまざまな量の食品群が記述されている.

(a) saturated_fat（飽和脂肪）変数について降順に並び替えを行い，上位 5 位までの食品を出力せよ.

(b) 異なるサイズの食品を比較することについて，上記の方法で適切かどうかを述べよ.

3・22 saturated_fat_per_gram（グラム当たりの飽和脂肪）変数を作成せよ.

(a) 上記の変数について，降順に並び替えを行い，上位 5 位までの食品を出力せよ.

(b) どの食品が一番グラム当たりの飽和脂肪が多いか，示せ.

3・23 cholesterol_per_gram（グラム当たりのコレステロール）変数を作成せよ.

(a) 上記の変数について，降順に並び替えを行い，上位 5 位までの食品を出力せよ.

(b) どの食品が一番グラム当たりの飽和脂肪が多いか，示せ.

3・24 saturated_fat_per_gram 変数について正規化せよ．数値の大きい外れ値，数値の低い外れ値について，それぞれ抽出せよ.

3・25 cholesterol_fat_per_gram 変数について正規化せよ．数値の大きい外れ値，数値の低い外れ値について，それぞれ抽出せよ.

練習問題 3・26〜3・30 では，adult_ch3_training データセットを分析する．このデータセットの目的変数は，収入が 50,000 ドル以上となるかどうかである．それぞれの練習問題について，Python と R のどちらかを使うこと.

3・26 データフレームにインデックスを付与せよ.

3・27 education（学歴）変数について，外れ値を発見せよ.

3・28 age（年齢）変数について，下記を実施せよ.

(a) 変数を正規化せよ.

(b) 外れ値が何件あるかを確認せよ．また，最大値を示せ.

3・29 capital-gain（キャピタルゲイン）変数から，値が 0 なら 0，それ以外なら 1 とする capital-gain-flag 変数を作成せよ.

3・30　age（年齢）変数は異常であるだろうか？ age 変数について，最低 80 以上の値をもつレコードを抽出し，ヒストグラムを描画せよ．どのようなデータ分布をもっているか，なぜそうなっているかを，それぞれ 1 行で説明せよ．

4

探索的データ解析

4・1 探索的データ解析（EDA）と仮説検定

顧客や分析者は，しばしば経験に基づいた仮説を基にデータの分析を行う．たとえば，“携帯電話の利用者は，固定回線のみの利用者に比べて，キャンペーンに対して反応しやすいのではないか？”といった仮説に対し，古典的な統計的仮説検定や，次の第5章で解説するクロスバリデーション（交差検証）といったデータサイエンスの手法を使って取組むことになる．

一方で，顧客や分析者がデータに対し，経験的な仮説を持っていない場合には上記のような**仮説検定**（hypothesis testing）の手法を用いることはできない．このような状況では，**探索的データ解析**（exploratory data analysis, EDA）を行うとよい．探索的データ解析は，下記のようなアプローチを可能にする．

- さまざまな図を用いて，説明変数と目的変数の関係性を可視化する．
- 図表から得た知見を基に，予測力を高めるような説明変数を新しく作成する．
- 変数を適切に**ビン化**（連続変数に対し，任意の区分で分割し，カテゴリ変数などに変換すること）し，モデルの予測力を高める．

本章では，第3章に引き続き bank_marketing_training データセットを用いて，グラフィックスにより目的変数（`response`）と説明変数（特にカテゴリ変数）との関係性を可視化していく．

4・2 複合棒グラフと目的変数

複合棒グラフを使って，目的変数と説明変数（カテゴリ変数）の関係性を可視化する．図4・1は`previous_outcome`と，目的変数（`response`）を，グラフの起点を揃えて棒グラフにしたものである．`previous_outcome`は，前回の販売キャンペーン時の反応を示している．

グラフを確認すると，多くの顧客は前回の販売キャンペーンを経験していなかった（まだ顧客でなかった，nonexistent）状況が確認できる．（データの正規化をしていない）**棒グラフ**（bar graph）は，一般的にカテゴリ変数の分布状況を可視化するの

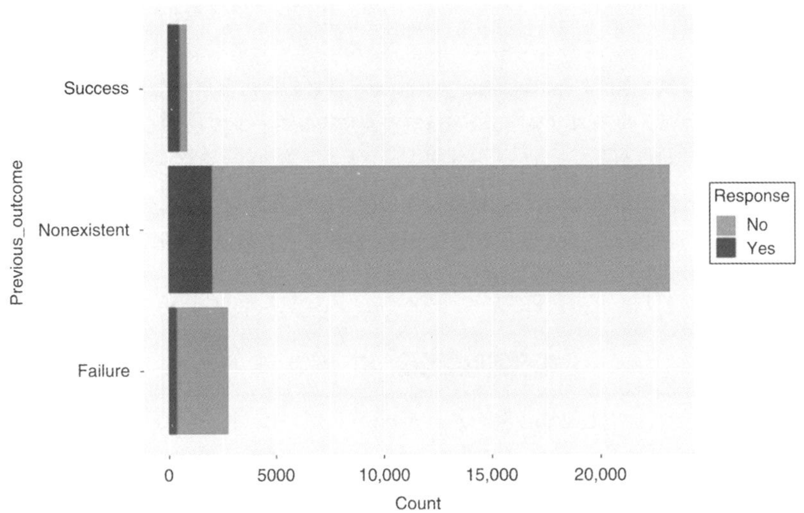

図 4・1　**previous_outcome-response** 棒グラフ（**R** で作成）

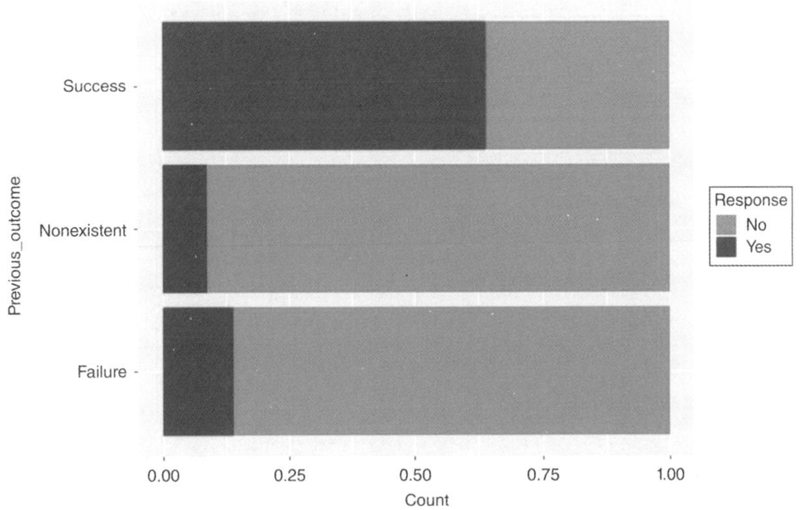

図 4・2　正規化された **previous_outcome-response** 棒グラフ（**R** で作成）

に便利である．だが，カテゴリ値ごとに目的変数の構成割合がどのように異なるかは不明瞭である．全体に対するカテゴリ値 `nonexistent` の構成数は最大数を占めるが，一方でそのうち目的変数=no をとるレコードも多い．

上記のような状況について，よりわかりやすく可視化するには，**帯グラフ**（normalized bar graph, 正規化した棒グラフ）が有用である．複合棒グラフと異なり，それぞれの棒グラフの長さはすべて等しいので，カテゴリ値ごとの目的変数の構成比を確認しやすい．図 4・2 は，実際に `previous_outcome` に目的変数を重ねた帯グラフである．図 4・2 を見れば，カテゴリ値 `success`（前回キャンペーンで反応した）が，目的変数=yes をとる割合が最も大きいことは明らかである．面白いことに，前回キャンペーンで反応しなかった（`failure`）の顧客は，前回まだ顧客でなかった（`nonexistent`）顧客よりも，目的変数=yes をとる割合が若干高いことも確認できる．

下記に，次の棒グラフを使った二つのベストプラクティスを示した．

ベストプラクティス　棒グラフ

- 棒グラフで目的変数の構成割合がわかりづらい場合には，帯グラフも併せて利用する．
- 一方で，帯グラフは割合を表現できるものの，カテゴリ値ごとの実数の分布を表現するのには向いていない．

4・2・1　棒グラフと目的変数の複合グラフの構築（Python）

必要なパッケージを読み込み，bank_marketing_training データセットを bank_train データフレームとして読み込んでおく．

```
import pandas as pd
bank_train = pd.read_csv("C://…/bank_marketing_training.csv")
```

棒グラフをつくる前の最初のステップとして，目的変数と説明変数について分割表を作成する．分割表をつくるには，pandas の `corsstab()` 関数を使う．

```
crosstab_01 = pd.crosstab(bank_train['previous_outcome'], \
bank_train['response'])
```

このコードの詳細については後ほどふれるとして，分割表を `corsstab_01` として保存した．

次に，表に基づいて棒グラフを作成する．

```
crosstab_01.plot(kind='bar', stacked=True)
```

crosstab_01 は pandas データフレームとして保存されており，crosstab_01.plot() メソッドで棒グラフを作成できる．plot() メソッドでグラフを作成するにあたっていくつかの引数で設定を行うが，ここでは棒グラフ作成のため stacked=True で，積み上げ棒グラフを指定する．さらに正規化のため，分割表の個々のセルについて，カテゴリ値ごとに目的変数が “yes”，“no” の割合で表現されるように修整する．

```
crosstab_norm = crosstab_01.div(crosstab_01.sum(1), axis=0)
```

pandas データフレームの div() メソッドは，引数で与えられた要素で割り算を行う．（与えられた要素が 1 次元のデータなら）行，もしくは列ごとに計算される．今回の例なら，1 行目については 1 行目の値の合計で割り算を行い，2 行目，3 行目についても同様の処理を行う．このため，div() メソッドの引数で指定する要素として，crosstab_01.sum(1)（行ごとの合計値）を指定している．引数 axis = 0 については，行ごとに割り算を行うことを指定している．上記コードの結果として，分割表のそれぞれのセルには列ごとのデータの構成割合が crosstab_norm に格納されたことになる．

crosstab_norm について，**積み上げ棒グラフ**（stacked bar graph）で可視化する．

```
crosstab_norm.plot(kind='bar', stacked=True)
```

出力結果を図 4・3 に示した．

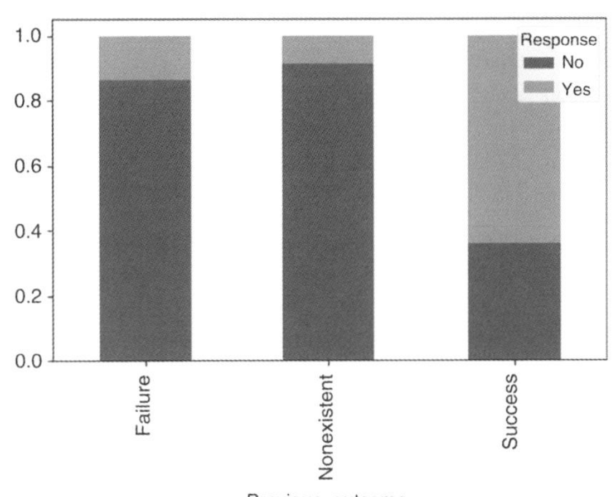

図 4・3　正規化された **previous_outcome-response** 棒グラフ（**Python** で作成）

4・2・2　棒グラフと目的変数の複合グラフの構築（R）

bank_marketing_train データセットを bank_train として取込む．R では，グラフを作成するために ggplot2 パッケージを使う．install.packages() 関数でパッケージのインストールを一度行えば，以降 library() 関数で呼び出すことができる．

```
install.packages("ggplot2")
library(ggplot2)
```

ggplot() 関数を使う際には，個々の関数をプラス（+）演算子でつなぐことで表示するグラフの設定を行う．

注意すべき点として，プラス演算子は，直前のコマンドの直後に配置されなければならず，その間に改行を入れてはならないが，その後に改行を入れるのは構わない．下記のコードは，previous_outcome 変数について，ggplot() と geom_bar() 関数を使って棒グラフを作成するものである．

```
ggplot(bank_train, aes(previous_outcome)) + geom_bar() +
    coord_flip()
```

まず，ggplot() 関数によって，グラフ作成の開始を宣言する．第 1 引数の bank_train で，グラフを作成したい対象のデータセットを指定し，aes() 関数で，どの変数列について描画するかを指定する．次に，geom_bar() 関数で，棒グラフの作成を指定している．ここでは，ggplot() 関数の第 2 引数で指定したものが描画対象となっている．さらに，coord_flip() 関数で，グラフを水平に描画するように指定している．

複合棒グラフを描画するには，上記の棒グラフを作成する geom_bar() の引数に aes(fill = response) を指定する．

```
ggplot(bank_train, aes(previous_outcome)) +
    geom_bar(aes(fill = response)) + coord_flip()
```

上記の出力結果を図 4・1 に示す．

棒グラフを正規化するためには，geom_bar() 内にさらに position = "fill" を追加する．

```
ggplot(bank_train, aes(previous_outcome)) +
    geom_bar(aes(fill = response), position = “fill”) +
    coord_flip()
```

4・3　分　割　表

カテゴリカルな説明変数と目的変数の関係性を可視化するには，二つ以上の変数について，それぞれの軸で集計を行う**分割表**（contingency table）を作成するとよい．分割表では，2変数のみでなく，すべての変数の組合わせについて確認することができる．

図4・4では previous_outcome（説明変数）と response（目的変数）の2変数についての分割表である．図4・4のように，目的変数の値を行に，カテゴリ変数の値を列に表示することは可視化の際によく行われる手法である．探索的データ解析のためには，データ数のみでなく，パーセンテージも併せて出力するとよい．図4・5は，列ごとのパーセンテージを表した分割表となる．図4・4と図4・5を確認すると，ほとんどの顧客は，前回の販売キャンペーンと接触しておらず（nonexistent），未接触者全体の21,176件中2,034件が今回の販売キャンペーンでの反応（response）において，yes となっていることがわかる．failure でかつ response= yes となっている割合は13.9%で，nonexistent の8.8%を上回る．しかし，success となっている顧客については，64%について response＝yes となっている．

	failure	nonexistent	success	total
no	2390	21176	320	23886
yes	385	2034	569	2988
total	2775	23210	889	26874

図4・4　R で作成した previous_outcome-response 分割表

	failure	nonexistent	success
no	86.1	91.2	36.0
yes	13.9	8.8	64.0

図4・5　R で作成した previous_outcome-response 分割表
数値の代わりに列ごとのパーセンテージ（%）で表している．

分割表による可視化のベストプラクティスを下記に示す．

ベストプラクティス　分　割　表

- 目的変数の値は行側に出力する．
- 説明変数の個々のカテゴリ値は，列側に出力する．

4・3・1　分割表の構築（Python）

棒グラフを作成するために分割表を作成したが，特にコードの詳細にまではふれなかった．実際に，表をつくるためのコードを書いてみよう．

```
crosstab_01 = pd.crosstab(bank_train['previous_outcome'], \
bank_train['previous']
```

引数の順番に注目してほしい．上記で作成した表は，previous_outcome を行にもつ．これは棒グラフを作成するために記述したコードだが，分割表を作成するときは，目的変数が行側にある方が望ましい．なので，上記のコードを下記のように変形する．

```
crosstab_02 = pd.crosstab(bank_train['response'], \
bank_train['previous_outcome'])
```

分割表を作成した際には，データフレームとして保存することを忘れてはいけない．ここでは，crosstab_02 に格納している．ここで保存した図は，図 4・4 で出力したものと同じである．

表の列ごとの割合値を出力するために，個々の列の値を，列の合計値で割る．ここでは，以前の節で紹介したのと同様に，pandas データフレームの sum() メソッドと div() メソッドを利用する．前回と違うのは，行ではなく列のパーセンテージを取得していることである．

```
round(crosstab_02.div(crosstab_02.sum(0), axis=1) * 100, 1)
```

結果のテーブルに対し，100 を掛け算しているのは，割合（0〜1）をパーセンテージ（0〜100）に変換するためである．sum() と div() メソッドは，round() 関数内にネスト*させている．

round() 関数は指定した桁数で四捨五入するための関数で，第 2 引数で具体的な桁数（ここでは 1）を指定している．上記の出力結果は図 4・5 と同じである．

4・3・2 分割表の構築 (R)

R で表を作成するためには，table() 関数を使う．関数のカッコ内に，興味のある属性を記述する．

```
t.v1 <- table(bank_train$response,
              bank_train$previous_outcome)
```

第 1 引数 bank_train$response は行側に置く変数を指定しており，第 2 引数の bank_train$previous_outcome で，列側に置く変数を指定している．上記の結果について t.v1 に格納し，編集を行う．

addmargins() 関数で，行と列ごとの合計値を表に追加する．

```
t.v2 <- addmargins(A = t.v1, FUN = list(total = sum),
                   quiet = TRUE)
```

引数 A = t.v1 で，編集するテーブルを指定する．FUN = list(total = sum)

* ［訳注］関数の引数に別の関数を入れ込むこと．

で，追加したい行ないし列の情報を指定している．ここでは，行と列それぞれに，`total`という名前の新しい行と列を，それぞれの合計値（sum）を格納して追加する．編集した表は`t.v2`として保存する．作成済みの表を確認するには，`t.v2`とだけ記述してコードを実行する．結果を図4・4に示した．

次に，また`t.v1`について列ごとのパーセンテージを追加する．

```
round(prop.table(t.v1, margin = 2)*100, 1)
```

列ごとの度数比率を計算するには，`prop.table()`関数を使う．`prop.table()`の第1引数では対象の表を指定し，第2引数`margin = 2`で列ごとに計算するように指定している．`prop.table()`の結果に`100`を掛けているのは，元の数値が割合で，パーセンテージ（%）に直すためである．最後に，上記の結果を`round()`関数内にネストさせ，小数点1桁までで四捨五入した結果を抽出している．第2引数の1は四捨五入する桁数を指定している．出力結果を図4・5に示した．

4・4 複合ヒストグラム

ヒストグラム（histogram）とは，数値変数の頻度分布を可視化したものである．図4・6は，`age`変数と目的変数`response`の複合ヒストグラムである．ほとんどの顧客が20台中盤から60台にかけて分布していることがわかる．（正規化していない）ヒストグラムは，数値変数の分布を確認するのに有用である．

一方で，カテゴリ変数のときと同じく，それぞれの数値のビン（数値変数の任意の区間）ごとに，目的変数の割合がどうなっているかは明確でない．ビンごとの目的変数の割合を可視化するには，図4・7で示した正規化した複合ヒストグラムを作成するとよい．ビンごとの目的変数の割合が一目瞭然となったことがわかるだろう．20台から60台にかけて，目的変数＝yesの割合は，年齢が上がるにつれて徐々に低下していくが，60台を超えたとたん一気に割合が増加していることが見てとれる．このように，正規化した複合ヒストグラムは目的変数のパターンを確認するのに有用である．一方で，`age`帯ごとの構成数の情報は欠落してしまう．

ヒストグラムの使い方についてのベストプラクティスを下記に示す．

ベストプラクティス ヒストグラム

- 正規化されていないヒストグラムで，データの実分布を確認できる．
- 必要に応じて，正規化したヒストグラムを用いて，数値変数のビンごとの目的変数のパターンを確認するとよい．

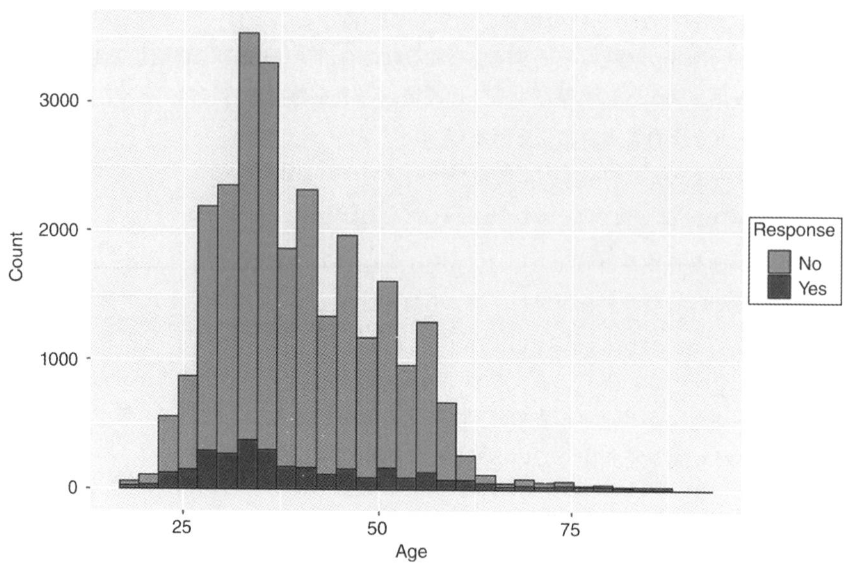

図4・6　**age-response** ヒストグラム（**R** で作成）

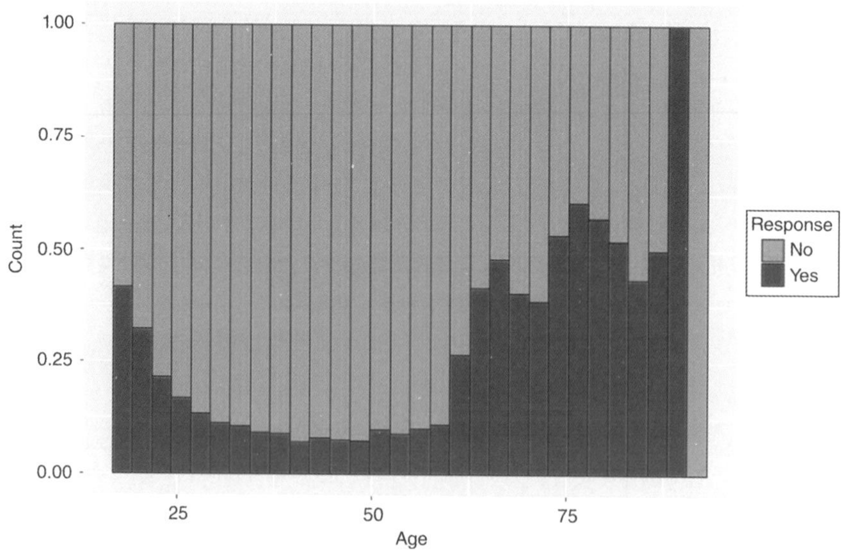

図4・7　正規化された **age-response** ヒストグラム（**R** で作成）

4・4・1 複合ヒストグラムの構築（Python）

まず，必要なパッケージを読み込む．

```
import numpy as np
import matplotlib.pyplot as plt
```

次に，データを格納したデータフレームから，グラフを描画したい変数について分離する．ここでは，age 変数と response 変数の複合ヒストグラムを作成するので，age 変数のみのデータを bank_train['age'] で抽出し，かつ response 変数の yes と no の 2 値ごとに分離し，別々に保存する．

```
bt_age_y = bank_train[bank_train.response == "yes"] \
['age'].values
bt_age_n = bank_train[bank_train.response == "no"] \
['age'].values
```

bt_age_y と bt_age_n の二つのデータ系列として保存した．age 変数の値のみをもち，かつ response == "yes" と reponse == "no" の系列を分離してそれぞれに格納している．

データ系列を作成したら，次に 2 変数について積み上げヒストグラムを作成する．

```
plt.hist([bt_age_y, bt_age_n], bins=10, stacked=True)
plt.legend(['Response = Yes', 'Response = No'])
plt.title('Histogram of Age with Response Overlay')
plt.xlabel('Age')
plt.ylabel('Frequency')
plt.show()
```

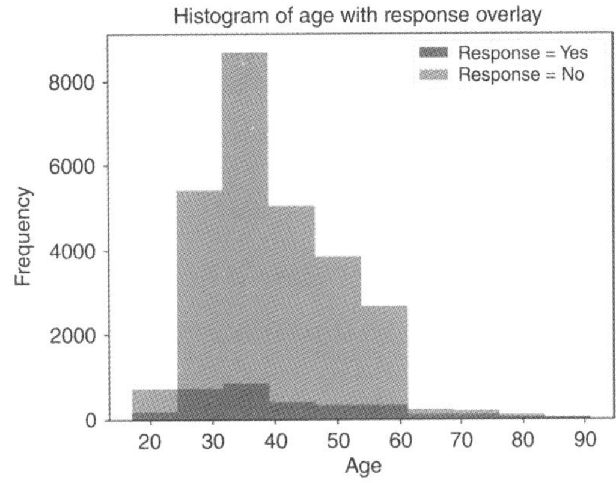

図 4・8 age-response ヒストグラム（Python で作成）

hist() 関数内の引数 stacked=True で，各変数について積み上げげで描画するように指定している．bins=10 は，各数値変数のビンの数を決めている．legend()，title()，xlabel()，ylabel() はそれぞれ，グラフの凡例，タイトル，x 軸と y 軸のラベルを指定している．最後に，show() 関数で実際に図の描画を行う．出力結果を図 4・8 に示した．

次に，正規化したヒストグラムを作成してみよう．まず積み上げヒストグラムを作成するが，その際にヒストグラム作成時に出力される情報（戻り値）を保存しておく．

```
(n, bins, patches) = plt.hist([bt_age_y, bt_age_n], \
bins=10, stacked=True)
```

上記コードは，hist() 関数でヒストグラム作成時に出力した三つの戻り値を保存している．n は各ビンごとの高さ（度数）が格納され，bins には，ヒストグラムの各ビンごとの境界値が格納されている．ヒストグラムで二つの変数を描画していた場合には，n には 2 系列分の度数情報が格納されている．1 系列目は 1 番目の変数の度数で，2 系列目は 2 番目の変数の度数である．各系列の最初の値は，一番左側のビンの度数である．

正規化したヒストグラムを作成するには，全体のデータに対する変数ごと，ビンごとのデータの構成割合が必要になり，そのために，n に各列の度数割合行列を作成する必要がある．

行列を作成するために，まず NumPy の column_stack() 関数を使って，変数ごとの度数系列を結合する．

```
n_table = np.column_stack((n[0], n[1]))
```

n_table の中身を出力すると，2 列の度数系列が列名を保持したまま結合されていることがわかる．

各列について，それぞれデータごとの構成比を計算するには，それぞれの行について列の合計値で割ればよい．

```
n_norm = n_table / n_table.sum(axis=1)[:, None]
```

n_norm に各変数のビンごとの構成比を格納した行列が格納された．

```
ourbins = np.column_stack((bins[0:10], bins[1:11]))
```

さらに，ourbins にそれぞれのビンごとの上側の境界値と，下側の境界値を格納した．これで，正規化されたヒストグラムを描画するための準備が整った．

```
p1 = plt.bar(x=ourbins[:, 0], height=n_norm[:, 0], \
width=ourbins[:, 1] - ourbins[:, 0])
p2 = plt.bar(x=ourbins[:, 0], height=n_norm[:,1], \
width=ourbins[:, 1] - ourbins[:, 0], bottom= \
n_norm[:,0])
plt.legend(['Response = Yes', 'Response = No'])
plt.title('Normalized Histogram of Age with Response \
Overlay')
plt.xlabel('Age')
plt.ylabel('Proportion')
plt.show()
```

bar() 関数について，引数 x でビンごとの上下の境界値を指定している．引数 height で先ほど算出した変数の構成比を使って，ビンごとのグラフの高さを指定している．引数 width では，ビンごとの横幅を指定している．ここでは，もともとのヒストグラムと同じ情報を用いている．2 番目の bar() 関数の引数 bottom=n_norm[:, 0] で，二つ目の縦棒グラフについて，1 番目のグラフの上端から描画するように指定している．以降の関数は，複合ヒストグラムを描画したときと同じ設定を行っているだけである．出力結果を図 4・9 に示す．

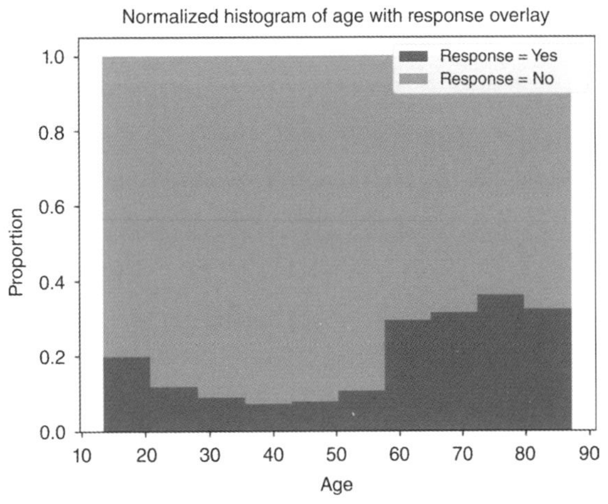

図 4・9　正規化された **age-response** ヒストグラム（**Python** で作成）

matplotlib・グラフキャプションの日本語化

Python で matplotlib による作図を行う場合，図のタイトルや軸のラベルに日本語を指定すると，文字化けすることがある（□□□のように表示される）．これは，デフォルトで利用できるフォントが，日本語に対応していないことが原因である．

日本語化する手順は下記の通りである．

1）無償で利用できる日本語フォントをダウンロードする．
　現在無償で使えるフォントの例として，下記のようなものがある．
　IPA フォント：http://ipafont.ipa.go.jp/old/ipafont/download.html
　（使用時にはライセンスなどをしっかり確認すること）

2）パソコン上の matplotlib 内のフォントフォルダに上記を（必要であれば解凍して）格納する．
　MacOS：/anaconda3/lib/python[バージョン]/site-packages/matplotlib/mpl-data/fonts/ttf/
　Windows10：C:\Users\[ユーザー名]\Anaconda3\Lib\site-packages\matplotlib\mpl-data

3）実際の Python スクリプト上で，matplotlib をインポートした後，下記のスクリプトでフォントを読み込む
　plt.rcParams['font.family'] = '[インストールしたフォント名]'

4・4・2 複合ヒストグラムの構築（R）

まず，`ggplot()` 関数の引数に bank_train データセットと，描画したい `age` 変数について `aes(age)` を指定する．ヒストグラムの作成には，`geom_histgram()` 関数を使う．

```
ggplot(bank_train, aes(age)) + geom_histogram(color =
    "black")
```

`color = "black"` で，ヒストグラムのビンごとに黒の境界線を引くように指定している．上記のコードでは `age` 変数単体でヒストグラムを作成している．目的変数についても複合させて描画するために，`geom_histogram()` 関数の引数に `aes(fill = response)` を追加する．

```
ggplot(bank_train, aes(age)) +
    geom_histogram(aes(fill = response), color = "black")
```

出力結果の複合ヒストグラムを図 4・6 に示す．

ヒストグラムを正規化するには，`geom_histogram` に引数 `position = "fill"` を追加するだけでよい．

```
ggplot(bank_train, aes(age)) + geom_histogram(aes(fill =
    response), color = "black", position = "fill")
```

出力結果は図4・7の正規化された複合ヒストグラムである.

4・5 説明変数のビン化

機械学習のアルゴリズムでは，数値変数をそのまま説明変数として取扱うよりも，カテゴリ変数に変換して取扱う方が良い場合がある．そのために，数値変数について，目的変数との関係性に応じて境界値を設定し，ビン化してカテゴリ変数をつくることがある．たとえば，図4・7を確認し，下記の命題について考えてみよう．“目的変数の割合の差を上手く切り分けるには，どのように年齢をビン化するとよいか?”．まず，60台以上で目的変数=yesの割合が非常に大きいため，ここで切り分けるのはよいだろう．20台の真ん中辺りから60台にかけての目的変数=yesの割合が低い中間層と，目的変数=yesの割合が再び高くなっている．若年層にも分けられるだろう．これで，ageについて三つのカテゴリ値に分けた新しい変数を定義することができた．(なお，下記では27を境界値としているが，25や26でも問題ない.)

$$\texttt{age\_binned} = \begin{Bmatrix} 1\text{: 27 歳未満} \\ 2\text{: 27 歳以上 60 歳未満} \\ 3\text{: 60 歳以上} \end{Bmatrix}$$

図4・10は，age_binnedの定義に従って複合棒グラフを出力したもので，図4・11はそれを正規化したものである．図4・12はage_binnedと目的変数responseについての分割表で，図4・13はそれをパーセンテージに変換したものである．中間層に比べて，高齢層と若年層は目的変数=yesの割合がとても高いことがわかる．なお，残念なことに，われわれの顧客の90%以上はこの中間層に属している．

説明変数のビン化について，ベストプラクティスを下記に示す．

ベストプラクティス　ビン化

- 多くの分析ソフトウェアでは，ビン化を自動で行うためのパッケージを提供している．たとえば，一定間隔ごとにビン化したり，カテゴリごとにレコード数が等しくなるようにビン化する，といったロジックで実装されている．これはこれで便利だが，モデルの予測力を高めるための説明変数をつくりたいのであれば，今まで紹介したように目的変数との関係性に応じたビン化を実施すべきである．

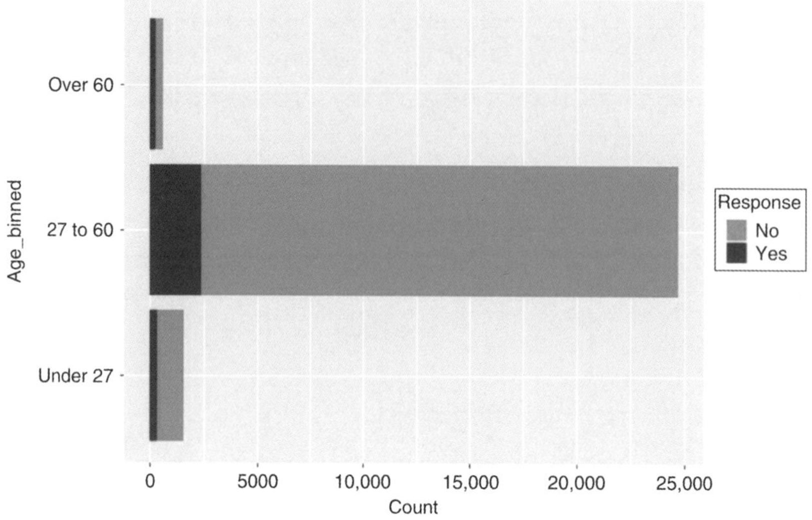

図4・10 **age_binned-response** 棒グラフ（**R** で作成）

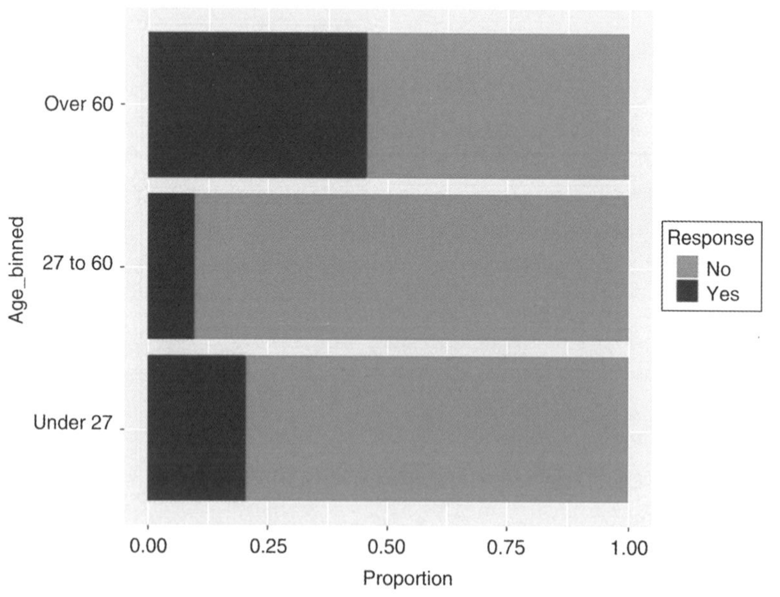

図4・11 正規化された **age_binned-response** 棒グラフ（**R** で作成）

```
     Under 27 27 to 60 Over 60
no       1255    22315     316
yes       322     2399     267
```

図 4・12　**age_binned-response** 分割表（**R** で作成）

```
     Under 27 27 to 60 Over 60
no       79.6     90.3    54.2
yes      20.4      9.7    45.8
```

図 4・13　**age_binned-response** 分割表（**R** で作成）
列ごとのパーセンテージ(%)で表している．

4・5・1　説明変数のビン化（Python）

まず，必要なパッケージを読み込む．

```
import pandas as pd
```

pandas パッケージの cut() 関数を使って，数値のビン化を行う．

```
bank_train['age_binned'] = pd.cut(x=bank_train['age'], \
bins=[0, 27, 60.01, 100], labels=["Under 27", "27 to \
60", "Over 60"], right=False)
```

引数 x で，実際にビン化したい対象の変数を指定する．引数 bins は，それぞれのビンの境界値を指定している．引数 labels で，ビンのラベルを指定し，引数 right=False で，上側境界値のレコードをビンに含めないように指定している．たとえば，最初のビンは 0 歳以上 27 歳未満のビンである．新しく作成したカテゴリ変数について，bank_train['age_binned'] で参照できるように bank_train の新規列として追加している．

最初のビンの下限値は 0 で，最後のビンの上限値は 100 と，直観的にわかりやすい境界値を指定している一方で，60.01 という一見わかりづらい境界値を指定しているのはなぜだろうか．これは，60 より大きく 61 未満の値なら何でもよいのだが，right=False の指定をしながら，“60 歳以下” というカテゴリを作成するための工夫である．年齢は整数値しかとらないので，“60.1 未満” と指定すれば “60 以下” と指定しているのと同じである．

ビン化した age_binned について，目的変数 response との複合ヒストグラムを作成するために，まずは分割表を作成する．以前にほぼ同じコードで分割表を作成しているため，詳しい説明はしない．グラフの出力結果を図 4・14 に示す．

```
crosstab_02 = pd.crosstab(bank_train['age_binned'], bank_ \
train['response'])
crosstab_02.plot(kind='bar', stacked=True, title='Bar \
Graph of Age (Binned) with Response Overlay')
```

帯グラフの作成については以前説明したので省略する．出力結果を図 4・15 に示す．

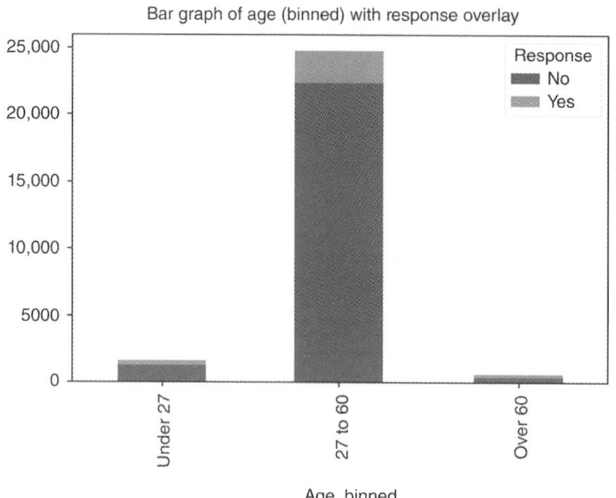

図 4・14　**age_binned-response** 棒グラフ（**Python** で作成）

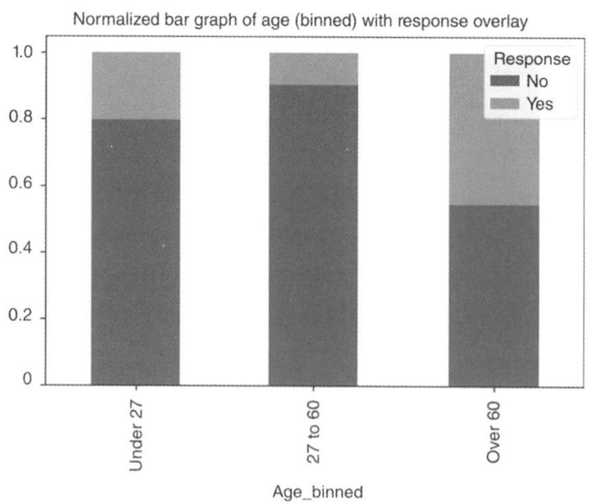

図 4・15　正規化された **age_binned-response** 棒グラフ（**Python** で作成）

新しく作成したage_binned変数と，目的変数との分割表を作成するために，再びcrosstab()関数を使う．行側へ目的変数を置くのを忘れないようにすること．列ごとの度数を取得するには，作成した表に対してdiv()関数とsum()関数を使う．上記の分割表作成についても，ヒストグラムを描画する際に説明したので，ここでコードは記載しない．

4・5・2 説明変数のビン化（R）

新しくカテゴリ変数をつくるには，cut()関数をage変数に用いる．

```
bank_train$age_binned <- cut(x = bank_train$age, breaks =
                         c(0, 27, 60.01, 100), right =
                         FALSE, labels = c("Under 27",
                         "27 to 60", "Over 60"))
```

cut()関数の引数xで，ビン化したいテーブルの対象列を指定する．引数breaksで，各ビンの境界値を指定する．引数right = Falseで，上側境界値のレコードをビンに含めないように指定している．なお，2番目のビンについては，（§4・5・1でも説明したが）60歳未満ではなく60歳以下と指定するために，便宜的に60.01の境界値を指定している．オプションの引数labelsで，各ビンに対象のビンを説明するラベルをそれぞれ付与している（たとえば“Under 27”は，0歳以上27歳未満のビンを表している）．上記の結果について，bank_trainデータセットの新規列age_binnedとして格納した．

新しいカテゴリ変数を作成したら，responseとの複合グラフを前述のggplot()関数を使ってプロットする．

```
ggplot(bank_train, aes(age_binned)) +
    geom_bar(aes(fill = response)) + coord_flip()
```

図4・10は上記コードで出力される棒グラフである．帯グラフ描画のためのコードについては，以前の節で触れているので詳しく説明しない．出力結果は図4・11となる．

新しく作成したage_binned変数と目的変数との分割表については，prop.table()関数で列ごとの度数を確認した後，table()関数で実際の表を作成する．各関数の詳細はすでに説明しているので，ここでは実際のコードだけを記載する．

```
t2 <- table(bank_train$response, bank_train$age_bin)
t2 round(prop.table(t2, margin = 2)*100, 1)
```

上記コードの出力結果を図 4・12 と 4・13 に示した.

探索的データ解析（EDA）についてさらに詳しく知りたい人は,“Data Mining and Predictive Analytics”*1 を参照してほしい.

参考資料

1. Python の matplotlib パッケージは，本章で紹介した以外にもさまざまな描画オプションがある．詳しくは, J. D. Hunter, ‘Matplotlib: a 2D graphics environment’, *Computing in Science & Engineering*, **9**, 90-95 (2007), doi: https://doi.org/10.1109/MCSE.2007.55 などを参考にするとよい.
2. ggplot2 の世界はとても奥深い！ 詳細は下記を確認すること．H. Wickham, “ggplot2: Elegant graphics for data analysis”, Springer-Verlag, New York (2009) *2.

練習問題

考え方の確認

4・1 探索的データ解析（EDA）は統計的仮説検定と比較して，どのようなときに使うべきか述べよ.

4・2 分析者が探索的データ解析を使うと何が可能になるか，いくつか例を述べよ.

4・3 目的変数（カテゴリ変数）と説明変数を可視化したい場合，どのようなグラフを用いればよいか.

4・4 （正規化されていない）棒グラフはどのような場面で使うか述べよ.

4・5 帯グラフ（正規化された棒グラフ）のメリットとデメリットを一つずつあげよ.

4・6 探索的データ解析のために棒グラフを作成する際のベストプラクティスを二つ述べよ.

4・7 分割表を使うことで，どのようなことができるか述べよ.

4・8 探索的データ解析のために分割表を作成する際のベストプラクティスを二つ述べよ.

4・9 ヒストグラムとは何か説明せよ.

4・10 正規化されたヒストグラムのメリットとデメリットを一つずつあげよ.

4・11 探索的データ解析のためにヒストグラムを作成する際のベストプラクティスを述べよ.

4・12 説明変数をビン化してカテゴリ変数に変換することのメリットを述べよ.

4・13 分析ソフトウェアに搭載されている自動ビン化手法ではなく，本章で説明してきたようなビン化手法を用いることが望ましい理由を述べよ.

---

*1 D. T. Larose, C. D. Larose, “Data Mining and Predictive Analytics”, 2nd Ed., John Wiley and Sons, Inc. (2015).

*2 ［訳注］次の日本のサイト（http://rstudio.com/wp-contentuploads/2016/10/ggplot2_cheatsheet_20-ja.pdf）も役に立つので参照されたい.

4・14　練習問題 4・13 について，自動化ビン手法の利用について，分析者が慎重に検討するべき理由について述べよ．

データ分析練習

練習問題 4・15〜4・20 では，あらかじめ bank_marketing_training データセットを Python と R で読み込めるように準備しておくこと．

4・15　`previous_outcome` 変数と目的変数 `response` について，複合棒グラフを作成せよ．

4・16　`previous_outcome` 変数と目的変数 `response` について，(正規化された)複合帯グラフを作成せよ．`previous_outocome` と `resoponse` の関係について，説明せよ．

4・17　`previous_outcome` 変数と `response` 目的変数について，分割表を作成せよ．棒グラフや帯グラフに比べて，どのような点が違うか比較せよ．

4・18　`age` 変数と `response` 変数について複合ヒストグラムを作成せよ．

4・19　`age` 変数と `response` 変数について正規化された複合ヒストグラムを作成せよ．`age` と `response` の関係について，説明せよ．

4・20　本章で説明した方法で `age` 変数をビン化せよ．また，ビン化した `age` 変数と `response` 変数について，複合棒グラフを作成せよ．

データ分析実践

練習問題 4・21〜4・30 では，引き続き bank_marketing_training データセットを分析する．それぞれの問題について，Python か R のどちらかでコードを記述せよ．

4・21　下記のグラフを作成し，それぞれの強みと弱みを述べよ．

(a) `marital` 変数の棒グラフ

(b) `marital` 変数と `response` 変数の複合棒グラフ

(c) `marital` 変数と `response` 変数について正規化した複合棒グラフ（帯グラフ）

4・22　上記で作成した帯グラフを使って，`marital` 変数と `response` 変数の関係について，説明せよ．

4・23　下記は，`marital` 変数と `response` 変数について実施せよ．

(a) 目的変数を行側に置いた分割表を作成せよ．それぞれの列について，レコード数の合計と，列ごとのレコード数のパーセンテージを出力せよ．

(b) 作成した分割表を見て何がわかったたか，述べよ．

4・24　練習問題 4・23 に引き続き，今度は分割表の行ごとのレコード数のパーセンテージを出力せよ．練習問題 4・23 の結果との違いについて説明せよ．

4・25　下記のグラフを作成し，それぞれの強みと弱みを述べよ．

(a) `duration` 変数のヒストグラム

(b) `duration` 変数と `response` 変数の複合ヒストグラム

(c) `duration` 変数と `response` 変数について正規化した複合ヒストグラム

4・26　上記で作成したヒストグラムについて，`duration` 変数と `response` 変数の関係について，説明せよ．

4・27 duration 変数と response 変数の正規化された複合ヒストグラムと，正規化されていない複合ヒストグラムを見て，response 変数の構成割合を確認しながら duration 変数についてビン化の境界値を決定し，duration_binned 変数を作成せよ．

4・28 今までの結果を使って，下記の内容を実施せよ．

(a) duration_binned 変数と response 変数についてレコード数の合計と列ごとのパーセンテージを付与した分割表を作成せよ．

(b) duration_binned 変数と response 変数について，正規化していない複合ヒストグラムを作成せよ．

(c) duration_binned 変数と response 変数について，正規化した複合ヒストグラムを作成せよ．

4・29 job 変数と response 変数について，レコード数の合計と列ごとのパーセンテージを付与した分割表を作成せよ．

4・30 練習問題 4・29 に引き続き，下記の内容を実施せよ．

(a) job 変数の各値について，response＝yes のパーセンテージが 0～10, 10～25, 25～33 になるようなカテゴリごとに分類し，新しい job2 変数を作成せよ．

(b) job2 変数と response 変数について，レコード数の合計と列ごとのパーセンテージを付与した分割表を作成せよ．また，表を見て気づいたことを述べよ．

(c) job2 変数と response 変数について，正規化した複合ヒストグラムを作成し，関係性について述べよ．

練習問題 4・31～4・36 では，cereals データセットを分析する．それぞれの問題について，Python か R でコードを記述せよ．

4・31 Manuf 変数と Type 変数について，複合棒グラフを作成せよ．

4・32 Manuf 変数と Type 変数について，正規化された複合帯グラフを作成せよ．

4・33 Manuf 変数と Type 変数について，分割表を作成せよ．

4・34 Calories 変数と Type 変数について，複合ヒストグラムを作成せよ．

4・35 Calories 変数と Type 変数について，正規化された複合ヒストグラムを作成せよ．

4・36 Calories 変数について，0～90, 90～110, 110 より大きい，の三つにビン化せよ．ビン化した Calories 変数について，Manuf 変数との複合棒グラフを作成せよ．

練習問題 4・37～4・60 では，adult_ch3_training データセットを分析する．なお，練習問題 4・37～4・40 において，EDA の段階で分析に悪影響を与える外れ値の除外を行う．

4・37 capital-loss 変数について，Z 値を使って外れ値を特定せよ．いくつ外れ値があるか答えよ．

4・38 income 変数について外れ値を可視化するために棒グラフを作成せよ．

4・39 income 変数について外れ値以外で棒グラフを作成せよ．

4・40 練習問題 4・38，4・39 の結果を比較し，違いを述べよ．外れ値を除外したことで，今後の探索的データ解析にどのような影響がでるか述べよ．

4・41　capital-loss 変数について，0 であれば 0，それ以外の値を 1 として capital-loss-flag 変数を新しく作成し，棒グラフを描画せよ．

4・42　capital-gain 変数についても，練習問題 4・41 と同じ内容を実施せよ．

4・43　capital-loss-flag 変数と income 変数についてレコード数の合計と列ごとのパーセンテージを付与した分割表を作成せよ．キャピタルロスがある（capital-loss-flag＝1）とき，income にどのような影響を与えるか述べよ．

4・44　capital-gain-flag 変数と Income 変数についてレコード数の合計と列ごとのパーセンテージを付与した分割表を作成せよ．キャピタルゲインがある（capital-gain-flag＝1）とき，income 変数にどのような影響を与えるか述べよ．

4・45　今後の演習問題のために，workclass 変数を workclass-old に，marital-status 変数を marital-status-old に，occupation 変数を occupation-old に名前を変更せよ．

4・46　income 変数を行に，workclass-old 変数を列にして，レコード数の合計と列ごとのパーセンテージを付与した分割表を作成せよ．

4・47　上記の分割表について，下記を実施せよ．

(a) workclass-old 変数について，値 never-worked と without-pay を no-pay として結合するべき理由を一言で述べよ．

(b) workclass-old 変数について，値 local-gov と state-gov を state-local-gov として結合するべき理由を一言で述べよ．

4・48　練習問題 4・47 での変更に加えて，"?" を "unknown" に変更し，結果を新しく workclass 変数として保存せよ．income 変数を行に，workclass 変数を列にして，レコード数の合計と列ごとのパーセンテージを付与した分割表を作成し，結果について説明せよ．

4・49　income 変数を行に，marital-status-old 変数を列にして，レコード数の合計と列ごとのパーセンテージを付与した分割表を作成せよ．

4・50　上記の分割表について，2 変数の関係性を述べよ．また，marital-status-old 変数について，値 Married-AF-spouse と Married-civ-spouse を新しいカテゴリ値 Married にし，それ以外の値を Other に統合するべきだと考えるが，その理由を述べよ．

4・51　練習問題 4・50 での変更結果を marital-status 変数として保存せよ．その後，income 変数を行に，marital-status 変数を列にして，レコード数の合計と列ごとのパーセンテージを付与した分割表を作成し，結果について説明せよ．

4・52　income 変数を行に，occupation-old 変数を列にして，レコード数の合計と列ごとのパーセンテージを付与した分割表を作成せよ．

4・53　練習問題 4・52 で作成した分割表を基に，下記を実施するべき理由を述べよ．

(a) occupation-old 変数について，カテゴリ値 Exec-managerial と Prof-specialty を新しいカテゴリ値 Exec/Prof に統合する．

(b) occupations-old 変数について，income 変数の値が 50,000 以上をとるレコードを新しいカテゴリ値 Mid-Level に統合する．

(c) 残りを新しいカテゴリ値 Low-Level に統合する．

(d) カテゴリ値 unknown をカテゴリ値 Low-Level に統合する．

4・54　練習問題4・53で記載した内容を実施し，新しくoccupation変数を作成せよ．その後，income変数を行に，occupation変数を列にして，レコード数の合計と列ごとのパーセンテージを付与した分割表を作成し，結果について説明せよ．

4・55　education変数について，下記の内容を実施せよ．

(a) income変数との複合ヒストグラム，正規化されたヒストグラムをそれぞれ作成せよ．

(b) income変数との関係性について説明し，education変数がincome変数を予測するうえでどのように有益か，自分の言葉で述べよ．

4・56　education変数について，下記の内容を実施せよ．

(a) income変数との複合ヒストグラム，正規化されたヒストグラムをそれぞれ作成せよ．

(b) income変数との関係性について説明せよ．

(c) 30未満，30以上60以下，60より大きい，の境界値でビン化した結果について，income変数との関係性を説明せよ．

4・57　練習問題4・56で実施した内容をage_binned変数に保存し，下記の内容を実施せよ．

(a) age_binned変数とincome変数について，帯グラフ（正規化された棒グラフ）を作成せよ．

(b) 作成した帯グラフについて説明せよ．

4・58　説明変数sexについて，下記の分析を実施せよ．

(a) sex変数とincome変数について，複合棒グラフを作成せよ．

(b) sex変数とincome変数について，（正規化された）複合帯グラフを作成せよ．

(c) 上記の帯グラフの内容について解釈し，説明せよ．

4・59　下記を実施せよ．

(a) occupation変数とsex変数について，複合棒グラフを作成せよ．

(b) occupation変数とsex変数について，（正規化された）複合帯グラフを作成し，2変数の関係性を説明せよ．

4・60　sex変数を行に，occupation変数を列にして，レコード数の合計と列ごとのパーセンテージを付与した分割表を作成し，練習問題4・59で作成した複合帯グラフと比較せよ．

5

モデル構築下準備

5・1 第4章までのおさらい

データサイエンスの方法論について，これまでに学んできたことを振り返ってみよう．

1. 第3章では，分析課題の理解についての重要性を議論した．

2. また，データの準備（前処理）におけるいくつかの問題について取扱った．

3. 第4章では，探索的データ分析（EDA）について，重要なトピックについてふれた．

4. 本章で，モデル構築前の下準備に挑む．

本章で，データモデリングの前にやっておかねばならない重要なタスクについて取上げる．

- データ分割
- データ分割の評価
- データの均衡化
- モデル性能のベースラインの策定

5・2 データ分割

データサイエンスの方法論において，標本から母集団についての法則を導き出すといった，いわゆる統計的推論はあまり用いない．その理由は下記の二つである．

1. 統計的推論を，データサイエンスで扱う巨大なサンプルサイズの標本に当てはめると，実用上意味のないことにまで統計的な有意性が検出されてしまう．

2. 統計的推論では，アプリオリ（先験的）に仮説を構築し，仮説を基に検証を行うが，データサイエンスの方法論では明確な仮説を置かず，実用的な結果を自由に探索することができる．

アプリオリ（先験的）な仮説を置かないことにより，データサイエンティストは**データの浚渫**（data dredging）に注意する必要が発生する．データセットに偶然含まれるデータの偏りのために，偽の傾向が見つかるというものである．そのため，**クロ**

スバリデーション（cross-validation, **交差検証**ともいう）などの手法を使って，得られた結果が未知のデータセットに対しても適用できるかを検証する必要がある．クロスバリデーションの最も一般的な手法として，**ホールドアウト検証**（fold out validation）*と，***k* 分割クロスバリデーション**（*k*-fold cross-validation）がある．ホールドアウト検証では，データをランダムに学習用データセットとテスト用データセット（**ホールドアウトデータセット**ともいう）に分割する．

学習用データセットは，元の変数をすべて含んだレコードとなっているが，テスト用データセットでは目的変数を（一時的に）欠落させている．モデル作成時には，学習用データセットを使ってデータのパターンと傾向を学習させる．これをテスト用データセットに適用し，(欠落させた)目的変数について予測を行う．予測結果と正しい目的変数を比較し，分類モデルであれば誤分類率，回帰モデルであれば平均二乗誤差などの評価基準を使って，モデルの評価を行う．このように，クロスバリデーションがデータの偏りなどの悪影響を防ぐわけであるが，正常に機能するためには，学習用データセット，テスト用データセットについて，同様のバラつきが保たれていなければならない．

データの適切な分割割合は，データの大きさと複雑さに依存する．複雑性が高いデータ（たとえば，ニューラルネットワークなどを使って，データに含まれるさまざまな非線形の関係を抽出しなければならない状況）では，できるだけ学習用データセットにレコードを多くもたせ，適切な学習をできるようにさせなければならない．そのため，おおよそ元データの 75～90％を学習用データセットに含めるのが望ましい．もちろん，データ量が膨大であるなら，さらに学習用データセットにデータを追加してもよいだろう．一方で，データセットが小さく複雑性もあまり高くないなら，テスト用データセットに十分なレコードをもたせ，モデルの正しさをきちんと評価できるようにするのがよいだろう．この場合元データの 50～67％程度を学習用データセットにもたせるのが望ましい．

5・2・1　データ分割（Python）

下記のパッケージをインポートせよ．

```
import pandas as pd
from sklearn.model_selection import train_test_split
import random
```

＊　［訳注］厳密には交差させないのでクロスバリデーションに含まないこともある．

また，bank-addtional データセットを，bank という名称をつけて読み込む．

```
bank = pd.read_csv("C:/…/bank-additional.csv")
```

データセットを分割するために，train_test_split() 関数を使う．

```
bank_train, bank_test = train_test_split(bank,\
test_size=0.25, random_state=7)
```

この関数は bank_train と bank_test の二つのデータセットを生成している．データセットの名称は任意で設定できるが，二つ目に設定するものがテスト用データセットとなる．train_test_split() 関数の一つ目の引数で分割したいデータフレーム（ここでは bank）を指定し，test_size でテスト用データセットのレコード割合を指定している．ここでは 0.25 を指定しているため，テスト用データセットは全体の 25%で，残った 75%が学習用データセットとなる．random_state は，データをランダムに分割するための，乱数生成器のシード値*を与えている．どんな数値を与えてもよいが，結果を再現できるようにするためには，都度同じ値を与えなければならない．同じシード値を与えれば，何度実行しても同じ結果が得られる．
データが適切に分割されたかを確認するため，元データセット，学習用データセット，テスト用データセットにおいて，レコード数，列数を確認する．

```
bank.shape
bank_train.shape
bank_test.shape
```

出力される一つ目の変数が，それぞれのデータのレコード数となる．bank_train と bank_test のレコード数の合計が，bank のレコード数と一致しているかを確認する．また，bank_test のレコード数が bank のレコード数の 25%であることも確認する．

5・2・2 データ分割（R）

bank-additional データセットを bank データフレームとして読み込む．乱数生成器の“シード値”を下記のコードで生成する．

```
set.seed(7)
```

set.seed() 関数の引数は任意な数値を指定できるが，Python のときと同様，結果を再現できるようにするために，都度同じ値を与えなければならない．同じシード

---

* ［訳注］コンピュータにおいて，無作為に値を生成するためには，乱数の種（シード値）を与えたうえで疑似乱数生成アルゴリズムを使って生成する必要がある．

値（この場合，7）を与えれば，何度実行しても同じ結果が得られる．

```
n <- dim(bank)[1]
```

dim() 関数と [1] を使って，第4章でふれたように，データのレコード数を取得し，n に格納する．学習用データセット（全体の 75%）について，n と乱数を使って学習用データセットを指定する．

```
train_ind <- runif(n) < 0.75
```

runif() 関数は，0〜1の(一様分布)乱数を生成する．引数の n は，乱数を生成する回数であり，ここではすべてのレコードに対して一つずつ生成している．runif() 関数で生成した乱数について，それぞれ 0.75 と大小を比較し，0.75 より小さければ TRUE（真）を返し，大きければ FLASE（偽）を返す．train_ind は，左記のように生成された TRUE と FALSE の一連の集合が格納される．おおよそ 75% のデータが TRUE 値を与えられることになる．付与された TRUE と FALSE を使って，学習用データセットと，テスト用データセットを生成する．bank データフレームについて，[ ] を使って，対象のレコードを抽出する．

```
bank_train <- bank[train_ind,]
bank_test <- bank[!train_ind,]
```

上記の記法では，[ ] 内のカンマ（,）の左側でレコード（行）を指定し，右側で変数（列）を指定することを思い出してほしい．bank[train_ind,] で，train_ind 内で TRUE 値をとるレコードを抽出する．おおよそ 75% が TRUE 値をとるので，bank_train データセットに抽出されるレコード数は，bank データフレームのレコード数のおよそ 75% となる．

bank_test には，train_ind 内で FALSE 値を取るものを抽出して格納したい．bank[!train_ind,] で，train_ind が TRUE 値でないもの（=FALSE）のレコードを抽出する．なお，!（エクスクラメーション）は，R で否定を表す演算子である．これで，学習用データセットとテスト用データセットの分割が実施できた．

5・3 データ分割の評価

データ分割が適切に行われていることは，その後のプロセスの成功に深く関わっているため，学習用データセットとテスト用データセットにデータの偏りがなく，適切に**分割**（partition）されたかどうかはきちんと確認しなければならない．データセット間で，変数ごとに偏りがあるかどうか確かめなければならないが，変数列が多すぎる場合には，ランダムに変数列を絞って確認する場合もある．確認方法は，変数列の型ごとに適切な統計検定を実施する必要がある*.

- 数値型変数: 平均に差があるかを確かめる，**2 標本 t 検定**（two-sample t-test）
- カテゴリカル変数（2 値）: 割合に差があるかを確かめる，**2 標本 Z 検定**（two-sample Z-test）
- カテゴリカル変数（多値）: 比率の等質性（homogeneity）の検定

5・4 学習用データセットの均衡化

分類モデルを作成する際，目的変数における値の頻度に偏りがある場合がある．このような場合，学習用データセットの**均衡化**が推奨される．分類モデルを作成する際のアルゴリズムの多くは，目的変数がとりうる値それぞれで十分なレコード数がないと機能しないからだ．学習アルゴリズムは，出現頻度が高い特定の値についてだけではなく，出現頻度が低いデータに対しても十分なレコード数が要求される．たとえば，クレジットカードの取引履歴データでは，100,000 件のデータのうち，1,000 件が不正取引のものであるとする．これを分類するモデルを作成する場合，極端にいえば“すべてのレコードは無条件に不正ではない”とする予測モデルを作成してしまっても，**正確度**（accuracy, 正解率ともいう）は 99%のモデルをつくることが可能である．もちろん，実用上はまったく使い物にならない．

代わりに，不正取引レコードを水増しし，データの均衡化を行うことが望ましい．まれなレコードを**再標本化**（resampling, **リサンプリング**ともいう）する手法も，その一つである．たとえば，学習用データセットの中の不正取引レコードの割合について，元々の 1%から，全体の 25%程度の割合を占めるように均衡化するのであれば，32,000 件程度不正取引レコード数を増やす必要がある．そうすれば，全レコード 132,000 件中 33,000 件が不正取引レコードとなり，33000/132000＝25%を占めることになる．この 32,000 件というデータ数は，下記の一次方程式を解くことで導ける．

$$1000 + x = 0.25(100000+x)$$

上記を一般化すると，下記のようになる．

$$rare + x = p(records+x)$$

これを x について解くと，

$$x = \frac{p(records) - rare}{1 - p}$$

* D. T. Larose, C. D. Larose, “Data Mining and Predictive Analytics”, 2nd Ed., John Wiley and Sons, Inc. (2015).

となる．なお，x が再標本化に必要なデータ件数で p が最終的な，均衡化後のまれなレコード（この場合，不正取引のレコード）が占める割合である．*records* は全レコードの件数で，*rare* は，まれなレコード（均衡化前の）件数である．

なお，テスト用データセットに対しては再標本化を行ってはならない．テスト用データセットは分類モデルの検証のために意図的にホールドアウトしたもので，人為的な処理を加えてはならない．あくまで再標本化は学習モデルの精度を向上するために行うものであり，実際の評価は現実世界のデータの状況に即したものを使う必要がある．

5・4・1　学習用データセットの均衡化（Python）

まず，bank_train データセットの中で，目的変数（`response`）列のうち，まれな側のデータ（“yes”）のデータ件数が何件あるかについて，`value_counts()` メソッドを用いて確認する．

```
bank_train['response'].value_counts()
```

なお，“yes”が占める割合は，学習用データセットとテスト用データセットを分割するたびに異なるだろう．§5・2・1で紹介した，Python コードを使って固定のランダムシード値を与えると，全学習用データ 3,089 件のうち，“yes”のレコードは 338 件（12%）となる．ここで，“yes”が占める割合を 30% まで上げたい．前節の方程式に $p=0.3$，$records=3089$，$rare=338$ を代入すると，

$$x = \frac{p(records) - rare}{1 - p} = \frac{0.3(3089) - 338}{0.7} = 841$$

が得られる．以上のことから，新しく“yes”のレコードを 841 件分再標本化し，学習用データセットに加えてあげればよいことがわかる．

再標本化を行う前に，あらかじめデータセットを分けておく．

```
to_resample = bank_train.loc[bank_train['response'] == \
"yes"]
```

`loc` メソッドを使い，学習用データセットの中から特定の条件のレコードのみを抽出している．`bank_train['response'] == "yes"` が実際の条件を示しており，これによって“yes”のレコードのみを抽出し，`to_resample` と名付けたデータフレームに格納している．

次に，実際にデータの再標本化を行う．

```
our_resample = to_resample.sample(n=841, replace=True)
```

`sample()` メソッドを使い，`to_resample` から，実際に学習用データセットに追加

するためのデータをランダムに抽出する．引数の n=841 が実際に抽出するレコード数を指定し，引数 replace=True によって，抽出するレコードに重複を許している．上記によって 841 件分のデータがランダムに再標本化され，our_resample データフレームに格納された．

最後に，もともとの学習用データセットに，再標本化したデータを追加する．

```
bank_train_rebal = pd.concat([bank_train, our_resample])
```

pandas の concat() 関数を使って，二つのデータフレームの結合を行う．bank_train と our_resample が結合され，目的のデータが bank_train_rebal データフレームに格納された．

実際に，response 列について，"yes" の件数が意図通りに格納されているかを確認する．

```
bank_train_rebal['response'].value_counts()
```

上記の実行結果を図 5・1 に示す．学習用データセット全 3,930 件のうち，1,179 件レが "yes" のレコードとなっており，30% を占めていることが確認できた．

```
In [44]: bank_train_rebal['response'].value_counts()
Out[44]:
no      2751
yes     1179
Name: response, dtype: int64
```

図 5・1 Python で作成した均衡化後の response 変数の表

オーバーサンプリングとアンダーサンプリング

本章では，目的変数のクラスに偏りが生じているとき，オーバーサンプリング（データの拡張）によって，データを均衡化する方法を紹介した．なお，実際にはほかにも，

- オーバーサンプリング（本章紹介したデータの複製だけでなく，k 近傍法などを用いた近似データの生成）とアンダーサンプリング（データのランダムサンプリング）と組合わせる，SMOTE などの手法
- 少ない方のクラスの分類を間違えた際に，より大きなペナルティを課す手法（第 7 章参照）

を用いて，予測を向上させる手法が研究されている．

なお，Python では imblearn，R であれば DMwR などのパッケージが，不均衡データセットを取扱う際によく利用される．

5・4・2 学習用データセットの均衡化（R）

まず，bank_train データセットの中で，目的変数（response）列に“yes”の値が格納されたレコードが何件あるかを調べる．

```
table(bank_train$response)
```

“yes”の回答は，学習用データとテスト用データの分割のたびに異なる割合となる．§5・2・2で紹介したRコード内のランダムシード値を使って分割した際は，学習用データセット全3,103件のうち，目的変数について，336件（11%）が“yes”のレコードとなっていた．

さて，“yes”のレコード件数の割合が30%になるようにレコードを追加してみよう．§5・4の方程式に$p=0.3$，$records=3103$，$rare=336$を代入すると，

$$x = \frac{p(records) - rare}{1 - p} = \frac{0.3(3103) - 336}{0.7} = 850$$

が得られる．850件の“yes”のレコードを追加すればよいことが，上記の式から確認できた．

まず，which() 関数を使って，現在の学習用データセットの中から“yes”のレコードのみを抽出する．

```
to.resample <- which(bank_train$response == "yes")
```

which() 関数は，引数で指定したデータセットの列番号を返す関数である．$ 以下で条件を指定することで，データセット全体ではなく，その中から特定の条件をもつレコードのみに限定することも可能である．この場合，目的変数（response）列が“yes”のレコードの列番号を抽出したいので，引数に bank_train$response == "yes" と記述する．この結果を，to.resample に格納する．

次に，to.resample に格納されたデータセットの中から，再標本化を行う．

```
our.resample <- sample(x = to.resample, size = 850, replace
                        = TRUE)
```

引数 x = to.resample で，再標本化を行いたい対象のレコード番号を指定している．引数 size = 850 で再標本化したいレコード件数を指定している．引数 replace = TRUE によって，サンプリングしたレコードの重複を許している（復元抽出）．上記のコードによって，再標本化したい850件分の bank_train 内における列番号ベクトルが取得できた．

次に，上記で作成した列番号を使って，実際に抽出するレコード our.resample を取得する．

```
our.resample <- bank_train[our.resample, ]
```

bank_train 内で列番号を指定し，実際に再標本化したいデータセットのみを抽出している．新しい our.resample データフレームに格納されたレコード数は 850 件であり，実際に取得したいレコード件数と合致する．

最後に，もともとの学習用データセットに，再標本化したデータを追加する．

```
train_bank_rebal <- rbind(bank_train, our.resample)
```

rbind() 関数は，二つのデータセットを結合する〔“row”（列）を “bind”（結合）する〕．ここではもともとの学習用データセットと，新しく再標本化した 850 件の our.resample データを結合し，train_bank_rebal という新しいデータセットを作成している．

実際に意図したレコード件数になっているかどうかを確認する．

```
t.v1 <- table(train_bank_rebal$response)
t.v2 <- rbind(t.v1, round(prop.table(t.v1), 4))
colnames(t.v2) <- c("Response = No", "Response = Yes")
rownames(t.v2) <- c("Count", “Proportion")
t.v2
```

実行結果を図 5・2 に示す．実際に “yes” のレコード数が全体の約 30％であることを確認できた．

	Response = No	Response = Yes
Count	2767.0	1186.0
Proportion	0.7	0.3

図 5・2 R で作成した均衡化後の **response** 変数の表

5・5 モデル性能のベースラインの策定

実際にモデルの性能評価を行う前には，モデル性能のベースラインを策定することが重要である．たとえば，§5・4 で取上げたように，全クレジットカード取引のなかから不正取引を検知するモデルを作成し，正確度 98％が出たとしよう．一見素晴らしいモデルのように思えるが，“すべて正常取引である” と予測するだけのモデルであっても，99％の正確度を出すことができることを思い出してほしい．モデルの性能の良し悪しは，あらかじめデータセット内の目的変数の分布傾向などから，あらかじめ判断基準を決めておく必要がある．

通常の**二値分類**（binary classification, **二項分類**，**2 クラス分類**ともよばれ，“はい”

か“いいえ”などを予測する）を行う状況のベースラインとして，下記を想定するとよい．

二値分類のためのベースラインモデル

全体のレコードにおける“はい”の割合を p とするとき

- すべてを“はい”と予測するモデルの正確度（p）
- すべてを“いいえ”と予測するモデルの正確度（$1-p$）

のうち，どちらか高い方をベースラインとする．

たとえば，クレジットカードの不正取引を予測するシナリオでは，$p=0.01$（1%）となり，前者のモデルでは 0.01，後者のモデルでは 0.99 の正確度*となる．高い方のモデルの性能を凌駕することをベースラインの目標とするとよいだろう．

上記の考え方は，二値分類ではなく，**多値分類**（k-nary classification, multi-class classification, **多クラス分類**ともいう）にも拡張できる．

多値分類のためのベースラインモデル

目的変数について，k 個分の値（$C_1, C_2, \cdots C_k$）を予測するモデルを考える．全体のレコードにおける，それぞれの値の割合を $p_i(i=1, \cdots, k)$ とするとき，

p_i のうち，最も割合の多い $p_{\max}$

をベースラインとする．

たとえば，（米国人の）支持政党を予測するモデルについて考えてみる．与えられたデータセットのうち，30%が民主党支持者，30%が共和党支持者，40%が無党派層であるとする．この場合，正確度 40%がベースラインの目標とするといいだろう．

ちなみに，他の予測モデルだとどうなるだろうか．回帰モデルについて，単純に“すべて平均値として予測する（$y=\bar{y}$）モデル”がベースラインとして考えられるだろう．しかし，これはあまりにも低すぎる目標で，説明変数の情報を完全に無視しているため，ほぼすべての回帰モデルにおいて簡単にベースラインを超えてしまう．代わりに，“専門家であれば平凡な予測誤差をどのように考えるだろうか？”と問う必要がある．たとえば，あなたが貸金業を営んでおり，債務者の支払い能力がどれくらいあるかを予測する必要があるとする．その場合，一般的には 50,000 ドルの予測誤差があるモデルでも問題ないといえるかもしれない．実際に予測モデルを構築するときには，50,000

* 実際，最良のモデルを選択する方法として正確度を使用している場合，これはしばしば当てはまらない．詳細は第 7 章参照．

ドルよりも小さい予測誤差が必要になる*.

もちろん，実際にそのビジネス分野で利用されているようなモデルの性能を，ベンチマークとして使うこともいいだろう．たとえば，先ほどの貸金業のシナリオで考えてみる．過去に標準的な予測誤差が 25,000 ドルのモデルを構築することができたとするなら，この 25,000 ドルをベンチマークとして考えるといいだろう．

本章では，データサイエンスにおける分析設計段階における，下記のタスクについて学んだ．

- データ分割
- データ分割の評価
- データの均衡化
- モデル性能のベースラインの策定

次章以降では，実際のモデル構築について学んでいく．

参考資料

1. 乱数生成パッケージで利用される乱数生成アルゴリズム（メルセンヌツイスタ）についての詳細は，M. Matsumoto, T. Nishimura, 'Mersenne Twister: a 623-dimensionally equidistributed uniform pseudorandom number generator', *ACM Transactions on Modeling and Computer Simulation*, **8**(**1**), 3–30 (January 1998) 参照.
2. sklearn（サイキットラーン）パッケージは今後も取扱っていく．より詳しく知りたければ，下記を確認してほしい．F. Pedregosa, *et al.*, 'Scikit-learn: Machine learning in Python', *Journal of Machine Learning Research*, **12**, 2825–2830 (2011).

練習問題

考え方の確認

5・1 モデル作成下準備段階で，実施するべきである四つのタスクは何か答えよ．

5・2 データサイエンスの手法において，通常の統計的推論があまり用いられない理由を二つ述べよ．

5・3 データの浚渫（data dredging）とは何か，なぜそれを避けるべきかを述べよ．

5・4 データの浚渫（data dredging）を避けるために，データサイエンティストが行うべきことを述べよ．

5・5 学習用データセットとテスト用データセットとは，それぞれ何をさすか述べよ．

5・6 データ分割を評価する際に，すべてのフィールド（列）について考慮しなければならない理由を述べよ．

5・7 データ分割を評価する際に，数値変数についてどんな統計検定を実施すべきか，述べよ．

---

* 詳細は第 11 章参照.

5・8　データの均衡化とはなにか，なぜ実施すべきかを述べよ．

5・9　再標本化とは何か述べよ．

5・10　テスト用データセットを均衡化すべきなのはどんなときか述べよ．

5・11　モデル評価のベースライン策定の重要性について述べよ．

5・12　二値分類モデルについて，モデルのベースラインを決めるのに重要な二つの値は何か答えよ．

5・13　多値分類において，適切なベースラインはない．左記の命題が正しいか答えよ．

5・14　モデル性能評価について，ベンチマークはどのように設定すべきか述べよ．

データ分析練習

練習問題 5・15〜5・20 では，bank-additional データセットを分析する．Python または R を用いて各問題を解け．

5・15　データセットについて，全体のレコード件数のうち 75% を学習用データセットに，テスト用データセットに 25% 含まれるように分割せよ．また，分割した結果について棒グラフを使って確認せよ．

5・16　学習用データセットとテスト用データセットに，それぞれ目的変数（`response`）列に“yes”が格納されているレコードが何件あるか確認せよ．

5・17　練習問題 5・16 の結果を使って，学習用データセットに“yes”が 20% 含まれるようにする場合，いくつのデータを再標本化すればよいか，計算せよ．

5・18　練習問題 5・17 の結果を基に，データを均衡化し，結果を確かめよ．

5・19　テスト用データセットについても，データの均衡化を実施すべきだろうか．その理由も述べよ．

5・20　`response` について二値分類モデルを作成する際，モデルのベースラインはどのように策定すべきだろうか．また，ベースラインの正確度は具体的にいくつになるか述べよ．

データ分析実践

練習問題 5・21〜5・27 では，adult データセットを分析する．Python または R を用いて各問題を解け．

5・21　データセットについて，全体のレコード件数のうち 50% を学習用データセットに，残りの 50% をテスト用データセットに含まれるように分割せよ．また，分割した結果について棒グラフを使って確認せよ．

5・22　学習用データセット全体にレコードが何件あるか，またそのうち `income` の値が 50,000 より大きいレコードは何件あるか述べよ．

5・23　練習問題 5・22 の結果を使って，学習用データセットに `income` の値 50,000 以上のものが 35% 含まれるようにする場合，いくつのデータを再標本化すればよいか，計算せよ．

5・24　練習問題 5・23 の結果を基に，データを均衡化し，結果を確かめよ．

5・25　`income` の値が 50,000 以上かどうかについて，二値分類モデルを作成する際，モデルのベースラインはどのように策定すべきだろうか．また，ベースラインの正確度は具体的にいくつになるか述べよ.

5・26 2標本 Z 検定を `age` 列に用いて，学習用データセットとテスト用データセットの分割について評価せよ*.

5・27 `income` の値が 50,000 以上かどうかについて，2標本 Z 検定を用いて，学習用データセットとテスト用データセットの分割について評価せよ.

練習問題 5・28〜5・34 では，churn データセットを分析する．Python または R を用いて各問題を解け.

5・28 データセットについて，全体のレコード件数のうち 67% を学習用データセットに，残りの 33% をテスト用データセットに含まれるように分割せよ．また，分割した結果について棒グラフを使って確認せよ.

5・29 学習用データセット全体にレコードが何件あるか，またそのうち `churn` の値が TRUE であるレコードは何件あるか述べよ.

5・30 練習問題 5・29 の結果を使って，学習用データセットに churn の値が TRUE であるレコードが 20% 含まれるようにする場合，いくつのデータを再標本化すればよいか計算せよ.

5・31 練習問題 5・30 の結果を基に，データを均衡化し，結果を確かめよ.

5・32 `churn` について，二値分類モデルを作成する．モデルのベースラインはどのように策定すべきだろうか．また，ベースラインの正確度は具体的にいくつになるか，述べよ.

5・33 2標本 Z 検定を `day minutes` 列に用いて，学習用データセットとテスト用データセットの分割について評価せよ.

5・34 2標本 Z 検定を `churn` 列に用いて，学習用データセットとテスト用データセットの分割について評価せよ.

練習問題 5・35 では，cereals データセットを分析する．Python または R を用いて各問題を解け．数値変数である `rating`（栄養評価）列を目的変数として，回帰モデルを作成することを考える.

5・35 `rating` について，回帰モデルを作成する．モデルのベースラインはどのように策定すべきだろうか．ベースライン値は具体的にいくつになるだろうか.

---

* 仮説検定を実行してデータの分割を検証する方法についての詳細は次を参照．D. T. Larose, C. D. Larose, "Data Mining and Predictive Analytics", 2nd Ed., John Wiley and Sons, Inc. (2015).

6 決　定　木

6・1 イントロダクション

第5章までに，データサイエンスにおける下記の四つの段階について学んできた．

1. 問題理解段階
2. データ準備段階
3. 探索的データ解析段階
4. モデル構築下準備段階

以上をふまえて，実際にモデリングを行うモデル構築段階を実施することができる．データサイエンティストは，大量のデータを取扱うにあたり，モデリング手法，アルゴリズムについて，幅広く知っておく必要がある．本章では，一番簡単なアルゴリズムの一つである，**決定木**（decision tree）について説明する．adult_ch6_training データセットと，adult_ch6_test データセットを使って，決定木について学んでいく．上記のデータセットは，UCI 機械学習リポジトリに登録された，Adult データセットから作成したものである*．簡単のために，下記の二つの説明変数と一つの目的変数のみを残したデータセットとなっている．

- `Marital status`（婚姻状況）: 下記の五つの値をとるカテゴリ変数（説明変数）
  - `Married`（結婚している）
  - `Divorced`（離婚している）
  - `Never-married`（未婚である）
  - `Separated`（別居している）
  - `Widowed`（死別している）
- `Cap_Gains_Losses`: “キャピタルゲイン” と，“キャピタルロスの絶対値” の和を表す数値変数（説明変数）

---

* Ron Kohavi によってダウンロードされた C. L. Blake, C. J. Merz, *UCI Repository of Machine Learning Databases*, Department of Information and Computer Science, University of California, Irvine, CA (1998) Adult データセット．

- `Income`（収入）: 下記の二つの値をとるカテゴリ変数（目的変数）
  ＞50K（年収 50,000 ドル超）　　≦50K（年収 50,000 ドル以下）

決定木は，**ルートノード**（root node，**根ノード**ともいう），**決定ノード**（decision node），**葉ノード**（leaf node），そしてそれらをつなぐ**枝**（branch）から構成される．ルートノード（慣習的に図の 1 番上に配置される）を起点に，分岐しながらだんだん下へと伸びていき，末端の葉ノードで終了する．決定ノードごとに，変数値を基に枝分かれする．各枝は，また新しい分岐をつくるか，末端の葉ノードとして終了する．図 6・1 は，決定木アルゴリズムの一つである **CART***（classified and regression trees）**アルゴリズム**を使って，adulct_ch6_training データセットについて生成された単純な例である．

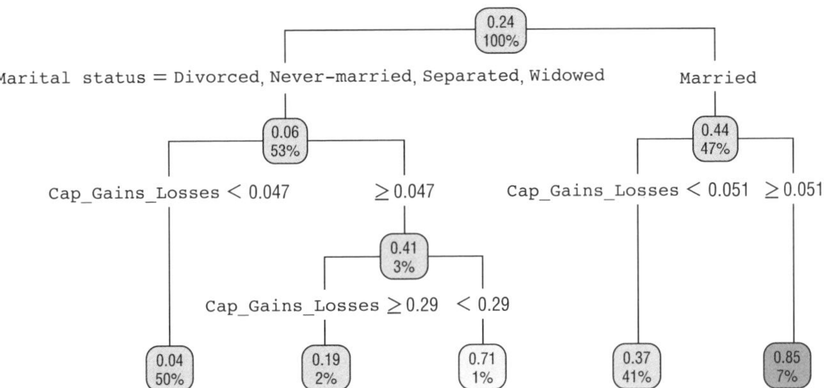

図 6・1　R による `adult_ch6_training` データの応答結果を分類するための決定木

まず，すべてのレコードはルートノード（図 6・1 の 1 番上）に格納されており，変数の値を基に分岐条件が決定され，二つに分かれる．ルートノードを見ると，全レコードのうち 24%が高い `Income`（収入，＞50K）である．すべてのノードには，高収入（＞50K）の割合が記述されている．ルートノードから分岐する際，CART アルゴリズムは `Marital status` の値を基に，最も効率的に二つに分割する方法を選定し，片方には `Marital status` 変数が `Married`（結婚している），もう片方はその他〔`Divorced`（離婚している），`Never-married`（未婚），`Separated`（別居している），`Widowed`（死別している）〕のカテゴリ値のレコードに分割された．`Married` ノードは，特に高収入（＞50K）のレコード割合が多く（44%），その他ノードは少ない（6%）．およそ 7

---

* L. Breiman, J. Friedman, R. Olshen, C. Stone, "Classification and Regression Trees", Chapman & Hall/CRC Press, Boca Raton, FL (1984).

倍の差となっている．これこそがCARTアルゴリズムによって導き出された差である．なお，レコード数自体は前者が47%，後者が53%となっている．

Marriedノードでは，CARTアルゴリズムによって，さらにCap_Gains_Losses変数によってさらに二つに分岐する．(最小値と最大値で正規化された)“キャピタルゲイン”と“キャピタルロスの絶対値”の和が0.051を超えているノード（図6・1，右下の葉ノード）は，高収入の割合が85%となっている一方で，レコード数自体はデータセット全体の7%となっている．もう片方のノード（Marital status = Marriedかつ Cap_Gains_Losses < 0.051）では，全データセットにおけるレコード数の割合が41%に達しているが，一方で高収入の割合は37%にとどまっている．この二つのノードは，これ以上分割されない末端の葉ノードである．

さて，左側のノード（Marital status ≠ Married）に戻ると，こちらもCap_Gain_Lossesの値によって二つに分割されている．Cap_Gain_Lossesが低い（< 0.047）ノードは，レコード数がデータセット中の50%を占めている．一方で，高収入なのはそのうち4%にとどまる．Cap_Gain_Lossesが高い（>0.047）ノードは，レコード数がデータセット中の3%程度である一方，そのうちの高収入の割合は41%に達する．このノードは，Cap_Gain_Lossesについてさらに2分割され，高収入の割合が71%の葉ノードと19%の葉ノードに分かれている．これで，すべての分割は完了である．

さて，決定木アルゴリズムはどのように動いているのだろうか？ 決定木は，それぞれのノードについて，葉ノードが可能な限り“純粋”(同一の目的変数値で構成される）になるように分割している．このような決定木アルゴリズムは，分割した群ごとの均一性，あるいは逆に群間の違いを測定しているのだろうか？ 以下では，決定木でノードの純粋さを測定する二つの方法と，それに基づく決定木の主要な二つのアルゴリズム（CARTアルゴリズム，C5.0アルゴリズム）について説明していく．

6・2 CARTアルゴリズム

CARTアルゴリズム[*1]は，ノードごとにつねに二つに分岐させていく手法である．CARTアルゴリズムは，目的変数について似たような値をもつレコードを再帰的に分割していく．個々の決定ノードで，すべての説明変数について，可能な分割方法をしらみつぶしに探索し，**Gini係数**（Kennedy *et al.*[*2]）を基づいて最適な分割を決定する．

---

*1 L. Breiman, J. Friedman, R. Olshen, C. Stone, “Classification and Regression Trees”, Chapman & Hall/CRC Press, Boca Raton, FL (1984).

*2 R. L. Kennedy, Y. Lee, B. Van Roy, C. D. Reed, R. P. Lippman, “Solving Data Mining Problems Through Pattern Recognition”, Pearson Education, Upper Saddle River, NJ (1995).

$\Phi(s|t)$は，ノードtにおける分割sの“良さ”の指標であり，

$$\Phi(s|t) = 2P_L P_R \sum_{j=1}^{\#\text{classes}} |P(j|t_L) - (j|t_R)|$$

で表現される．それぞれの項は，

t_L=ノードtの左側子ノード　　P_L=(t_Lのレコード数)/全レコード数

t_R=ノードtの右側子ノード　　P_R=(t_Rのレコード数)/全レコード数

$P(j|t_L)$=(t_Lのカテゴリ値jのレコード数)/tのレコード数

$P(j|t_R)$=(t_Rのカテゴリ値jのレコード数)/tのレコード数

各ノードのおける最良の分割は，各ノードにおいてすべての分割を試し，そのうち$\Phi(s|t)$が最大化する形で実現される．たとえば，図6・1ではルートノードでの分割は，ルートノードにおいて，$\Phi(s|t)$を最大化する分割である．

6・2・1　決定木（CART）モデルの構築（Python）

必要なパッケージと学習用データセット adult_tr を読み込む．

```
import pandas as pd
import numpy as np
import statsmodels.tools.tools as stattools
from sklearn.tree import DecisionTreeClassifier, \
export_graphviz
adult_tr = pd.read_csv("C:/.../adult_ch6_training.csv")
```

簡単のために，`Income`変数列のみ`y`として保存し直す．

```
y = adult_tr[['Income']]
```

説明変数の一つに，`Marital status`（婚姻状況）というカテゴリ変数がある．CARTアルゴリズムは，sklearnパッケージ内での実装の都合により，ダミー変数に変換する*必要がある．`Marital status`のカテゴリ変数への変換は，`statsmodels.tools.tools`で定義された`categorical()`関数で行う．

```
mar_np = np.array(adult_tr['Marital status'])
(mar_cat, mar_cat_dict) = stattools.categorical(mar_np, \
drop=True, dictnames=True)
```

`Marital status`変数は，NumPyの`array()`関数を使って，NumPyの配列（array）

＊［訳注］カテゴリ変数について，とりうるカテゴリ値ごとに新たに変数列を作成し，該当のカテゴリ値か否かの2値を格納する．

型に変換し，そのあと categorical() 関数を使って，Marital status の各カテゴリ値の行列に変換する．行列は，numpy.array 型と辞書（dictionary）型として，mar_cat と mar_cat_dict に分割して格納した．

配列 mar_cat には五つの列が含まれており，それぞれ Marital status 変数の各カテゴリ値の情報が含まれている．各行は adult_tr データセットの各レコードに対応している．辞書 mac_cat_dict には，mar_cat の各列の名前が格納されている．たとえば，mar_cat の 1 行目の 3 列目が 1 となり，他の列には 0 が入っている．3 列目は mar_cat_dict を参照すれば Never-married（未婚である）列であることがわかり，1 行目のレコードは Marital status が Never-married であるレコードであることがわかる．

上記で作成したように，カテゴリ変数をダミー変数に変換した場合，列はもともとのカテゴリ変数がとりうる値の数だけ，新しく変数列として生成される．

```
mar_cat_pd = pd.DataFrame(mar_cat)
X = pd.concat((adult_tr[['Cap_Gains_Losses']], \
mar_cat_pd), axis=1)
```

配列 mar_cat は，pandas の DataFrame() 関数を使って，データフレームに変換する．さらに，pandas の concat() 関数を使って，Cap_Gains_Losses 変数列と結合し，X として保存する．

CART アルゴリズムを走らせる前に，X の各列の名前が抜け落ちているので，mar_cat_dict の情報を使って，ダミー変数の 1 列目が Divorced，2 列目が Married といった形で列名を付与する．X の 1 列目は Cap_Gains_Losses に留意して，X の列名配列を作成する．

```
X_names = ["Cap_Gains_Losses", "Divorced", "Married", \
 "Never-married", "Separated", "Widowed"]
```

同様に目的変数 y についても列名配列を作成する．

```
y_names = ["<=50K", ">50K"]
```

これで準備は整った．CART アルゴリズムを走らせてみよう．

```
cart01 = DecisionTreeClassifier(criterion="gini", \
max_leaf_nodes=5).fit(X,y)
```

CART アルゴリズムを走らせるためには，DecisionTreeClassifier() 関数を使う．この関数を使うには，決定木を設定するためのいくつかのパラメーターを与える必要がある．criterion="gini" で，CART モデルが前提とする，Gini 係数を評価関数*として設定している．max_leaf_nodesで，葉ノードを最大いくつ設定するかを指定している．ここでは，最大5としている．fit()メソッドは，実際にモデルを学習させるためのメソッドである．第1引数に説明変数が格納されたデータフレーム，第2引数に目的変数が格納されたデータフレームを指定する．作成した決定木を，cart01インスタンスとして保存する．

最後に，作成した決定木の構造データを取得するために，export_graphviz()関数を使う．

```
export_graphviz(cart01, out_file="C:/…/car01.dot", \
feature_names=X_names, class_names=y_names)
```

最初の引数は実際に作成，保存した決定木cart01を指定している．out_fileで，作成した決定木の構造データの保存場所と保存名（cart01.dot）を指定している．実際にCARTモデルは，上記のファイルを呼び出して，graphvizパッケージを使って可視化することになる．feature_names=X_namesとclass_names=y_namesは，説明変数と目的変数の列名情報を与えている．cart01.dotファイルを使うことで，決定木は人間にとって解釈しやすい形で可視化される．

目的変数Incomeについて，学習した決定木モデルを基に，実際の予測を実施するには，生成された決定木インスタンスのpredict()メソッドを使う．

```
predIncomeCART = cart01.predict(X)
```

cart01.predict()で，作成したcart01決定木の情報を基に，再度Xの各レコードについて目的変数yを予測させている．CARTモデルによる分類結果は，predIncomeCARTに保存した．

Pythonにおける決定木の可視化について

決定木は，グラフ理論でいうところの**有向グラフ**とよばれるデータ構造で生成される．Pythonにおいて，**DOT言語**とよばれるグラフをテキストで記述されるための記法で出力される．本章でも，実際にDOTファイルという形式で出力している．実際に，Rで出力したように，決定木構造をDOTファイルから可視化するためには，R言語と違いgraphvizというオープンソースの外部ツール（もしくは関連パッケージ）を用いる必要がある．本章では追加パッケージのインストールや，既存パッケージのアップデートなどの必要性があるが，詳細の記載は割愛する．

＊ ［訳注］結果（ここでは分割）について，良し悪しを評価するための関数．

ダミー変数などの特徴量エンジニアリング

§6・2・1で，ダミー変数の作成（**One-Hot エンコーディング**ともよばれる）を行った．実際のデータ分析の現場では，上記以外にもモデルのわかりやすさ・精度の向上を目的に，さまざまな特徴量エンジニアリング（**エンコーディング**）が行われる．**ラベルエンコーディング**（とりうる値ごとにユニークな数値を割り当てる）や，**カウントエンコーディング**（データセット中にその値が何回出現したか，回数に置き換える）などである．実際には，アルゴリズムの特徴や，探索的データ解析段階などで得られた知見を基に，エンコーディング手法を決めることになる．あらゆる状況にも適合する手法は存在しないので，データの傾向などを見ながら，都度検討していく必要がある．

6・2・2 決定木（CART）モデルの構築（R）

学習用データセット adult_ch6_training を adult_tr として読み込む．R にデータセットを読み込ませた後，“Marital status” の列名を “maritalStatus” に変換する．半角スペースを除外したことは，後々のコードで活きてくる．

```
colnames(adult_tr)[1] <- "maritalStatus"
```

`colnames()` 関数で，adult_tr データセットの各変数の列名をリストにする．そのまま実行すると，列名は昇順で出力される．1 番目の変数列は `Marital status` になっていることに留意する．`[1]` を指定することで，`colnames(adult_tr)` の `Marital status` のみを指定し，これを “`maritalStatus`” として再命名する．

次に，カテゴリ変数を因子（ファクター）型に変換する．

```
adult_tr$Income <- factor(adult_tr$Income)
adult_tr$maritalStatus <- factor(adult_tr$maritalStatus)
```

CART モデルを可視化するために，あらかじめ必要な rpart と，rpart.plot パッケージをインストールし，読み込んでおく．

```
install.packages(c("rpart", "rpart.plot"))
library(rpart)
library(rpart.plot)
```

最後に，`rpart()` 関数を使って CART モデルを作成する．

```
cart01 <- rpart(formula = Income ~ maritalStatus +
    Cap_Gains_Losses, data = adult_tr, method = "class")
```

引数 `formula` は，(目的変数)～(説明変数 1)＋(説明変数 2)…という形で，各変数を指定する．引数dataは，対象のデータフレームを指定する．method = "class"で，CARTモデルの分類アルゴリズム（CARTは分類，回帰の両方に使える）を指定する．最後に，出力結果をcart01として保存する．

CARTモデルを構築したら，rpart.plot()関数を使って，可視化する．

```
rpart.plot(cart01)
```

rpart.plot()関数は，保存したCARTモデル（ここではcart01）を指定するだけでよい．

なお，上記のコードだけでは図6・1のような形で描画されない．rpart.plot()関数のオプション設定について調べてみよう．

```
?rpart.plot
```

?rpart.plotと記述して実行すると，rpart.plot()関数のオプションを表示することができる．ここでは，引数typeとextraが使えることが確認できるだろう．改めて，type = 4ですべてのノードに値の情報を付与し，extra = 107ですべてのノードに分割した際のレコードの割合情報を付与する．

```
rpart.plot(cart01, type = 4, extra = 107)
```

出力結果を図6・1に示す．

構築したCARTモデルによる分類結果を確認するために，まずは説明変数のみが格納されたデータフレームを作成する．

```
X <- data.frame(maritalStatus = adult_tr$maritalStatus,
                Cap_Gains_Losses = adult_tr$Cap_Gains_Losses)
```

データフレームXには，CARTモデル構築時に使用した説明変数と同じ2変数を含んでいる．なお，各変数について，CARTモデル構築時と同一の名称を使わないと予測を行えないので，注意すること．

実際の予測は，predict()関数を用いる．

Rにおける因子（ファクター）型について

Rでのデータ分析では，**因子**（ファクター）**型**は，カテゴリ変数を格納するベクトルとして利用される．因子型を作成する際に，ordered=TRUEをつけることで，**順序**を設定することができる．内部的な計算時に水準を大小関係として使えるような設定をしていなかったり，分析者が意図した順番になっていなかったりなど，とかく誤解が生まれやすいデータ型なので，気を付けて使ってほしい．

```
predIncomeCART <- predict(object = cart01, newdata = X,
                         type = "class")
```

引数`object = cart01`で，実際に構築したCARTモデルを指定している．引数`newdata = X`で，分類したいデータフレームを指定している．引数`type = "class"`で，分類結果を出力するように指定している．予測結果は，`predIncomeCART`に格納する．

6・3 C5.0アルゴリズム

C5.0アルゴリズム（C5.0 algorithum）は，J. Ross Quinlanによって，C4.5アルゴリズムから拡張された決定木アルゴリズムである*．CARTと違って，C5.0アルゴリズムは分類のみにしか用いることはできない．CARTで使用したGini係数と異なり，分割の評価関数として情報エントロピー（情報利得）を使用する．ある変数Xについて，とりうる値がk個存在するとき，それぞれの確率を$p_1, p_2, \cdots, p_k$とする．あるXが起こったときに受取る平均的な情報量をXの情報エントロピーとよび，下式で定義する．

$$H(X) \ = \ -\sum_{i=1}^{k} p_j \log_2(p_j)$$

C5.0アルゴリズムにおいて，情報エントロピーは以下のように用いられる．ある分割Sにおいて，最も適切な分割方法を探索するとする．そのとき，あたえられたデータセットTにおいて，分割後のデータセットを$T_1, T_2, \cdots, T_k$とする．分割後の各データセットの情報エントロピーの(重みづけされた)合計値は，下式のように計算できる．

$$H_S(X) \ = \ \sum_{i=1}^{k} P_i H_S(T_i)$$

P_iは，全体のデータセットのレコード数における，各分割後のデータセットのレコード数の割合である．分割後の情報利得を，$\mathrm{gain}(S) = H(T) - H_S(T)$として，分割前と分割後の差分として計算する．各決定木のノードにおいて，C5.0アルゴリズムは情報利得$\mathrm{gain}(S)$を最大化するように分割する．

図6・2は，adult_ch6_trainingデータセットについて，C5.0アルゴリズムを用いてRで構築した決定木の出力結果である．ルートノード（Node 1）における分割では，`Cap_Gains_Losses`（CGL）が0.05を超えているかどうかで分割している．超えていなければ葉ノード（Node 2）に格納される．これは，高収入ではない（`Income`≤50K）データの割合が多く，またレコード数が17,007件とレコード全体の多数派

* J. R. Quinlan, “C4.5: Programs for Machine Learning”, Morgan Kaufmann, San Francisco, CA (1992).

(90.7%) を占めている. 残ったレコード (データセット全体の9.3%) は各ノード (Node 3〜11) に分割されていく.

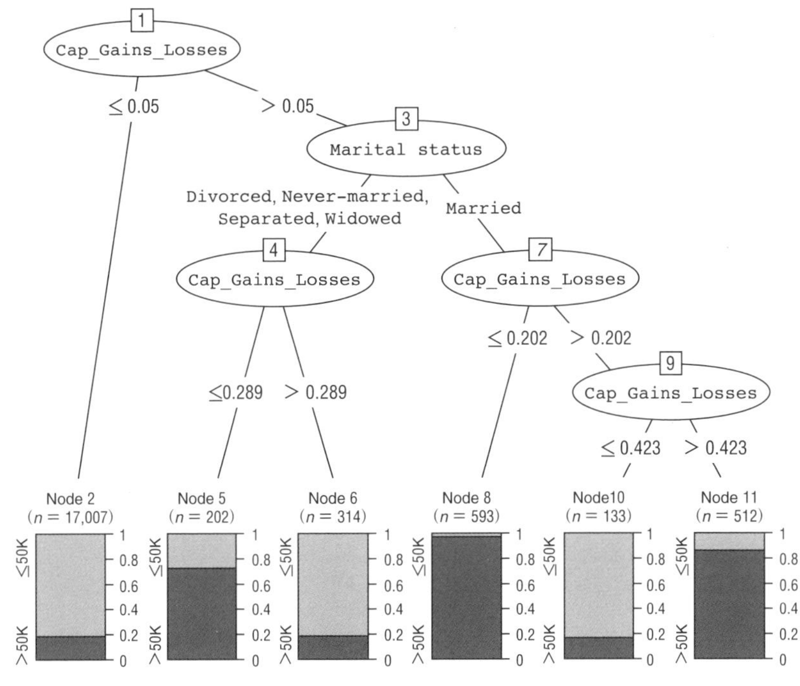

図 6・2 R で作成した C5.0 決定木の出力結果

CGL が 0.05 を超えていた場合, 次の決定ノード (Node 3) で, `Marital status` (婚姻状況) 変数で分割が行われる. もし結婚していたら (`Marital status` = `Married`), Node 7 に格納される. その他の状態であれば, Node 4 に格納される. Node 4 について, 再び CGL が 0.289 を超えているかどうかで分割される. 直観には反するが, CGL が 0.289 を超えている場合, 高収入の割合が低い Node 6 に格納される. CGL が 0.289 を超えていない場合には, Node 5 に格納される. Node 7 に話を戻すと, 各レコード群は CGL が 0.202 を超えているかどうかで再度分割される. 超えていないのであれば Node 8 に格納され, これはほとんどが高収入 (`Income`>50K) のレコードで構成されている. 一方で, CGL が 0.202 を超えている場合 (Node 9) は, さらにもう一度 CGL が 0.423 を超えているかどうかで分割され, 超えている場合は 512 件のレコードが属する高収入の Node 11 に格納され, 超えていない場合は Node 10 に格納される.

CART, C5.0 アルゴリズムで作成した決定木は, いくつか興味深い違いがある. C5.0

アルゴリズムでは，最初の分割で90%以上のレコードが単一のノードに格納されたが，CARTアルゴリズムによる決定木（図6・1）では，`Marital status`（婚姻状況）を基に，分割後のレコード数がほぼ均等になるように分割されている．これはGini係数の性質によるもので，P_L，P_Rの各係数により，個々の枝に含まれるレコード数が均一になるように機能する．

6・3・1　決定木（C5.0）モデルの構築（Python）

Pythonのパッケージでは，C5.0アルゴリズムを直接実装したものはない．代わりに，CARTアルゴリズムのときに使用したsklearnパッケージで，評価関数をGini係数から情報エントロピーに変更する．

実際のPythonコードを記述する前に，§6・2・1で紹介したCARTアルゴリズムのPythonコードの途中まで（分割したデータセット`X`と`y`について名称を付けるところまで）を実行しておいてほしい．このコードを実行することで，決定木を作成するための前準備が完了する．

情報エントロピーを評価関数とした決定木を構築するために，§6・2・1で用いた`DecisionTreeClassifier()`関数を再び使う．

```
c50_01 = DecisionTreeClassifier(criterion="entropy", \
max_leaf_nodes=5).fit(X, y)
```

引数`criterion="entropy"`で，情報利得を分割の評価関数としている．C5.0アルゴリズムで構築した決定木構造は，再び`export_graphviz()`関数で出力する．下記コードは，§6・2・1で紹介したものとほぼ同じである．

```
export_graphviz(c50_01, out_file = "C:/.../c50_01.dot", \
feature_names = X_names, class_names = y_names)
```

学習用データセットに対して，構築したモデルで予測するためには，また`predict()`関数の引数に`X`を指定して実行する．各レコードに対する予測結果は`c50_01`インスタンスに保存される．

```
c50_01.predict(X)
```

6・3・2　決定木（C5.0）モデルの構築（R）

`Marital status`の変数名変更（半角スペースの削除）や，カテゴリ変数の因子（ファクター）型への変更をまだ行っていない場合には，§6・2・2で記載したコードを実行しておいてほしい．C5.0アルゴリズムを利用するには，C50パッケージをインストールし，読み込んでおく必要がある．

```
install.packages("C50")
library(C50)
```

C5.0 アルゴリズムで決定木を構築するには，`C5.0()` 関数を使う．

```
C5 <- C5.0(formula = Income ~ maritalStatus +
           Cap_Gains_Losses, data = adult_tr, control =
           C5.0Control(minCases = 75))
```

引数 formula で，利用する変数を指定する．CART アルゴリズムの `rpart()` 関数と同じく，(目的変数)～(説明変数 1)＋(説明変数 2)…という形で記述する．引数 `data = adult_tr` で，該当のデータセットを指定する．引数 `control = C5.0Control(minCases = 75))` で，各葉ノードに属するレコード数の最小値（ここでは 75）を指定する．出力結果を `C5` として保存する．作成した決定木構造を可視化するには，`plot()` 関数を使う．

```
plot(C5)
```

出力結果を図 6・2 に示す．分類の予測結果を出力するためには，§6・2・2 と同じく `predict()` 関数の引数にデータフレーム X を指定する．

```
predict(object = C5, newdata = X)
```

引数 `object = C5` で，出力した決定木を指定している．引数 `newdata = X` も，前節と同じく予測対象のデータセット（目的変数）を指定した．なお，C5 アルゴリズムは分類にしか使えないものであるため，`type = "classes"` を指定する必要はない．上記のコードで，分類（目的変数 `Income`）の予測結果が出力された．

6・4 ランダムフォレスト

CART アルゴリズムと C5.0 アルゴリズムでは，学習用データセットに含まれるすべてのレコードと，いくつかの説明変数を使って，単一の決定木を構築した．しかし，それに加えて，複数の決定木を作成し，その出力結果を束ねて最終的に予測を行うアルゴリズムも存在する．

ランダムフォレスト*（random forest）は，決定木による分類モデルを複数構築し，最終的に一つに統合する一連のアルゴリズムで，アンサンブル学習の一つである．アンサンブル学習とは一つの目的変数を予測するために，複数のアルゴリズムを使い，統合するモデリング手法である．アンサンブルのアルゴリズムによって，モデルの統

* L. Breiman, 'Random Forests', *Machine Learning*, **45**, 5-32 (2001).

合方法も異なる．詳しくは，著者の過去の書籍を参考にしてほしい*．

ランダムフォレストアルゴリズムは，オリジナルのデータセットから，レコードをランダムに復元抽出を繰返し，それぞれ作成したデータセットごとに決定木を構築する．こうすることで，毎回決定木は少しずつことなるデータセットを基に構築され，決定木の各ノードで選択される説明変数と閾値も変わり，（たとえばGini係数などの評価関数を基に）つねに特定の変数，閾値が選択されるということはない．また，個々の決定木の深さについても特に縛りはない．

複数の決定木を構築した後，もともとの学習用データセット全体を使って予測する．レコードごとに，構築されたすべての決定木を使って予測が行われる．決定木ごとの予測が，全会一致で同じ結果になることは起こらず，各決定木の“投票”により，最も得票数を集めた予測が最終的な予測結果となる．

6・4・1　ランダムフォレストモデルの構築（Python）

§6・2・1でのCARTアルゴリズムの構築時のPythonコードについて，分割したデータセット X と y について名称を付けるところまでを実行しておき，説明変数と目的変数の準備を終えておくこと．

ランダムフォレストを構築するために，必要なライブラリを読み込んでおく．

```
from sklearn.ensemble import RandomForestClassifier
import numpy as np
```

目的変数について，あらかじめ1次元配列に変換しておく必要があるので，NumPyの ravel() 関数を使って変換しておく．

```
rfy = np.ravel(y)
```

次に RandomForestClassifier() 関数で，実際にランダムフォレスト分類器を構築する．

```
rf01 = RandomForestClassifier(n_estimators=100, \
criterion="gini").fit(X,rfy)
```

関数を実行する際には，必要なパラメーターを指定しておく．引数 n_estimators は，いくつの決定木を構築するかを指定する．引数 criterion="gini" で，それぞれの決定木の評価関数を指定する．fit() メソッドで，説明変数 X と，目的変数 y（ここでは先ほど変換した rfy）を指定し，実際に構築された結果を rf01 に保存しておく．

---

* D. T. Larose, C. D. Larose, “Data Mining and Predictive Analytics”, 2nd Ed., John Wiley and Sons, Inc.（2015）.

最後に，作成したランダムフォレスト分類器を使って，predict()メソッドで実際の予測を行う．

```
rf01.predict(X)
```

個々のレコードごとの予測結果の配列がrf01に格納される．

6・4・2 ランダムフォレストモデルの構築（R）

Marital statusの変数名変更（半角スペースの削除）や，カテゴリ変数の因子（ファクター）型への変更をまだ行っていない場合には，§6・2・2で記載したコードを実行し，データを読み込んでおいてほしい．

randomForestパッケージをインストールし，読み込む．

```
install.packages("randomForest")
library(randomForest)
```

randomForest()関数を実行する．

```
rf01 <- randomForest(formula = Income ~ maritalStatus + Cap_
                     Gains_Losses, data = adult_tr, ntree =
                     100, type = "classification")
```

引数formulaについては，CARTやC5.0と同じように，目的変数と説明変数を指定する．引数dataも，同様にデータセットを指定する．引数ntreeで，決定木の作成される数を指定する．レコード数はあまり多くないため，100個にとどめておいた．最後に引数type = "classification"で，分類モデルの構築を指定する．出力結果をrf01として保存する．

ランダムフォレストとアンサンブル学習

アンサンブル学習は，複数の“弱い”学習器を(多数決などの方法で)組合わせて，より“強い”(予測精度が高く，過剰適合しない)学習器をつくる手法である．ランダムフォレストはそのなかでも理解しやすい手法だが，実際にKaggleなどの機械学習コンペティションでは“バギング”，“ブースティング”，“スタッキング”などのさまざまな手法が用いられている．

アンサンブル学習や，第9章で扱うニューラルネットワーク(や，その発展形の深層学習)は，人間による解釈の容易さ（結果のわかりやすさ）を犠牲にしている部分があるため，一概にどの手法が良いとはいえないが，分析を突き詰めていく際には避けて通れない考え方である．

ここまですでに予測まで行われているため，結果をみるためには，`rf01` の `predicted` 列を見ることで確認できる．

```
rf01$predicted
```

上記を実行し，各レコードの予測結果が出力する．

参考資料

1. R の C50 パッケージについての詳細は，次の資料を参照．M. Kuhn, R. Quinlan, ‘C50: C5.0 decision trees and rule-based models’, R package version 0.1.2 (2018). https://CRAN.R-project.org/package=C50.
2. randomForest パッケージについては次を参照．A. Liaw, M. Wiener, ‘Classification and regression by randomForest’, *R News*, **2**(**3**), 18-22 (2002). https://cran.r-project.org/doc/Rnews/.
3. rpart.plot パッケージでは，CART 決定木をプロットする際の表現方法をいくつか指定できる．パッケージの詳細は次の資料を参照．S. Milborrow, ‘rpart.plot: Plot “rpart” models: An enhanced version of “plot.rpart”’, R package version 2.2.0 (2018). https://CRAN.R-project.org/package=rpart.plot.
4. Python の statsmodels パッケージについては，S. Seabold, J. Perktold, “Statsmodels: Econometric and statistical modeling with Python.” In Proceedings of the 9th Python in Science Conference (2010) 参照．
5. R の CART モデルを構築するパッケージは以下である．‘rpart: Recursive partitioning and regression trees’, R package version 4.1-13 (2018). https://CRAN.Rproject.org/package=rpart.

練習問題

考え方の確認

6・1 決定木とは何か，説明せよ．

6・2 決定木の決定ノードと葉ノードの違いを述べよ．

6・3 決定木において，どのように分岐が行われるか，述べよ．

6・4 決定木の分岐が終わるのはどのような時か，述べよ．

6・5 決定木はどのような時にうまく働くか，述べよ．

6・6 決定木の CART アルゴリズムは，3 値分類問題を解くときにうまく働くか説明せよ．

6・7 決定木の CART アルゴリズムにおける分岐の評価関数は何か答えよ．

6・8 決定木の CART アルゴリズムにおける分岐の評価関数について，簡単に説明せよ．

6・9 ランダムフォレストとは何か説明せよ．

6・10 ランダムフォレストはどのように働くか，説明せよ．

6・11　ランダムフォレストの個々の決定木のノードについて，すべての説明変数は良い分割に使われるか，述べよ．

6・12　ランダムフォレストの個々の決定木で使われるデータセットは，すべて同一か，答えよ．

6・13　ランダムフォレストが最終的な予測結果を出力するとき，アルゴリズム内部でどのように行われるか，説明せよ．

データ分析練習

練習問題6・14〜6・20では，adult_ch6_training（学習用）データセットと，adult_ch6_test（テスト用）データセットを分析する．PythonまたはRを用いて各問題を解け．

6・14　学習用データセットについて，説明変数`Marital status`（婚姻状況）と`Capital gains and losses`（キャピタルゲインとキャピタルロスの合成変数）を使って，目的変数`Income`（収入）を予測する決定木モデル（CART）を構築せよ．また，決定木構造を可視化して出力せよ．決定木の最初の分岐内容について説明せよ．

6・15　テスト用データセットについても，練習問題6・14と同様に決定木モデル（CART）を構築し，可視化して出力せよ．練習問題6・14の結果と比較し，同じような結果が得られたか，議論せよ．

6・16　学習用データセットについて，説明変数`Marital status`（婚姻状況）と`Capital gains and losses`（キャピタルゲインとキャピタルロスの合成変数）を使って，目的変数`Income`（収入）を予測する決定木モデル（C5.0）を構築せよ．その際，葉ノードに最低でもレコード数が75件以上含まれるようにせよ．また，決定木構造を可視化して出力せよ．決定木の最初の分岐内容について説明せよ．

6・17　練習問題6・14と練習問題6・16で作成したCARTによるモデルとC5.0によるモデルを比較し，類似点と相違点について説明せよ．

6・18　テスト用データセットについても，練習問題6・14と同様に決定木モデル（C5.0）を構築し，可視化して出力せよ．練習問題6・14の結果と比較し，同じような結果が得られたか，議論せよ．

6・19　学習用データセットについて，説明変数`Marital status`（婚姻状況）と`Capital gains and losses`（キャピタルゲインとキャピタルロスの合成変数）を使って，目的変数`Income`（収入）を予測するランダムフォレスト分類器を構築せよ．

6・20　テスト用データセットについて，練習問題6・19で構築したランダムフォレスト分類器を構築し，可視化して出力せよ．練習問題6・19の結果と比較し，同じような結果が得られたか，議論せよ．

データ分析実践

練習問題6・21〜6・27では，loans_training（学習用）データセットと，loans_test（テスト用）データセットを分析する．PythonまたはRを用いて各問題を解け．

6・21　学習用データセットについて，説明変数`Debt to income ratio`（返済比率），

FICO score（信用力の格付スコアの一つ），Request amount（借り受け希望金額）を使って，目的変数 Approval（借り受けが承認されたかどうか）を予測する決定木モデル（CART）を構築せよ．また，決定木構造を可視化して出力せよ．決定木の最初の分岐内容について説明せよ．

6・22 テスト用データセットについても，練習問題 6・21 と同様に決定木モデル（CART）を構築し，可視化して出力せよ．練習問題 6・21 の結果と比較し，同じような結果が得られたか，議論せよ．

6・23 学習用データセットについて，説明変数 Debt to income ratio（返済比率），FICO score（信用力の格付スコアの一つ），Request amount（借り受け希望金額）を使って，目的変数 Approval（借り受けが承認されたかどうか）を予測する決定木モデル（C5.0）を構築せよ．その際，葉ノードに最低でもレコード数が 1,000 件以上含まれるようにせよ．また，決定木構造を可視化して出力せよ．決定木の最初の分岐内容について説明せよ．

6・24 練習問題 6・21 と練習問題 6・23 で作成した CART によるモデルと C5.0 によるモデルを比較し，類似点と相違点について説明せよ．

6・25 テスト用データセットについても，練習問題 6・23 と同様に決定木モデル（C5.0）を構築し，可視化して出力せよ．練習問題 6・23 の結果と比較し，同じような結果が得られたか，議論せよ．

6・26 学習用データセットについて，練習問題 6・21 や練習問題 6・23 と同様に目的変数 Approval を予測するランダムフォレスト分類器を構築し，予測結果も出力せよ．

6・27 テスト用データセットについて，練習問題 6・26 と同様に作成したランダムフォレスト分類器を用いて予測結果を出力せよ．それぞれの予測結果について比較せよ．

練習問題 6・28〜6・34 では，bank_marketing_training（学習用）データセットと，bank_marketing_test（テスト用）データセットを分析する．Python または R を用いて各問題を解け．

6・28 学習用データセットについて，目的変数 Response（販促キャンペーンの反応）を予測する決定木モデル（CART）を構築せよ．説明変数については，適切だと思うものを選択して利用せよ．また，決定木構造を可視化して出力せよ．決定木の最初の分岐内容について説明せよ．

6・29 テスト用データセットについても，練習問題 6・28 と同じ説明変数を使って，決定木モデル（CART）を構築し，可視化して出力せよ．練習問題 6・28 の結果と比較し，同じような結果が得られたか，議論せよ．

6・30 学習用データセットについて，CART のときと同じ説明変数を使って，目的変数 *Response*（販促キャンペーンの反応）を予測する決定木モデル（C5.0）を構築せよ．その際，葉ノードに最低でもレコード数が 1,000 件以上含まれるようにせよ．また，決定木構造を可視化して出力せよ．決定木の最初の分岐内容について説明せよ．

6・31 練習問題 6・28 と練習問題 6・30 で作成した CART によるモデルと C5.0 によるモデルを比較し，類似点と相違点について説明せよ．

6・32 テスト用データセットについても，練習問題 6・30 と同じ説明変数と目的変数を使って決定木モデル（C5.0）を構築し，可視化して出力せよ．練習問題 6・30 の結果と比較し，同じような結果が得られたか，議論せよ．

6・33 学習用データセットについて，練習問題 6・28 や練習問題 6・30 と同様に目的変数 `Response` を予測するランダムフォレスト分類器を構築せよ．

6・34 テスト用データセットについて，練習問題 6・26 と同様に作成したランダムフォレスト分類器を用いて予測結果を出力せよ．それぞれの予測結果について比較せよ．

練習問題 6・35〜41 では，第 5 章の練習問題で，学習用とテスト用に分割した *churn* データセットを分析する．Python または R を用いて各問題を解け．

6・35 学習用データセットについて，目的変数 `churn`（解約）を予測する決定木モデル（CART）を構築せよ．説明変数については，適切だと思うものを選択して利用せよ．また，決定木構造を可視化して出力せよ．決定木の最初の分岐内容について説明せよ．

6・36 テスト用データセットについても，練習問題 6・35 と同じ説明変数を使って，決定木モデル（CART）を構築し，可視化して出力せよ．練習問題 6・35 の結果と比較し，同じような結果が得られたか，議論せよ．

6・37 学習用データセットについて，CART のときと同じ説明変数を使って，目的変数 `churn`（解約）を予測する決定木モデル（C5.0）を構築せよ．その際，葉ノードに最低でもレコード数が 1,000 件以上含まれるようにせよ．また，決定木構造を可視化して出力せよ．決定木の最初の分岐内容について説明せよ．

6・38 練習問題 6・35 と練習問題 6・37 で作成した CART によるモデルと C5.0 によるモデルを比較し，類似点と相違点について説明せよ．

6・39 テスト用データセットについても，練習問題 6・37 と同じ説明変数と目的変数を使って決定木モデル（C5.0）を構築し，可視化して出力せよ．練習問題 6・37 の結果と比較し，同じような結果が得られたか，議論せよ．

6・40 学習用データセットについて，練習問題 6・35 や練習問題 6・37 と同様に目的変数 `churn` を予測するランダムフォレスト分類器を構築せよ．

6・41 テスト用データセットについて，練習問題 6・40 と同様に作成したランダムフォレスト分類器を用いて予測結果を出力せよ．それぞれの予測結果について比較せよ．

7 モデル評価

7・1 イントロダクション

第 2~6 章を通じて，下記の五つの段階について学んできた.

1. 問題理解段階
2. データ準備段階
3. 探索的データ解析段階
4. モデル構築下準備段階
5. モデル構築段階（まだ決定木のみだが）

予測モデルについて，構築したモデルの良し悪し，つまり予測結果が有用であるかについて，まだきちんと検討はしていなかった．前提として，モデルの“評価”と“検証”の違いについて説明する．モデル検証は，あくまで学習用データセットとテスト用データセットで，一貫した結果が得られたどうかについて確認しているのみである．一方で，モデル評価はモデルが適切かどうか，誤差はどの程度発生しているかどうかについて確認する．モデル構築はまだ決定木による分類器しか触れていないが，本章では，分類モデル全般について議論する.

7・2 分類モデルの評価指標

ここでは，二値分類問題における，分類モデルの評価指標について議論する．評価指標について論じる前に，目的変数の 2 値について，片方を正（positive），片方を負（negative）として任意に決める必要があることに留意する．たとえば，Income（収入）について，高収入か低収入かの 2 値を予測するモデルについて考える．ここでは，高収入を正，低収入を負として定義する*.

* 正・負のラベルに良し悪しの意味合いはない．これらのラベルは単に，任意の二値分類問題にこれらの尺度を適用することを可能にしてくれるだけである.

さて，本章で学ぶ分類モデルの評価指標について，まずは表7・1で示した**分割表***を基に議論する．予測モデルについて，実績値が行に記述されており，予測値が列に記述されている．表7・1の左上のセルは，予測値も実績値も負であったレコード数を示している．ここでは，正しく予測できているので，**真陰性**（true negative：TN）とよぶ．左下のセルは，実績値が正で，予測値が負となるレコード数を示している．予測が間違っているため，**偽陰性**（false negative：FN）とよぶ．右側のセルも同様に，**偽陽性**（false positive：FP），**真陽性**（true positive：TP）と定義できる．

表7・1 二値分類のための一般的な分割表

		予測されたカテゴリ		
		0	1	合 計
実際のカテゴリ	0	真陰性 予測値：0 実績値：0	偽陽性 予測値：1 実績値：0	実績値が負の合計
	1	偽陰性 予測値：0 実績値：1	真陽性 予測値：1 実績値：1	実績値が正の合計
	合 計	予測値が負の合計	予測値が正の合計	すべての合計

TN，FN，FP，TP を使って，下記のような値もあわせて定義できる．

TAN（total actually negative）： 実績値が負〔$=TN+FP$〕
TAP（total actually positive）： 実績値が正〔$=FN+TP$〕
TPN（total predicted negative）：予測値が負〔$=TN+FN$〕
TPP（total predicted positive）： 予測値が正〔$=FP+TP$〕

すべての合計（grand total：GT）$=TN+FN+FP+TP$ として，四つのセルの合計値として定義できる．上記をふまえて，表7・1は表7・2としても表現できる．

表7・2 表7・1を略号で書き換えた表

		予測されたカテゴリ		
		0	1	合 計
実際のカテゴリ	0	TN	FP	TAN
	1	FN	TP	TAP
	合 計	TPN	TPP	GT

* 混同行列またはエラー行列ともいう．

表7・2の表記法に基づいて，分類モデルの評価指標を定義していこう．

$$\text{正確度} = \frac{TN + TP}{TN + FN + FP + TP} = \frac{TN + TP}{GT}$$

$$\text{誤分類率} = 1 - (\text{正確度}) = \frac{FN + FP}{TN + FN + FP + TP} = \frac{FN + FP}{GT}$$

正確度（accuracy）は，分類モデルの予測が当たっている割合を表す指標である．**誤分類率**（error rate）は，分類モデルの予測が間違っている割合を表す指標である．しかし，この二つの指標だけでは，予測の誤り方についてきちんと議論することができない．次に，感度と特異度の二つの指標について学んでいこう．

7・3　感度と特異度

感度と特異度は，下記のように定義される．

$$\text{感度} = \frac{\text{真陽性}}{\text{実績値が正}} = \frac{TP}{TAP} = \frac{TP}{TP + FN}$$

$$\text{特異度} = \frac{\text{真陰性}}{\text{実績値が負}} = \frac{TN}{TAN} = \frac{TN}{FP + TN}$$

感度（sensitivity）は，正のデータを正と予測（正解）した割合を示し，**特異度**（specificity）は，負のデータを負と予測（正解）した割合を示す．もちろん，完全な分類モデルがあると仮定すると，感度＝1.0＝100％となる．しかし，すべての顧客を機械的に正とみなすモデルであっても，同様に感度＝1.0となる．正のデータだけで判断するのは不十分である．特異度について考えると，同様に完全な分類モデルがあると仮定すると，特異度＝1.0であるが，すべての顧客を機械的に負とみなすモデルの特異度も1.0となる．良い分類モデルは，感度と特異度について合わせて評価する必要があるが，定量的にどのくらいのレベルが適切かどうかは，予測したいビジネス領域によって異なる．

7・4　適合率，再現率，F_β 値

分類モデルが正と予測したレコードのうち，本当に正のものはどれくらいだろうか？ これに答える指標が**適合率**（preision）であり，下記のように定義される．

$$\text{適合率} = \frac{TP}{TPP}$$

サーチエンジンなどの情報検索の分野では，適合率は，“検索結果のうち，検索した内容と関係のある率はどれくらいだろう”という質問に答えるものとなる．適合率は，**再現率**（recall，感度の別名）とあわせて語られることが多い．

$$\text{再現率（＝感度）} = \frac{TP}{TAP}$$

適合率と再現率は，一つの指標に統合して使われることも多い．この指標を **F_β 値**（F_β score）とよび，下記のように定義される．

$$\beta > 0 \text{ のとき} \qquad F_\beta = (1+\beta^2) \times \frac{\text{適合率} \times \text{再現率}}{(\beta^2 \times \text{適合率}) + \text{再現率}}$$

- $\beta=1$ のとき，適合率と再現率の調和平均となる．このとき，適合率と再現率に同等の評価をしており，F_1 値ともよばれる．
- $\beta>1$ のとき，F_β 値は再現率より適合率を重視している．
- $\beta<1$ のとき，F_β 値は適合率より再現率を重視している．
- たとえば，F_2 は適合率を再現率より 2 倍重要視しており，$F_{0.5}$ は適合率を再現率の半分の価値としている．

ROC 曲線と AUC

分類モデルを作成するとき，予測値は単純に 0 か 1 かではなく，実際には 0 ～ 1 の連続値として出力することがほとんどである．これは予測結果に対して，そのモデルがどれだけ確信があるかについて濃淡を示した値と捉えることができる．

実際には 0 か 1 かの二値に分割する必要があるため，確信の強さを示す予測値について，どこまで 0 とし，どこから 1 にするか，閾値（カットオフポイント）を決めなければならない．閾値を変化させることで，それぞれ偽陽性率（*FP*）と真陽性率（*TP*）も変化していくが，それぞれを横軸と縦軸にプロットしたものを **ROC 曲線**（ROC curve）とよぶ．

また，ROC 曲線の下側の面積を **AUC**（area under the curve）とよぶが，閾値にかかわらず真陽性が常に高ければ AUC は大きくなるため，分類モデルの評価指標の一つとして使われることが多い．

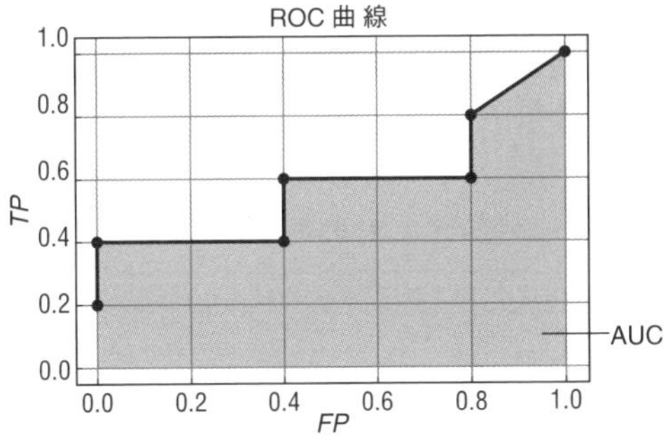

7・5 モデル評価手法

モデル評価手法の一般的な手法は次のとおりである．これは，分類モデルにも回帰モデルにも当てはめることができる．

モデル評価手法

1. 学習用データセットを使って，予測モデルを構築する．
2. テスト用データセットを使って，学習用データセットを評価する．学習用データセットで作成した予測モデルを，テスト用データセットに適用し，予測結果について評価する．別の言い方をすれば，テスト用データセットが学習用データセットによって構築されたモデルの試験といえる．

7・6 モデル評価の適用例

ここでは，clothing_data_driven_training（学習用）データセットと，clothing_data_driven_test（テスト用）データセットを使う．分析タスクとして，衣料品リテール（小売）会社について，顧客が電話もしくはEメールによる販促キャンペーンに反応するかどうかについて，予測しよう．下記の三つの説明変数が用意されている．

- `Days.since.Purchase`（最後の購買からの経過日数）
- `#.of.Purchase.Visits`（購買があった来店数）
- `Sales.per.Visit`（来店当たりの購買金額）

目的変数は“フラグ”であり，正の反応が1，負の反応が0として格納されている．

clothing_data_driven_training データセットについて，C5.0 アルゴリズム（決定木）で分類モデル（以下，モデル1とよぶ）を構築する．モデル1について，clothing_data_driven_test データセットを使って評価する．評価は次のように実施する．

モデル1の評価方法

1. 学習用データセットを使って生成されたモデル1について，テスト用データセットの目的変数を予測する．
2. テスト用データセットについて，(1)で生成した予測値と実績値を比較する．

モデル1による予測結果と実績値の比較で，分割表（表7・3）が得られる．

表7・3 モデル1を評価するための分割表

		予測されたカテゴリ		
		0	1	合 計
実際のカテゴリ	0	TN=9,173	FP=441	TAN=9,614
	1	FN=1,396	TP=544	TAP=1,940
	合 計	TPN=10,569	TPP=985	GT=11,554

予測結果にかかわらず，TAN=9,614，TAP=1,940，GT=11,514 が得られる．なぜなら，上記の指標はすべて実績値を基に算出されるものだからだ．残りの指標は予測モデルによって異なる値となる．表7・4に八つの評価指標と実施に得られた値を示す．

表7・4 RのC5.0モデルにおける評価指標

評価指標	式	値
正確度	$\dfrac{TN+TP}{GT}=\dfrac{9{,}173+544}{11{,}554}$	0.8410
誤分類率	1−(正確度)	0.1590
感　度	$\dfrac{TP}{TAP}=\dfrac{544}{1{,}940}$	0.2804
特異度	$\dfrac{TN}{TAN}=\dfrac{9{,}173}{9{,}614}$	0.9541
適合率	$\dfrac{TP}{TPP}=\dfrac{544}{985}$	0.5523
F_1	$2\times\dfrac{(\text{適合率})\times(\text{再現率})}{(\text{適合率})+(\text{再現率})}$	0.3720
F_2	$5\times\dfrac{(\text{適合率})\times(\text{再現率})}{\{4\times(\text{適合率})\}+(\text{再現率})}$	0.3110
$F_{0.5}$	$1.25\times\dfrac{(\text{適合率})\times(\text{再現率})}{\{0.25\times(\text{適合率})\}+(\text{再現率})}$	0.4626

すべてを負とみなす予測モデル（all negative model）について考えると，正確度のベースラインを得ることができ，次のように計算する．

$$\text{正確度（すべてを負とみなすモデル）}=\frac{9{,}614}{11{,}554}=0.8321$$

モデル1の正確度は，最低でも上記のラインを超えることが求められる．実際に構築したモデル1の特異度（目的変数値が負のレコードについて，実際に負と予測できた割合）は0.9541と，素晴らしい結果が得られた．

$$\frac{TN}{TAN} = \frac{9{,}173}{9{,}614} = 95.41\%$$

販促キャンペーンに反応しなかった顧客を正しく予測できた，ということができる．しかし，モデルの感度（目的変数値が正のレコードについて，実際に正と予測できた割合）は0.2804と，あまりよくなかった．

$$\frac{TP}{TAP} = \frac{544}{1{,}940} = 28.04\%$$

販促キャンペーンに反応した顧客はうまく予測できなかった，ということができる．
モデルの適合率（目的変数値を正と予測したレコードのうち，実際に正だった割合）でいうと，コイン投げとさして変わらないモデルといえる．

$$\frac{TP}{TPP} = \frac{544}{985} = 55.23\%$$

販促キャンペーンに反応すると予測した顧客のうち，実際に反応した顧客は55.23%であった，ということである．また，適合率と再現率を統合したF_βについて考えてみる．F_1値は，0.372であった．F_1値をはじめとしたF_βは，他の指標と違って直観的な理解を与えるものではないことに留意してほしい．ただ，F_βは他の指標と違って，単独でモデルの評価に使うことができる．

7・6・1 モデル評価の適用例（R）

モデルの検証は下記の流れで行う．

1. 学習用データセットでモデルを構築する．
2. テスト用データセットに適用する．

まず，clothing_data_drive_training データセットを clothing_train データフレームとして，clothing_data_drive_test データセットを clothing_test データフレームとして読み込む．`Response` はファクター型に変換しておく．また，必要に応じて `library(C50)` でパッケージを読み込む．C5.0 アルゴリズムで決定木を構築し（モデル 1）*，`C5` という名前で保存する．

```
C5 <- C5.0(Response ~ Days.since.Purchase +
           Number.of.Purchase.Visits + Sales.per.Visit,
           data = clothing_train)
```

* コードの説明については，§6・3・2参照．

次に，テスト用データセットから，必要な説明変数列のみを抽出する．

```
test.X <- subset(x = clothing_test, select =
                 c("Days.since.Purchase","Number.
                 of.Purchase.Visits", "Sales.per.Visit"))
```

subset() 関数の引数 x = clothing_test で，分割したいデータフレーム（ここではテスト用データ）を指定する．引数 select で，抽出したい変数列を指定する．複数列抽出する場合，個々の列名をダブルクオーテーションで囲み，c() 関数でリスト化する．抽出結果を，test.X に保存する．

モデル 1 を使って，テスト用データについて予測する準備が整った．

```
ypred <- predict(object = C5, newdata = test.X)
```

predict() 関数の引数にモデルを指定し，予測結果を出力する．引数 object に構築済みのモデル（C5），引数 newdata に予測したい対象のデータフレームを指定する．

C5.0 アルゴリズムで構築したモデルの予測結果について，predict() 関数はテスト用データのレコードそれぞれについて予測した配列データとして出力される．出力結果を y_pred に保存した．出力結果は前述の通り，正であれば 1，負であれば 0 として格納されている．

予測結果を得られたので，分割表で予測値と実績値の比較を行う．

```
t1 <- table(clothing_test$Response, ypred)
row.names(t1) <- c("Actual: 0", "Actual: 1")
colnames(t1) <- c("Predicted: 0", "Predicted: 1")
t1 <- addmargins(A = t1, FUN = list(Total = sum), quiet =
                 TRUE)
t1
```

table() 関数を使って，行側に clothing_test$Response（テスト用データでの目的変数の実績値）を配置し，列側に ypred（テスト用データでの目的変数の予測値）を配置する．出力結果をわかりやすくするために，表の行と列に，行名と列名を付与し，どちらが実績値か予測値かわかるようにした．行名は row.names() 関数で "Actual: 0" と "Actual: 1" とし，列名は colnames() 関数で "Predicted: 0" と "Predicted: 1" とした．addmargins() 関数で，各行と列の合計値も追加している．出力結果は表 7・3 に示した．

7・7 不均等な損失の考慮

モデル 1 による予測の誤りは，偽陽性と偽陰性に分けられる．個々の誤りについて，どの程度ビジネス的な損失が発生するかは，(暗黙的に)同等であるとして扱ってきた．しかし，実際に数万ドルを投資する衣料品小売業者にとって，本当にそうであるといえるだろうか．実際に，予測と実績がもたらす個々の**損失**（*Cost*）ついて考えてみよう．それぞれの実績値と予測値の対応表を表7・5に示す．

表7・5　小売業者のための損失行列

		予測されたカテゴリ	
		0	1
実際のカテゴリ	0	$Cost_{TN}=0$ ドル	$Cost_{FP}=10$ ドル
	1	$Cost_{FN}=0$ ドル	$Cost_{TP}=-40$ ドル

個々の損失の判断根拠は，下記のようになるだろう．

- **真陰性**（TN）: 販促キャンペーンに反応しないと予測した顧客について，実際に反応しなかった状態をさす．小売業者は，実際に反応しない顧客にコンタクトをせずに済んだだけなので，金銭的な損失や利益を生まなかった．［$Cost_{TN}=$0 ドル］
- **偽陽性**（FP）: 販促キャンペーンに反応すると予測した顧客について，実際は反応しなかった状態をさす．小売業者にとっては深刻な誤りである．顧客にメールや電話で無駄にコンタクトをとることになったことで，顧客1人当たり対応工数や電話料金などで10ドルの損失が発生した．［$Cost_{FP}=$10 ドル］
- **偽陰性**（FN）: 販促キャンペーンに反応しないと予測した顧客について，実際は反応した状態をさす．悲しいことだが，直接的には損失は生まれていない．［$Cost_{FN}=$0 ドル］
- **真陽性**（TP）: 販促キャンペーンに反応すると予測した顧客について，実際に反応した状態をさす．小売業者は顧客にコンタクトを取り，実際顧客が来店し，商品を購入し，差し引き40ドルの利益が生まれた．［$Cost_{TP}=-$40 ドル］

表7・5の2行目に40ドルずつ足し，各セルを10ドルで割ると，表7・6になる*．

表7・6　貸し方のための調整された損失行列

		予測されたカテゴリ	
		0	1
実際のカテゴリ	0	$Cost_{TN}=0$	$Cost_{FP}=1$
	1	$Cost_{FN}=4$	$Cost_{TP}=0$

* これらの処理の根拠についての詳細は，D. T. Larose, C. D. Larose, “Data Mining and Predictive Analytics”, 2nd Ed., John Wiley and Sons, Inc. (2015) の第16章参照．

小売業者にとって，偽陰性の損失は，偽陽性の損失に比べて4倍あるといえる．つまり，モデル1において，二つの損失を同程度とみなすことは，間違っているのだ．代わりに，表7・6の個々の誤分類における損失を加味した，新しいモデルを構築する必要がある．

7・7・1 不均等な損失の実装（R）

表7・6を作成したなら，損失行列をC5.0モデルに追加することができる．まず，損失行列自体をRで作成する．

```
cost.C5 <- matrix(c(0,4,1,0), byrow = TRUE, ncol=2)
dimnames(cost.C5) <- list(c("0", "1"), c("0", "1"))
```

C5.0パッケージのC5.0()関数は，予測値を行に，実績値を列に置いた損失行列を定義することが可能である（詳細は，?C5.0を実行し，C5.0のヘルプを確認すること）．これは，表7・6で記載した損失行列を反転させたものである．表7・6では，損失として“1”，“4”と記載されたものについて，逆にして“4”，“1”と定義する必要がある．作成した損失行列は，cost.C5配列として保存した．dimnames()関数で，C5.0で損失行列の各セルが何を示すかわかるように，配列に名前を付与した．

さて，C5.0アルゴリズムのモデリングに戻ろう．今回は，非対称な損失を示す行列を追加することになる．

```
C5.costs <- C5.0(Response ~ Days.since.Purchase +
                 Number.of.Purchase.Visits +
                 Sales.per.Visit, data = clothing_train,
                 costs = cost.C5)
```

上記のコードは，§7・6・1で記載したコードと二つの点で異なる．まず，モデルの保存先名称を変更しているため，以前作成したモデルは上書きされない．次に，引数costs = cost.C5をC5.0()関数の引数に追加し，損失行列を新しく指定している．

7・8 不均等な損失の有無によるモデル比較

§7・7で構築した，損失行列を追加したモデル2について評価するために，表7・7に示した分割表を作成する．

モデル2では，誤分類ごとに損失が不均等であるため，今まで使ってきた評価指標をレコード当たりの損失に置き換える（レコード当たりの利益とすることもできる）．

表7・7　モデル2を評価するための分割表　モデル2は誤分類における非対称な損失を組込んでいる.

		予測されたカテゴリ		
		0	1	合計
実際のカテゴリ	0	$TN = 7{,}163$	$FP = 2451$	$TAN = 9{,}614$
	1	$FN = 618$	$TP = 1322$	$TAP = 1{,}940$
	合計	$TPN = 7{,}781$	$TPP = 3{,}773$	$GT = 11{,}554$

レコード当たりの損失と利益

誤分類における損失が均等でないとき，レコード当たりどれくらい損失が発生しているかを評価する必要がある．まず，全体での損失（*Cost*）を下記で計算する.

$$\text{全体損失} = TN \times Cost_{TN} + FP \times Cost_{FP} + FN \times Cost_{FN} + TP \times Cost_{TP}$$

真陰性（*TN*）と偽陰性（*FN*）の損失は0である場合が多く，その項を0とする.

$$\text{全体損失} = FP \times Cost_{FP} + TP \times Cost_{TP}$$

上記から，

$$\text{レコード当たりの損失} = \frac{\text{全体損失}}{GT}$$

また，

$$\text{レコード当たりの損失} = -(\text{レコード当たりの利益})$$

ともおける.

モデルの選択時には，レコード当たりの損失を最小化，もしくはレコード当たりの利益を最大化するようなモデルを選ぶとよい．データセットのサイズ（レコード数）によって，全体損失は変わるため，レコード当たりの損失か利益を指標とした方がよい.

表7・5に従ってモデル1とモデル2の損失を計算すると，

$$\text{全体損失}_{(\text{モデル1})} = FP \times Cost_{FP} + TP \times Cost_{TP} = 441 \times 10 + 544 \times -40 = -17{,}350 \text{ドル}$$
$$\text{全体損失}_{(\text{モデル2})} = FP \times Cost_{FP} + TP \times Cost_{TP} = 2{,}451 \times 10 + 1{,}322 \times -40 = -28{,}370 \text{ドル}$$

顧客（レコード）当たりの利益は，下記で与えられる.

$$\text{顧客当たりの利益}_{(\text{モデル1})} = -\text{全体損失}_{(\text{モデル1})}/GT = 17{,}350/11{,}554 = 1.5016 \text{ドル}$$
$$\text{顧客当たりの利益}_{(\text{モデル2})} = -\text{全体損失}_{(\text{モデル2})}/GT = 28{,}370/11{,}554 = 2.4554 \text{ドル}$$

損失行列を導入することで，利益を64%改善することができた.

7・9 データドリブンな損失の定義

取扱うデータのサイズがどんどん大きくなっている昨今，既存のデータベースに埋もれている情報を活用し，最適な予測モデルを作成するのに役立てる必要がある．予測の損失を定義する際，“コンサルタントにそのように言われた”，“今までそうしてきた”ではなく，実際のデータを確認しながら，真の損失を定義し直すべきである．データドリブンな損失（*Cost*）の定義がどれほど重要か，実例をみながら確認していこう．

今までの例では，$Cost_{FP}$=10ドル，$Cost_{TP}$=−40ドルとしてきた．幸いなことに，$Cost_{TP}$をよりよく見積もるために必要な説明変数 *Sales per Visit*（来店当たりの販売金額）が，元データには含まれている．この説明変数は，顧客が来店当たりに支払った販売金額の平均を表している．この説明変数について，全レコードの平均をとれば，来店当たりの損失あるいは利益を正確に見積もれるようになるだろう．今までは便宜的に40ドルとしていたが，上記の方法で計算してみると113.58ドルとなる．データドリブンな手法で，$Cost_{TP}$=−113.58ドルに更新することができた．一方で，残念なことだが，$Cost_{FP}$=10ドルについては，コストを見積もるための説明変数は存在しておらず，10ドルで据え置きとした．

更新後の損失行列を表7・8に示す．

表7・8 洋品店問題のためのデータドリブンな損失行列

		予測されたカテゴリ	
		0	1
実際のカテゴリ	0	$Cost_{TN}$ = 0 ドル	$Cost_{FP}$ = 10 ドル
	1	$Cost_{FN}$ = 0 ドル	$Cost_{TP}$ = −113.58 ドル

2行目の各セルについて−113.58ドルを引き，全体を10ドルで割ると，よりシンプルな表7・9が得られる．偽陰性の損失は，偽陽性の11.358倍大きいといえる．更新した損失行列を基に，再びC5.0アルゴリズムでモデル3を構築し，テスト用データ

表7・9 洋品店問題のための単純化したデータドリブンな損失行列

		予測されたカテゴリ	
		0	1
実際のカテゴリ	0	0	$Cost_{FP}$ = 1
	1	$Cost_{FN}$ = 11.358	0

について予測してみよう．予測結果と実績値の分割表を表 7・10 に示す．

表 7・10　データドリブンな損失と併せてモデル 3 を評価するための分割表

		予測されたカテゴリ		
		0	1	合 計
実際のカテゴリ	0	$TN = 4{,}237$	$FP = 5{,}377$	$TAN = 9{,}614$
	1	$FN = 201$	$TP = 1{,}739$	$TAP = 1{,}940$
	合 計	$TPN = 4{,}438$	$TPP = 7{,}116$	$GT = 11{,}554$

モデル 3 の全体損失は下記のように計算できる．

$$\text{全体損失}_{(\text{モデル}\,3)} = FP \times Cost_{FP} + TP \times Cost_{TP}$$
$$= 5{,}377 \times 10 + 1{,}739 \times -113.58 = -143{,}745.62 \text{ ドル}$$

モデル 3 における顧客当たりの利益は，下記で与えられる．

$$\text{顧客当たりの利益}_{(\text{モデル}\,3)} = -\text{全体損失}_{(\text{モデル}\,3)}/GT$$
$$= 143{,}745.62/11{,}554 = 12.4412 \text{ ドル}$$

今までのモデルに比べると，劇的に利益が増えたといってよいだろう．これは，データドリブンな手法によって更新された $Cost_{TP}$ に起因する．そのため，更新された $Cost_{TP}$ を基に，今までのモデルの利益について再計算する必要がある．再計算した結果を，表 7・11 に示す．

表 7・11　モデル 1〜3 のモデル評価行列

	C5.0 モデル		
評価指標	モデル 1（損失なし）	モデル 2（損失：$4x$）	モデル 3（損失：$11.358x$）
正確度	0.8410	0.7344	0.5172
誤分類率	0.1590	0.2656	0.4828
感　度	0.2804	0.6814	0.8964
特異度	0.9541	0.7451	0.4407
適合率	0.5523	0.3504	0.2444
F_1	0.3720	0.4628	0.3841
F_2	0.3110	0.5731	0.5845
$F_{0.5}$	0.4626	0.3881	0.2860
全体損失（ドル）	−57,377.52	−125,642.76	−143,745.62
顧客当たりの利益（ドル）	4.97	10.87	12.44

表7・11は，モデル1〜3の各評価指標を記載したものである．各指標について，最も効果の高いモデルについては，太字で記載している．最も利益の少ないモデル1（損失の均等性について考慮していない）では，正確度は84.10%に達する．一方で，最も利益が高いモデル3については，正確度は51.72%と，かなり低くなっている．損失が不均等である場合，正確度は適切な評価指標でないことがわかるだろう．

真陽性は，顧客ごとに113.58ドルの利益をもたらすので，予測結果の正が増えることになる．感度（＝再現率）は，実際に正のものであるうち，正と予測された割合をさす指標だが，これはモデル3で一番高くなっている．顧客当たりの利益について，最も性能の高いモデルは感度が高くなっているが，性能の低いモデルは感度が低くなっている．なお，特異度については，まったく逆の関係になっている．

適合率はあまり重要視してこなかったが，モデル1の高い適合率は，ひとえに正の予測が少ないことに起因する．F_2は，再現率（＝感度）と親和性が高く，モデル3で一番高くなっている．一方で，$F_{0.5}$は適合率と親和性が高く，モデル1で一番高くなっている．

最後に，ベースラインモデル（すべてのレコードを正とみなす，もしくは負とみなすモデル）の性能を超えているかを確認しておこう．すべてを負とみなすモデルでは，顧客とコンタクトを取らないため，利益はまったく生まれない．一方で，すべてを正とみなすモデルではかなり利益が生まれる．全体利益は124,205.20ドルとなり，かろうじてモデル2が勝っている．

本章を通じて，データサイエンティストは，モデルの評価を適切に実施しなければいけないこと，分類における評価指標と，実際の評価方法について学んできた．予測失敗の損失は常に均等ではなく，不均等である場合，レコード当たりの損失が，より適切な指標となる．最後に，データドリブンな損失の定義が，分類モデルがもたらす利益をさらに拡大させていくこともあわせて学んだ．

練習問題

考え方の確認

7・1　モデル評価とモデル検証の違いを述べよ．

7・2　分割表は何から構成されるか述べよ．

7・3　$GT=TPN+TPP$，$TAP=GT-TAN$ を証明せよ．

7・4　誤分類率＝(1－正確度)を証明せよ．

7・5　感度と特異度について説明せよ．

7・6　モデル評価手法について説明せよ．

7・7　モデル1において，ベースラインとしてすべて正とみなすモデルより，すべて負とみなすモデルの方が適切である理由を述べよ．

7・8　損失行列が不均等であるとき，モデルの評価として最も適切な指標は何か答えよ．

7・9　素朴な分析者が，モデル1の方がモデル2より適切だと考えてしまいがちな理由を述べよ．

7・10　すべて正とみなすモデルと，すべて負とみなすモデルについて，表7・11の各指標を計算せよ．

データ分析練習

練習問題7・11～7・22では，clothing_data_driven_training（学習用）データセットと，clothing_data_driven_test（テスト用）データセットを分析する．Rを用いて各問題を解け．

7・11　学習用データセットについて，説明変数 `Days.since.Purchase`（最終購買日からの経過日数）と `#.of.Purchase.Visits`（購買があった来店数）を使って，目的変数 *Response*（販促キャンペーンの反応）を予測するC5.0モデル（モデル1）を構築し，テスト用データセットについて予測結果を出力せよ．

7・12　練習問題7・11の結果を基に，モデル1を評価せよ．目的変数 *Response* の実績値と予測値を基に分割表を構築せよ．

7・13　モデル1について，表7・4に記載された評価指標を計算せよ．このモデル評価表について，モデル2とモデル3のためにスペースを空けておくこと．

7・14　練習問題7・13で作成したモデル1のモデル評価表について，個々の指標について解釈し，説明せよ．

7・15　偽陽性が偽陰性の4倍の損失になるように，損失行列を作成せよ．

7・16　学習用データセットについて，説明変数 `Days.since.Purchase`（最終購買日からの経過日数）と `#.of.Purchase.Visits`（購買があった来店数）を使って，目的変数 *Response*（販促キャンペーンの反応）を予測するC5.0モデル（モデル2）を構築せよ．損失行列は，練習問題7・15で作成した行列を利用すること．

7・17　練習問題7・16の結果を基に，テスト用データセットについて予測結果を出力し，モデル2を評価せよ．モデル評価表の指標に全体損失と顧客当たりの利益の二つの指標を追加したうえで，モデル2のモデル評価表を作成せよ．

7・18　モデル1とモデル2について，評価指標を比較せよ．各モデルの強みと弱みについて議論せよ．

7・19　下記の内容に従って，データドリブンな損失行列を作成せよ．

(a) 学習用データセットについて，`Sales.per.Visit`（来店あたりの売上金額）の平均をとり，偽陰性の損失は，真陽性の損失に転換せよ．なお，偽陽性の損失は$10とする．

(b) 上記の結果を基に，（シンプルな）真のデータドリブンな損失行列を作成せよ．

7・20　学習用データセットについて，説明変数 `Days.since.Purchase`（最終購買日からの経過日数）と `#.of.Purchase.Visits`（購買があった来店数）を使って，目的変数 `Response`（販促キャンペーンの反応）を予測するC5.0モデル（モデル3）を構築せよ．

損失行列は，練習問題7・19で作成したものを利用すること．

7・21 モデル3のモデル評価表を作成せよ．

7・22 モデル評価表を使って，モデル1，2，3を比較せよ．

データ分析実践

練習問題7・23～7・30では，adult_ch6_training（学習用）データセットと，adult_ch6_test（テスト用）データセットを分析する．Rを用いて各問題を解け．

7・23 学習用データセットについて，説明変数`Marital Status`（婚姻状況）と`Capital Gains and Losses`（キャピタルゲインとキャピタルロスの合成変数）を使って，目的変数`Income`（収入）を予測するC5.0モデル（モデル1）を構築し，テスト用データセットについて予測結果を出力せよ．

7・24 練習問題7・23の結果を基に，モデル1を評価せよ．目的変数*Income*の実績値と予測値を基に，分割表を構築せよ．

7・25 モデル1について，表7・4に記載された評価指標を計算せよ．このモデル評価表について，モデル2のためにスペースを空けておくこと．

7・26 練習問題7・25で作成したモデル1のモデル評価表について，個々の指標について解釈し，説明せよ．

7・27 偽陽性が偽陰性の3倍の損失になるように，損失行列を作成せよ．

7・28 学習用データセットについて，説明変数`Marital Status`（婚姻状況）と`Capital Gains and Losses`（キャピタルゲインとキャピタルロスの合成変数）を使って，目的変数*Income*（収入）を予測するC5.0モデル（モデル2）を構築せよ．損失行列は，練習問題7・27で作成した行列を利用すること．

7・29 練習問題7・28の結果を基に，テスト用データセットについて予測結果を出力し，モデル2を評価せよ．モデル評価表の指標に全体損失と顧客当たりの利益の二つの指標を追加したうえで，モデル2のモデル評価表を作成せよ．

7・30 練習問題7・27の損失行列を使って，モデル1とモデル2の評価指標を比較せよ．各モデルの強みと弱みについて議論せよ．

練習問題7・31～7・40では，Loans_training（学習用）データセットと，Loans_test（テスト用）データセットを分析する．Rを用いて各問題を解け．

7・31 学習用データセットについて，説明変数`Debt to Income Ratio`（返済比率），`FICO Score`（信用力の格付スコアの一つ），`Request Amount`（借り受け希望金額）を使って，目的変数`Approval`（借り受けが承認されたかどうか）を予測するC5.0モデル（モデル1）を構築し，テスト用データセットについて予測結果を出力せよ．

7・32 練習問題7・31の結果を基に，モデル1を評価せよ．目的変数`Approval`の実績値と予測値を基に，分割表を構築せよ．

7・33 モデル1について，表7・4に記載された評価指標を計算せよ．このモデル評価表について，モデル2のためにスペースを空けておくこと．

7・34 練習問題7・33で作成したモデル1のモデル評価表について，個々の指標について解釈し，説明せよ．

7・35 下記の内容にしたがって，データドリブンな損失行列を作成せよ．

(a) 学習用データセットについて，`Interest`（利息）の，貸出申込者ごとの平均をとり，偽陰性の損失は，真陽性の損失に転換せよ．

(b) 学習用データセットについて，`Request Amount`（借り受け希望金額）について，貸出申込者ごとの平均をとり，偽陽性の損失とせよ

(c) 上記の結果を基に，(シンプルな)真のデータドリブンな損失行列を作成せよ．

7・36 学習用データセットについて，説明変数`Debt to Income Ratio`（返済比率），`FICO Score`（信用力の格付スコアの一つ），`Request Amount`（借り受け希望金額）を使って，目的変数`Approval`（借り受けが承認されたかどうか）を予測するC5.0モデル（モデル2）を構築せよ．損失行列は，練習問題7・35で作成したデータドリブンな損失行列を利用すること．

7・37 モデル2について，モデル評価表を作成せよ．

7・38 練習問題7・36で作成したモデル1のモデル評価表について，個々の指標について解釈し，説明せよ．

7・39 モデル1とモデル2について，評価指標を比較せよ．各モデルの強みと弱みについて議論せよ．

7・40 データドリブンな損失行列によるモデルを構築することで，全体でどれくらい利益をもたらすことになるか，計算せよ．

8

単純ベイズ分類器

8・1 単純ベイズの紹介

もちろん，**分類器**（classification）は，決定木に限らない．単純ベイズを含む，他の多くの分類器を使うことができる．**単純ベイズ分類器**（Naïve Bayes classification，**ナイーブベイズ分類器**ともいう）は，イギリスの牧師 Thomas Bayes[*1] によって示された**ベイズの定理**（Bayes theorem）に基づいている．ベイズの定理は，過去の知識〔これを**事前分布**（prior distribution）とよぶ〕を観察データから得られた新しい情報と組合わせることで，データのパラメータについての知識をアップデートし，新しい知識〔これを**事後分布**（posterior distribution）とよぶ〕を得る．

8・2 ベイズの定理

二つの説明変数 $X=X_1, X_2$ と目的変数 Y からなるデータセットを考えよう．ここでは目的変数はカテゴリ変数 y_1, y_2, y_3 のうちの一つを実現値[*2] としてとるものとする．ここでの目的は，ある特定の説明変数の組合わせに対し，y_1, y_2, y_3 のうちどれが最も起こりやすいかを特定することである．

ある特定の説明変数の組合わせ $X^*=\{X_1=x_1, X_2=x_2\}$ に対し，最も起こりやすいカテゴリを特定するためにベイズの定理を使うことができる．具体的には以下である．

1. 説明変数 x_1, x_2 に対し各 y_1, y_2, y_3 の事後確率を計算する．
2. 最も事後確率が高い y の値を選ぶ．

y^* を Y のある値とすると，ベイズの定理から以下が成り立つ．

$$p(Y=y^*|X^*) = \frac{p(X^*|Y=y^*)p(Y=y^*)}{p(X^*)}$$

---

*1　T. Bayes, 'Essay Toward Solving a Problem in the Doctrine of Changes', *Philosophical Transactions of the Royal Society of London* (1793).

*2　［訳注］実際の試行の結果観測される値.

ここで $p(Y=y^*)$ はカテゴリ変数 y^* がどのくらい起こりやすいかについて，事前にもっている知識を表す．その情報は解析する前にもっている事前情報であるため，$p(Y=y^*)$ を**事前確率**（prior probability）とよぶ．この事前の情報を，目的変数が y^* であるときにデータがどう振舞うかを表す**条件付き確率**（conditional probability）$p(X^*|Y=y^*)$ と組合わせる．分母の $p(X^*)$ は，目的変数を考慮しないときにデータがどのように振舞うかを表し，**周辺確率**（marginal probability）とよばれる．

式の結果である $p(Y=y^*|X^*)$ は，特定の説明変数 X^* が観察されたときに，変数 y^* がどのくらい起こりやすいかについてわれわれがもっている情報を表す．これはデータを調べた後に $p(Y=y^*)$ からアップデートされた情報なので，**事後確率**（posterior probability）とよばれる．

もしパラメータについての事前知識がない場合はどうなるだろうか？ その場合，どのカテゴリも等しく起こる**無情報事前分布**（noninformative prior distribution）を使うことができる．無情報事前分布を使うことで，事後確率は観測データにのみ依存する．

8・3 最大事後確率

各レコードを分類するためにベイズの定理から得られる確率をどのように使えばよいのだろうか？ 上の例では，y^* として三つの異なる値を考えた．X^* の固定された値に対し，それらの Y の各値にベイズの定理から事後確率を以下のように計算する．

$$p(Y=y_1|X^*) = \frac{p(X^*|Y=y_1)p(Y=y_1)}{p(X^*)}$$

$$p(Y=y_2|X^*) = \frac{p(X^*|Y=y_2)p(Y=y_2)}{p(X^*)}$$

$$p(Y=y_3|X^*) = \frac{p(X^*|Y=y_3)p(Y=y_3)}{p(X^*)}$$

最大事後確率（maximum a posteriori, MAP）によって得られた値は，最も高い事後確率をもつ Y の値としてレコード X^* を分類する．言い換えると，計算した三つの事後確率のうち最も大きい値に対応する Y の値を選ぶ．

8・4 条件付き独立

一般に，二つの確率変数 A, B が独立であることは，$p(A, B)=p(A)p(B)$ と同値である．二つ以上の説明変数がある場合，条件付き独立を仮定すれば，$p(X^*|Y=y^*)$ を独立事象の積として書くことができる．たとえば，二つの説明変数 $X^*=\{X_1=x_1, X_2=x_2\}$ に対し，$p(X^*|Y=y^*)$ は，$p(X_1=x_1|Y=y^*)\times p(X_2=x_2|Y=y^*)$ と書ける．この具体例を §8・5で見てみる．

8・5 単純ベイズ分類器の適用例

wine_flag_training と wine_flag_test のデータセットを使って，目的変数を分類する単純ベイズを使った例を示そう．ここでは，ワインのアルコール度数と糖度の高低から，ワインが赤（Red）ワインか白（White）ワインかを予測することが目標である．アルコール度数と糖度を，中央値よりも高いときに High，低いときに Low とするカテゴリ変数にする．

最初に，ワインのタイプ（Type）とアルコール度数の高低（Alcohol_flag）の分割表と，ワインのタイプ（Type）と糖度の高低（Sugar_flag）の分割表をつくる．目的変数のカテゴリ値が行で，説明変数のカテゴリ値が列である．Type と Alcohol_flag の分割表が図 8・1 で，Type と Sugar_flag の分割表が図 8・2 である．

	Alcohol = High	Alcohol = Low	Total
Type = Red	218	282	500
Type = White	268	232	500
Total	486	514	1000

図 8・1　R で得られた Type と Alcohol_flag の分割表

	Sugar = High	Sugar = Low	Total
Type = Red	116	384	500
Type = White	300	200	500
Total	416	584	1000

図 8・2　R で得られた Type と Sugar_flag の分割表

単純ベイズ分類器の実行に必要な値を計算するために図 8・1 と図 8・2 を使う．まず，目的変数 Type を調べることから始めよう．Type は赤ワインと白ワインの二つのカテゴリをもつ．分割表から，各 Type のカテゴリの事前確率を以下のように計算できる．

- p(Type = Red) = 500/1000 = 0.5
- p(Type = White) = 500/1000 = 0.5

二つの Type の確率は $p(Y)$ の二つの可能な値，つまり事前分布を構成する．たとえば，このデータセットからランダムに選んだワインが赤ワインである確率は 50% であることを表す．

次に，説明変数 Alcohol_flag の周辺確率を計算するために図 8・1 を使おう．Alcohol_flag には High と Low の二つのカテゴリ値がある．これらの二つの値は，以下のように説明変数の分布 $p(X_1)$ を構成する．

- p(Alcohol_flag = High) = 486/1000 = 0.486
- p(Alcohol_flag = Low) = 514/1000 = 0.514

たとえば，このデータセットからランダムに選んだワインは 48.6% の確率で高いアルコール度数をもつ．この周辺確率は目的変数については何の条件も仮定していないことに注意すること．

次に，説明変数 Sugar_flag の周辺確率を計算するために図 8・2 を使おう．Sugar_flag には High と Low の二つのカテゴリがある．これらの二つの値は，以下のように説明変数の分布 $p(X_2)$ を構成する．

- p(Sugar_flag = High) = 416/1000 = 0.416
- p(Sugar_flag = Low) = 584/1000 = 0.584

たとえば，このデータセットからランダムに選んだワインは 41.6% の確率で高い糖度をもつ．

目的変数が与えられたときの，説明変数の条件付き確率 $p(X^*|Y)$ はどうなるだろうか？ 各説明変数に対し，説明変数と目的変数の四つの組合わせに対する四つの確率が計算できる．

図 8・1 と図 8・2 から Alcohol_flag と Type に関しての条件付き確率は以下のように計算できる．

- p(Alcohol_flag = High|Type = Red) = 218/500 = 0.436
- p(Alcohol_flag = Low|Type = Red) = 282/500 = 0.564
- p(Alcohol_flag = High|Type = White) = 268/500 = 0.536
- p(Alcohol_flag = Low|Type = White) = 232/500 = 0.464

たとえば，ワインが赤であれば，低いアルコール度数である確率が 56.4% で，高いアルコール度数である確率は 43.6% である．図 8・3 の左の Red の標準化した棒グラフがその結果を表している．

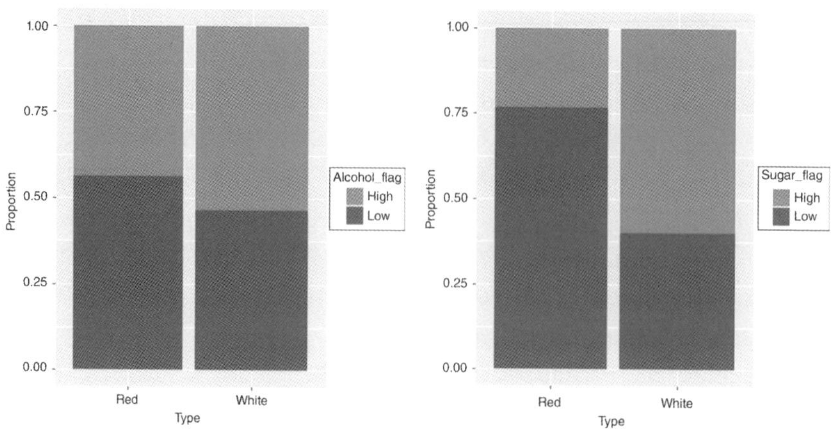

図 8・3　**Alcohol_flag**（左），**Sugar_flag**（右）の高低で分けた **Type** ごとの正規化された棒グラフ

Sugar_flag と Type に関しての四つの条件付き確率は以下である．

- $p($Sugar_flag = High|Type = Red$)$ = 116/500 = 0.232
- $p($Sugar_flag = Low|Type = Red$)$ = 384/500 = 0.768
- $p($Sugar_flag = High|Type = White$)$ = 300/500 = 0.6
- $p($Sugar_flag = Low|Type = White$)$ = 200/500 = 0.4

たとえば，ワインが赤（Red）であれば，低い糖度である確率が76.8%で，高い糖度である確率は23.2%である．図8・3の右のRedの標準化した棒グラフがそれを表している．

ここで，$p(Y)$と$p(X^*)$，そして$p(Y=y|X^*)$のすべての値を得たので，Type の各クラスの事後確率$p(Y=y^*|X^*)$を計算する準備が整った．単純ベイズがどのようにアルコール度数と糖度からワインを分類するか，という疑問に対する答えは，最大事後確率を使うことである．Alcohol_flag と Sugar_flag のある特定の値が与えられたときの各ワインの種類カテゴリに対する事後確率を調べ，最大の事後確率をもつ Type を選択する．

最初に，低いアルコール度数で低い糖度のワインを考えよう．確率の表記を用いると，以下を知りたいということになる．

- $p(Y=y_1|X^*)$ = $p($Red|Alcohol_flag = Low, Sugar_flag = Low$)$
- $p(Y=y_2|X^*)$ = $p($White|Alcohol_flag = Low, Sugar_flag = Low$)$

ここで，$p($Red|Alcohol_flag = Low, Sugar_flag = Low$)$を得るために，ベイズの定理を使う．

$$p(Y=y_1|X^*)=\frac{p(X^*|Y=y_1)p(Y=y_1)}{p(X^*)}$$

$$=\frac{p(\texttt{Alcohol\_flag = Low, Sugar\_flag = Low}|\texttt{Red})\times p(\texttt{Red})}{p(\texttt{Alcohol\_flag = Low, Sugar\_flag = Low})}$$

$$=\frac{p(\texttt{Alcohol\_flag=Low}|\texttt{Type=Red})\times p(\texttt{Sugar\_flag=Low}|\texttt{Type = Red})\times p(\texttt{Red})}{p(\texttt{Alcohol\_flag=Low})\times p(\texttt{Sugar\_flag=Low})}$$

なお，最後のステップのために条件付き独立を仮定していることに留意する．

この式を解くのに必要なすべての確率はすでに計算済みであるので，代入して計算すると，

$$\frac{0.564\times 0.768\times 0.5}{0.514\times 0.584}=0.7215$$

となり，アルコール度数と糖度が低いときに赤ワインである確率は72.15%となる．

次に，$p($White|Alcohol_flag = Low, Sugar_flag = Low$)$を得る．

$$p(Y=y_2|X^*)=\frac{p(X^*|Y=y_2)p(Y=y_2)}{p(X^*)}$$

$$=\frac{p(\texttt{Alcohol\_flag = Low, Sugar\_flag = Low}|\texttt{White})\times p(\texttt{White})}{p(\texttt{Alcohol\_flag = Low, Sugar\_flag = Low})}$$

$$=\frac{p(\texttt{Alcohol\_flag=Low}|\texttt{Type=White})\times p(\texttt{Sugar\_flag=Low}|\texttt{Type=White})\times p(\texttt{White})}{p(\texttt{Alcohol\_flag=Low})\times p(\texttt{Sugar\_flag=Low})}$$

同様に，この式を解くのに必要なすべての確率はすでに計算済みであるので，代入して計算すると，

$$\frac{0.464\times0.4\times0.5}{0.514\times0.584}=0.3092$$

となり，アルコール度数と糖度が低いときに白ワインである確率は30.92%*となる．低いアルコール度数かつ低い糖度で赤ワインである事後確率は，白ワインである事後確率よりも高いので，単純ベイズアルゴリズムはそのワインを赤ワインと分類する．

赤ワインである事前確率を，低いアルコール度数，低い糖度である情報を与えられたときの赤ワインである事後確率と比較しよう．ランダムに選んだワインが赤ワインである確率は，p(Type = Red)＝50%である．しかし，ワインが低いアルコール度数で低い糖度であることを考慮に入れた後は，赤いワインである確率は72.15%になる！ なぜだろうか？ それはデータが赤ワインだと白ワインに比べて低いアルコール度数であり（46.4%と比較して56.4%），低い糖度であること（40%と比較して76.8%）を教えてくれたからである．単純ベイズは，この情報を考慮して，低いアルコール度数で低い糖度のワインは白ワインより赤ワインである確率が高いと結論づけたのである．

高いアルコール度数で高い糖度のワインについてはどうだろうか？ 新しい結果を反映するようにX^*を変えて，上述の式を使おう．ここでは以下の二つの事後確率を比較したい．

- $p(Y=y_1|X^*)$ ＝ p(Red|Alcohol_flag = High, Sugar_flag = High)
- $p(Y=y_2|X^*)$ ＝ p(White|Alcohol_flag = High, Sugar_flag = High)

p(Red|Alcohol_flag = High, Sugar_flag = High) を求めることから始める．

$$p(Y=y_1|X^*)=\frac{p(X^*|Y=y_1)p(Y=y_1)}{p(X^*)}$$

$$=\frac{p(\texttt{Alcohol\_flag = High, Sugar\_flag = High}|\texttt{Red})\times p(\texttt{Red})}{p(\texttt{Alcohol\_flag = High, Sugar\_flag = High})}$$

＊［訳注］72.15%と足して100%を超えるのは，条件付き独立の仮定が厳密には正しくないからである．しかし，事後確率を最大化するには問題ない．

$$= \frac{p(\texttt{Alcohol\_flag=High}|\texttt{Type=Red}) \times p(\texttt{Sugar\_flag=High}|\texttt{Type=Red}) \times p(\texttt{Red})}{p(\texttt{Alcohol\_flag=High}) \times p(\texttt{Sugar\_flag=High})}$$

それぞれの確率を上の式に代入し，事後確率を得る．

$$\frac{0.436 \times 0.232 \times 0.5}{0.486 \times 0.416} = 0.2502$$

アルコール度数と糖度が共に高い場合，赤ワインである確率は25.02%である．

次に $p(\texttt{White}|\texttt{Alcohol\_flag = High, Sugar\_flag = High})$ を計算する．

$$p(Y=y_2|X^*) = \frac{p(X^*|Y=y_2)p(Y=y_2)}{p(X^*)}$$

$$= \frac{p(\texttt{Alcohol\_flag = High, Sugar\_flag=High}|\texttt{White}) \times p(\texttt{White})}{p(\texttt{Alcohol\_flag = High, Sugar\_flag = High})}$$

$$= \frac{p(\texttt{Alcohol\_flag=High}|\texttt{Type=White}) \times p(\texttt{Sugar\_flag=High}|\texttt{Type=White}) \times p(\texttt{White})}{p(\texttt{Alcohol\_flag=High}) \times p(\texttt{Sugar\_flag=High})}$$

確率を上の式に代入し事後確率を得る．

$$\frac{0.536 \times 0.6 \times 0.5}{0.486 \times 0.416} = 0.7953$$

アルコール度数と糖度が共に高い場合，白ワインである確率は79.53%である．高いアルコール度数かつ高い糖度で白ワインである事後確率は，赤ワインである事後確率よりも高いので，単純ベイズアルゴリズムはそのワインを白ワインと分類する．

まだ解析していない説明変数の組合わせはさらに二つある．低いアルコール度数で高い糖度と，高いアルコール度数で低い糖度である．単純ベイズ分類器は低いアルコール度数で高い糖度のワインに対しては白ワインであると，高いアルコール度数で低い糖度のワインに対しては赤ワインであると分類する．事後確率の計算の細かい部分は，章末の練習問題で取組む．単純ベイズ分類器の結果をまとめたのが表8・1である．

表8・1　単純ベイズから得られたアルコール度数と糖度に基づいたワインのタイプの予測の要約

アルコール度数 (Alcohol)	糖　度 (Sugar)	ワイン（wine）のタイプ (Type) の予測
高　い	高　い	白ワイン（White）
高　い	低　い	赤ワイン（Red）
低　い	高　い	白ワイン（White）
低　い	低　い	赤ワイン（Red）

テスト用データセットを用いることで上の例で構築した単純ベイズ分類器を検証できる．この例では，wine_flag_training で構築したモデルを wine_flag_test データで検

証する．Type の実際の値と予測値の分割表が図 8・4 である．

図 8・4 からモデルの正確度は(464+1082)/2345=0.6593 となることがわかる．単純ベイズを用いると，そのときのワインのタイプを 65.93%正しく予測できるということである．ワインの半分は赤ワインでもう半分は白ワインであるからベースラインの正確度（accuracy）は 50%となり，ここでわれわれが構築した単純ベイズ分類器はベースラインモデルよりも優れていることがわかる．

	Predicted: Red	Predicted: White	Total
Actual: Red	464	121	585
Actual: White	678	1082	1760
Total	1142	1203	2345

図 8・4 R で得られた実際のワインのタイプとテスト用データセットに対して単純ベイズで評価したワインのタイプの予測値の分割表

8・5・1 単純ベイズ（Python）

必要なライブラリを読み込む．

```
import pandas as pd
import numpy as np
from sklearn.naive_bayes import MultinomialNB
import statsmodels.tools.tools as stattools
```

学習用データセットとテスト用データセットを読み込んで，wines_tr と wines_test とそれぞれ名前をつける．

```
wine_tr = pd.read_csv("C:/.../wine_flag_training.csv")
wine_test = pd.read_csv("C:/.../wine_flag_test.csv")
```

最初に，分割表を使ってデータを眺めよう．これらの表から，単純ベイズを手計算する際に必要な周辺確率と条件付き確率が得られる．

```
t1 = pd.crosstab(wine_tr['Type'], wine_tr['Alcohol_flag'])
t1['Total'] = t1.sum(axis=1)
t1.loc['Total'] = t1.sum()
t1
```

Alcohol_flag	High	Low	Total
Type			
Red	218	282	500
White	268	232	500
Total	486	514	1000

Sugar_flag	High	Low	Total
Type			
Red	116	384	500
White	300	200	500
Total	416	584	1000

図 8・5 Python で得られた Type と Alcohol_flag の分割表（左）と，Type と Sugar_flag の分割表（右）

分割表を図 8・5 に示した．これらから，Type，Alcohol_flag，Sugar_flag の周辺確率と，Type が与えられたときの Alcohol_flag と Sugar_flag の条件付き確率が得られる．

表から確率を可視化するための棒グラフを作成することもできる．そのためには，第 4 章で説明したように，分割表のコードを少し変更する必要がある．

```
t1_plot = pd.crosstab(wine_tr['Alcohol_flag'], \
wine_tr['Type'])
t1_plot.plot(kind='bar', stacked=True)
```

ここで，単純ベイズアルゴリズム自体に移ろう．以前と同様に sklearn パッケージは自動的にカテゴリ変数を扱ってはくれない．つまり，アルゴリズムを実行する前に，Alcohol_flag と Sugar_flag をダミー変数に変換する必要がある．第 6 章で実施した方法と同様に変換する．

```
X_Alcohol_ind = np.array(wine_tr['Alcohol_flag'])
(X_Alcohol_ind, X_Alcohol_ind_dict) = stattools. \
categorical (X_Alcohol_ind, drop=True, dictnames=True)
X_Alcohol_ind = pd.DataFrame(X_Alcohol_ind)
X_Sugar_ind = np.array(wine_tr['Sugar_flag'])
(X_Sugar_ind, X_Sugar_ind_dict) = stattools.categorical \
(X_Sugar_ind, drop=True, dictnames=True)
X_Sugar_ind = pd.DataFrame(X_Sugar_ind)
X = pd.concat((X_Alcohol_ind, X_Sugar_ind), axis=1)
```

ダミー変数の行列 X には，四つの列がある．最初の二つが Alcohol_flag についてで，1 列目はアルコール度数が High であれば 1 で，そうでなければ 0 である．同様に 2 列目はアルコール度数が Low であれば 1 で，そうでなければ 0 である．3 列目と 4 列目については糖度の High と Low に対応している．

わかりやすくするために，目的変数を Y として保存しよう．

```
Y = wine_tr['Type']
```

最後に単純ベイズアルゴリズムを実行しよう．

```
nb_01 = MultinomialNB().fit(X, Y)
```

以前見たアルゴリズムと同様に，二つのステップがある．アルゴリズムのパラメーターの指定とアルゴリズムのデータへの適用である．この場合 MultinomialNB() 関数には指定すべきパラメーターはない．fit() メソッドで目的変数 X と説明変数 Y についてモデルを学習させ，nb_01 として保存する．

単純ベイズをテスト用データセットで検証するために，テスト用データセットの中の変数 X をダミー変数として変換する必要がある．以下のように学習用データセットと同じ手順に従う．

```
X_Alcohol_ind_test = np.array(wine_test['Alcohol_flag'])
(X_Alcohol_ind_test, X_Alcohol_ind_dict_test) = stattools. \
categorical(X_Alcohol_ind_test, drop=True, dictnames = \
True)
X_Alcohol_ind_test = pd.DataFrame(X_Alcohol_ind_test)
X_Sugar_ind_test = np.array(wine_test['Sugar_flag'])
(X_Sugar_ind_test, X_Sugar_ind_dict_test) = stattools. \
categorical(X_Sugar_ind_test, drop=True, dictnames=True)
X_Sugar_ind_test = pd.DataFrame(X_Sugar_ind_test)
X_test = pd.concat((X_Alcohol_ind_test, X_Sugar_ind_test), \
axis=1)
```

テスト用データセットにおける説明変数が準備できたので，目的変数を予測する．

```
Y_predicted = nb_01.predict(X_test)
```

先ほどつくった単純ベイズオブジェクト nb_01 に predict() メソッドを使うことで，テスト用データセットの各レコードに対し，Red または White のラベルの配列が生成される．

最後に，実際のワインの種類と予測したワインの種類の分割表をつくるために，corosstab() 関数をもう一度使う．

```
ypred = pd.crosstab(wine_test['Type'], Y_predicted, \
rownames=['Actual'], colnames=['Predicted'])
ypred['Total'] = ypred.sum(axis=1)
ypred.loc['Total'] = ypred.sum()
ypred
```

実際のワインの種類は wine_test['Type'] 変数内の行に，予測されたワインの種類は列に位置している．表を読みやすくするために，オプション引数の rownames

```
Predicted   Red  White  Total
Actual
Red         464    121    585
White       678   1082   1760
Total      1142   1203   2345
```

図 8・6 **Python** で得られたワインタイプの実際の値と予測値の分割表

と colnames で行と列に名前をつけている．この節の始めに分割表にしたように，行と列の和を付け加える．結果が図 8・6 である．

8・5・2 単純ベイズ（R）

wine_flag_training と wine_flag_test データセットを R に読み込み，それぞれ wine_tr と wine_test と名前をつける．

最初に，必要な確率を（もし手計算しようとするなら）手計算できるように表をつくる．一つ目の表は Type と Alcohol_flag の分割表である．

```
ta <- table(wine_tr$Type, wine_tr$Alcohol_flag)
colnames(ta) <- c("Alcohol = High", "Alcohol = Low")
rownames(ta) <- c("Type = Red", "Type = White")
addmargins(A = ta, FUN = list(Total = sum), quiet = TRUE)
```

ここでの addmargins() 関数の結果が図 8・1 の分割表に示されている．

二つ目の表は Type と Sugar_flag の分割表である．

```
ts <- table(wine_tr$Type, wine_tr$Sugar_flag)
colnames(ts) <- c("Sugar = High", "Sugar = Low")
rownames(ts) <- c("Type = Red", "Type = White")
addmargins(A = ts, FUN = list(Total = sum), quiet = TRUE)
```

ここでの addmargins() 関数の結果が図 8・2 の分割表に示されている．

図 8・3 に示した並んだ棒グラフをつくることもできる．中心となるコードは，この本の前の方で紹介した ggplot() 関数である．しかし，並んだグラフをつくるには，コードを少し変更する必要がある．

最初に，グラフを並べるための gridExtra パッケージをインストールする．

```
install.packages("gridExtra")
library(gridExtra)
```

それから，以下の ggplot() 関数を実行する．

```
library(ggplot2)
plot1 <- ggplot(wine_tr, aes(Type)) + geom_bar(aes(fill =
  Alcohol_flag), position = "fill") + ylab("Proportion")
plot2 <- ggplot(wine_tr, aes(Type)) + geom_bar(aes(fill =
  Sugar_flag), position = "fill") + ylab("Proportion")
grid.arrange(plot1, plot2, nrow = 1)
```

ggplot() 関数のコードは第4章で出てきたのでお馴染みだろう．各グラフを，Alcohol_flag に対しては plot1 と，Sugar_flag に対しては plot2 と名前をつけて保存する．各グラフを保存した後，grid.arrange() 関数を引数 plot1, plot2，さらに1行に並べるために nrow = 1 として実行する．結果が図8・3の並んだグラフである．

分割表とグラフができたので，単純ベイズアルゴリズムに移ろう．単純ベイズ分類アルゴリズムは，パッケージ e1071 に入っている．インストールして読み込む．

```
install.packages("e1071")
library(e1071)
```

単純ベイズアルゴリズムを実行する．

```
nb01 <- naiveBayes(formula = Type ~ Alcohol_flag +
                   Sugar_flag, data = wine_tr)
```

naiveBayes() 関数でモデルを構築する．引数として，チルダの左に目的変数 *Type* を，チルダの右に二つの説明変数 Alcohol_flag と Sugar_flag をプラス（+）で分けて書こう．引数はこれらの変数がどこからきたかを指定する．モデルを nb01 として保存する．

単純ベイズで使われる事前確率（prior probabilities）と条件付き確率（conditional probabilities）を確認するために，モデルの名前だけを書いて実行する．

```
nb01
```

その出力が図8・7である．

```
Naive Bayes Classifier for Discrete Predictors

Call:
naiveBayes.default(x = X, y = Y, laplace = laplace)

A-priori probabilities:
Y
  Red White
  0.5   0.5

Conditional probabilities:
       Alcohol_flag
Y         High   Low
  Red    0.436 0.564
  White 0.536 0.464

       Sugar_flag
Y         High   Low
  Red    0.232 0.768
  White 0.600 0.400
```

図8・7　**R** における単純ベイズモデルの出力

出力中の重要な二つの項目は，事前確率と条件付き確率である．事前確率は $p(Y)$ を，条件付き確率は結果の $p(Y|X)$ を表す．

テスト用データセットの各ワインに対するワインの種類を予測するために，predict() 関数を使う．

```
ypred <- predict(object = nb01, newdata = wine_test)
```

object = nb01 はわれわれが構築した単純ベイズモデルを使うことを指定し，newdata = wine_test は使うテスト用データセットを指定している．アルゴリズムはテスト用データセットの各レコードを白ワインまたは赤ワインに分類し，その結果の配列が ypred に保存される．

最後に，ワインの種類に関して実際の値と予測値の分割表をつくる．

```
t.preds <- table(wine_test$Type, ypred)
rownames(t.preds) <- c("Actual: Red", "Actual: White")
colnames(t.preds) <- c("Predicted: Red", "Predicted:
                      White")
addmargins(A = t.preds, FUN = list(Total = sum), quiet =
          TRUE)
```

addmargins() 関数の結果を図 8・4 に示した．

ベイズ統計

ベイズの定理に基づいたベイズ統計は統計学の中で重要な地位を占める枠組みであり，本章で紹介した単純ベイズは，そのうちの最も単純な手法に過ぎない．一般にベイズ統計は，仮定した統計モデル（たとえば線形回帰）に対し，パラメーター（たとえば回帰直線の傾き）の事前分布を観察されたデータによって更新することでパラメーターの事後分布を得る．従来，事後分布を求めることは多くの場合において困難であったが，近年の計算能力の向上とマルコフ連鎖モンテカルロ法（Markov chain Monte Carlo, MCMC）などのアルゴリズムの発展により，事後分布を乱数として数値的に得ることが可能になった．特に，複雑な統計モデルでもパラメーターの推定ができるなど，柔軟なモデリングを可能にするため，ベイズ統計は多くの分野で使われている．MCMC は，R や Python のデフォルトにはないが，Stan などのソフトを R や Python から動かすことで実装できるので，興味がある読者はチャレンジしてもらいたい．

参考資料

1. ggplot グラフを並べるために gridExtra パッケージを使った．より詳細は次を参照．B. Auguie, "gridExtra: Miscellaneous Functions for "grid" Graphics", R package version 2.3 (2017). https:// CRAN.R-project.org/package=gridExtra.
2. e1071 パッケージには単純ベイズ以外にもたくさんのアルゴリズムがある．詳細な解説は次を参照．D. Meyer, E. Dimitriadou, K. Hornik, A. Weingessel, F. Leisch, "e1071: Misc Functions of the Department of Statistics, Probability Theory group (Formerly: E1071)", T. Wien. R package version 1.6-8 (2017). http://CRAN.R-project. org/package=e1071.

練習問題

考え方の確認

8・1　ベイズの定理は，データのパラメーターについてのこれまでの知識をどのような情報で更新するのか説明せよ．

8・2　事前確率は何を表しているか示せ．

8・3　目的変数のカテゴリ値を観測したときデータがどのように振舞うかを表す式を示せ．

8・4　カテゴリ値の参照なしにデータがどのように振舞うかを表す式を示せ．

8・5　練習問題 8・4 の式の名称を述べよ．

8・6　事後確率は何を表しているか示せ．

8・7　もしパラメーターについての事前知識がないときは，事前確率として何を使うか述べよ．

8・8　事後確率の最大化はレコードを分類するためにどのように役立つか述べよ．

8・9　条件付き独立の仮定とは何か説明せよ．

8・10　二つの説明変数 $X^*=\{X_1=x_1, X_2=x_2\}$ がある場合，$p(X^*|Y=y^*)$ はどのように書けるか示せ．

データ分析練習

練習問題 8・11〜8・23 では，wine_flag_training と wine_flag_test データセットを分析する．問題を解くために Python または R を用いよ．

8・11　`Type` と `Alcohol_flag` の分割表と，`Type` と `Sugar_flag` の分割表を作成せよ．

8・12　作成した分割表を用い，以下を計算せよ．

(a) `Type = Red` と `Type = White` の事前確率

(b) アルコール度数が高い確率および低い確率

(c) 糖度が高い確率および低い確率

(d) 条件付き確率 p(`Alcohol_flag = High`|`Type = Red`) および p(`Alcohol_flag = Low`|`Type = Red`).

(e) 条件付き確率 p(`Alcohol_flag = High`|`Type = White`) および p(`Alcohol_flag = Low`|`Type = White`).

(f) 条件付き確率 p(Sugar_flag = High|*Type* = *Red*) および p(Sugar_flag = Low|Type = Red).

(g) 条件付き確率 p(Sugar_flag = High|Type = White) および p(Sugar_flag = Low|Type = White).

8・13 一つ前で計算した確率を使って，次について述べよ．

(a) ランダムに選んだワインが赤ワインである確率

(b) ランダムに選んだワインが高いアルコール度数である確率

(c) ランダムに選んだワインが低い糖度である確率

8・14 条件付き確率を用いて，次について述べよ．

(a) 典型的な白ワインのアルコール度数および糖度

(b) 典型的な赤ワインのアルコール度数および糖度

8・15 各 Type に対し，Alcohol_flag の割合を表す棒グラフと Sugar_flag の割合を表す棒グラフを作成せよ．また，計算した条件付き確率とグラフを比較せよ．

8・16 低いアルコール度数で，高い糖度のワインに対し，Type = Red である事後確率を計算せよ．同じ条件のワインに対し，Type = White である事後確率を計算せよ．

8・17 練習問題 8・16 での答えを使って，低いアルコール度数で高い糖度のワインは，赤ワインである確率と白ワインである確率のどちらが高いか答えよ．単純ベイズ分類器はそのワインに対し，どのような分類をするか述べよ．

8・18 高いアルコール度数で，低い糖度のワインに対し，Type = Red である事後確率を計算せよ．同じ条件のワインに対し，Type = White である事後確率を計算せよ．

8・19 練習問題 8・18 での答えを使って，高いアルコール度数で低い糖度のワインは，赤ワインである確率と白ワインである確率のどちらが高いか答えよ．単純ベイズ分類器はそのワインに対し，どのような分類をするか述べよ．

8・20 アルコール度数と糖度を基に，赤ワインか白ワインかを分類する単純ベイズ分類器を構築せよ．

8・21 構築した単純ベイズ分類器に対し wines_test データセットを用いて検証し，結果の分割表を作成せよ．表を読みやすくするために表の行名と列名を編集し，さらに行の和と列の和も含めよ．

8・22 練習問題 8・21 で得た表から，単純ベイズモデルの以下の値を求めよ．

(a) 正確度

(b) 誤分類率

8・23 分割表から，単純ベイズモデルの以下の値を求めよ．

(a) 正しく赤ワインを分類できる頻度

(b) 正しく白ワインを分類できる頻度

データ分析実践

練習問題 8・24〜8・34 では，framingham_nb_traningin および framingham_nb_test データセットを分析する．Python か R を使って各課題を解こう．

8・24　すべての変数（Death, Sex, Educ）を因子型に変換せよ.

8・25　Death と Sex の分割表と，Death と Educ の分割表を作成せよ.

8・26　分割表を使って，以下を解析せよ.

(a) ランダムに選んだ人が，生きている確率と亡くなっている確率

(b) ランダムに選んだ人が，男性である確率

(c) ランダムに選んだ人が，Educ＝3 である確率

(d) 亡くなっている人を選んだ際に，教育レベル 1 の男性である確率，および，生きている人を選んだ際に教育レベル 1 で男性である確率

(e) 生きている人を選んだ際に，教育レベル 2 の女性である確率，および，亡くなっている人を選んだ際に教育レベル 2 の女性である確率

8・27　Death に対し，Sex の割合を表す棒グラフと Educ の割合を表す棒グラフを作成せよ.

8・28　練習問題 8・27 で得たグラフを使って，以下の問に答えよ.

(a) もしある人が死んでいるとわかったら，その人は男性である可能性が高いか，それとも女性である可能性が高いか答えよ.

(b) もしある人が生きているとわかったら，その人は男性である可能性が高いか，それとも女性である可能性が高いか答えよ.

(c) もしある人が死んでいるとわかったら，その人はどの教育レベルである可能性が高いか答えよ.

(d) もしある人が生きているとわかったら，その人はどの教育レベルである可能性が高いか答えよ.

(e) 死んでいる人の間では，どの教育レベルが多いか？ 生きている人の間ではどうか答えよ.

8・29　教育レベル 1 の男性に対して，Death＝0（生きている）の事後確率を計算せよ. また，教育レベル 1 の男性に対して，Death＝1（死んでいる）の事後確率を計算せよ.

8・30　教育レベル 2 の女性に対して，Death＝0（生きている）の事後確率を計算せよ. また，教育レベル 2 の女性に対して，Death＝1（死んでいる）の事後確率を計算せよ.

8・31　性別と教育レベルに基づいて，人が死んでいるか生きているかを分類する単純ベイズ分類器を作成せよ.

8・32　作成した単純ベイズモデルを framingham_nb_test データセットで検証し，結果を分割表で示せ. 表を読みやすくするために表の行名と列名を編集し，さらに行の和と列の和も含めよ.

8・33　練習問題 8・32 で得た表から，単純ベイズモデルの以下の値を求めよ.

(a) 正確度

(b) 誤分類率

8・34　分割表から，単純ベイズモデルの以下の値を求めよ.

(a) 正しく死んでいる人を分類できる頻度

(b) 正しく生きている人を分類できる頻度

9

ニューラルネットワーク

9・1　ニューラルネットワーク入門

ニューラルネットワーク（neural network）は，人間の脳のような自然界にみられる**ニューロン**（neuron，神経細胞ともいう）のネットワークで起こる非線形な学習を，原理から模倣する試みである．図9・1に示すように，人間の脳におけるニューロンは，樹状突起を用いて他のニューロンからの入力を集め，入力された情報を組合わせ，閾値に達したときに非線形な応答（"発火"）を生む．そしてその応答が軸索を通して他のニューロンへと送られる．図9・1はまた，多くのニューラルネットワークで使われる人工的なニューロンモデルを示している．入力（x_i）は上流からのニューロン（またはデータセット）から集められ，総和（Σ）のような関数を通して組合わされ，それから応答（y）を生むために（通常，非線形な）活性化関数に入力される．そして下流の他のニューロンへと向かう．

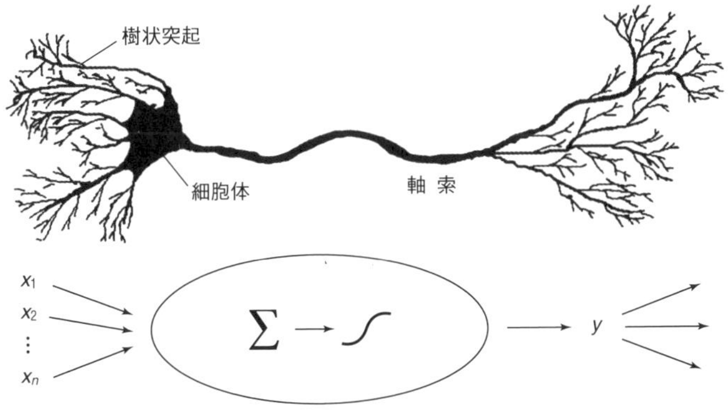

図9・1　実際のニューロンと人工的なニューロンモデル

線形と非線形について

線形とは，簡単に言えば，“説明変数と目的変数をグラフで表現した際，直線状に描画できるもの”といえる．たとえば，説明変数Aの値が1増えたときの影響が，ほかの説明変数や，該当の説明変数の属するビンによらず，常に一定である状態のことである．現実世界では，説明変数について“特定の値をとるときだけ影響がある”，“ほかの説明変数との交互作用がある”などの状態が多く，モデルにおいて**非線形**の表現力が重要になってくる．

ニューラルネットワークの主要な利点は，ノイズが多く，複雑で，非線形なデータに対してとても頑健な点である．それは非線形な活性化関数の性質によってもたらされている．一方で，ニューラルネットワークの欠点は，たとえば決定木とは逆に，中身が比較的不明瞭であるため解釈が難しいことである．

9・2 ニューラルネットワークの構造

図9・2に単純なニューラルネットワークを示す．

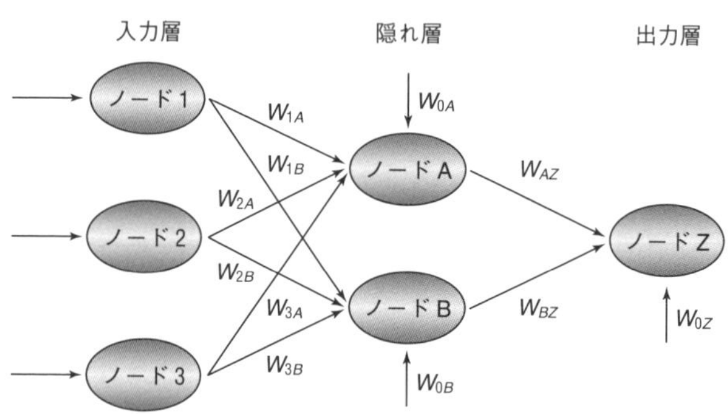

図9・2 ニューラルネットワークの簡単な例

一般的なニューラルネットワークは，人工のニューロンまたは**ノード**（node）からなる，**階層化された**（layered），**フィードフォワード**（feedforward）型の**完全結合**（completely connected）のネットワークである*.

- ネットワークのフィードフォワードという性質は一方向の流れであることをネットワークに課し，ループ構造を許さない．

* ［訳注］ある層の出力が遡って入力される再帰結合型のニューラルネットワークもある．

- 多くのネットワークは，**入力層**（input layer），**隠れ層**（hidden layer），**出力層**（output layer）の3層から構成される．
  - 多くのネットワークは一つの隠れ層をもち，二つ以上の隠れ層の場合もある．
- 多くのニューラルネットワークは，**完全結合**である．これは，各層の各ノードが隣接している層のすべてのノードと結合していることを意味している．同じ層の他のノードとは結合しないことに注意．
  - ノード間の各結合には**重み**（たとえば W_{1A}）がある．
  - これらの重みは初期状態として，0から1の間の値がランダムに割り振られる．

入力ノードの数は，データセットにおける属性の数と種類次第である．入力層は属性値のようなデータセットからの入力を受け，さらなるプロセスを施すことなく，隠れ層に値を受渡す．

隠れ層の数と，各隠れ層内のノード数は，自由に設定できる．隠れ層には何個のノードがあるべきか？隠れ層が多くのノードをもつことは，複雑なパターンを認識するための能力と柔軟性を増加させるため，隠れ層のノードの数を増やそうとする人もいるだろう．しかし，隠れ層が多くのノードをもつことは，学習用データセットを過剰に学習してしまい，過剰適合（オーバーフィッティング）につながり，結果としてテスト用データセットに対する汎化性能が低下する．もし過剰適合が起こるなら，隠れ層のノードの数を減らすとよいだろう．逆に，学習用データに対する正解率が許容できないほど悪い場合，隠れ層のノードの数を増やすこともある．

9・3　結合の重みと組合わせのための関数

隠れ層と出力層のノードは，一つ前の層から入力を受取り，結合のための関数を用いて，入力を結合させる．この結合のための関数（通常，総和Σ）はノードの入力と結合の重みの線形結合をつくり，一つのスカラー値にする．これを *net* とよぶことにする．あるノード j に対し，

$$net_j = \sum_i W_{ij} x_{ij} = W_{0j} x_{0j} + W_{1j} x_{1j} + \cdots + W_{Ij} x_{Ij}$$

であり，x_{ij} はノード j に対する i 番目の入力を表し，W_{ij} はノード j に対する i 番目の入力の重みを表す．またノード j には $I+1$ 個の入力があるとおく．$x_1, x_2, \cdots, x_I$ は上流のノードからの入力を表し，x_0 は定数の入力を表している．この x_0 は第11章で扱う回帰モデルの定数項に類似していて，慣例的に $x_{0j}=1$ とする．そうすると，各隠れ層または出力層のノード j は，$W_{0j}x_{0j}=W_{0j}$ という追加の入力をもつことになる．たとえば，ノードBに対してであれば，W_{0B} である．

表9・1は，単純なサンプルデータを用いて，隠れ層ノードと出力層ノードの重みの初期値を説明している．

表9・1 データの入力とニューラルネットワークの重みの初期値

$x_0 = 1.0$	$W_{0A} = 0.5$	$W_{0B} = 0.7$	$W_{0Z} = 0.5$
$x_1 = 0.4$	$W_{1A} = 0.6$	$W_{1B} = 0.9$	$W_{AZ} = 0.9$
$x_2 = 0.2$	$W_{2A} = 0.8$	$W_{2B} = 0.8$	$W_{BZ} = 0.9$
$x_3 = 0.7$	$W_{3A} = 0.6$	$W_{3B} = 0.4$	—

たとえば，隠れ層のノードAに対して，

$$\begin{aligned} net_A &= \sum_i W_{iA}x_{iA} = W_{0A}(1) + W_{1A}x_{1A} + W_{2A}x_{2A} + W_{3A}x_{3A} \\ &= 0.5 + 0.6(0.4) + 0.80(0.2) + 0.6(0.7) = 1.32 \end{aligned}$$

となる．

図9・3を見ると，ノードAは入力を組合わせ，1.32の ***net*** 入力に変換していることがわかる．ノードA内では，この組合わせによって得られた net_A=1.32が活性化関数の入力として用いられる．生物学的なニューロンでは，入力の組合わせがある閾値を超えて，ニューロンが発火したときに，信号がニューロン間を伝わる．これは，発火応答が入力刺激における増加に対して線形ではないため，非線形な振舞いであるといえる．

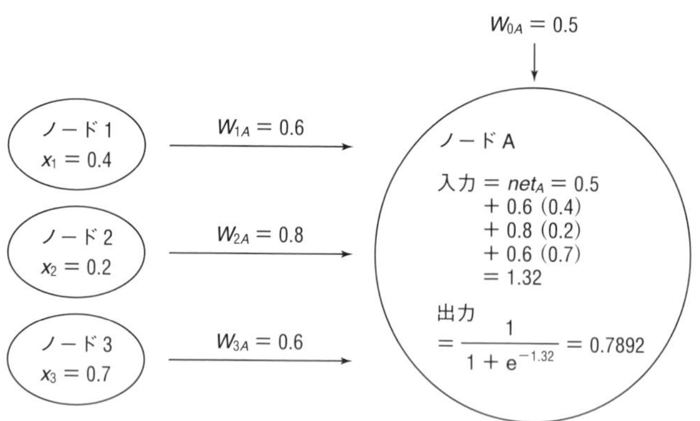

図9・3 ニューラルネットワークの詳細 ノードAに対する入力，結合関数，ノードAからの出力が示されている．

最もよく使われる活性化関数は**シグモイド関数**（sigmoid function）：

$$y = \frac{1}{1+e^{-x}}$$

で，e は自然対数の底 2.718...である．ノードの A の内部では，$net_A=1.32$ がシグモイド型の活性化関数に受渡され，

$$y = f(net_A) = \frac{1}{1+e^{-1.32}} = 0.7892$$

が出力される．

ノード A の仕事はこれで終わりで，この出力が出力ノード Z へ結合を通して受渡され，net_Z を構成する要素になる．

$net_B=1.5$ と $f(net_B)=1/(1+e^{-1.5})=0.8176$ となる計算は各自確認してみよう．そして，ノード Z は，ノード A または B との結合に関する重みを使って，重み付きの和を求めることでノード A と B からの出力を net_Z として組合わせる．ただし，ノード Z に対する入力 x_i はデータの属性値ではなく，上流ノードにおけるシグモイド関数からの出力である．

$$\begin{aligned} net_Z &= \sum_i W_{iZ}\, x_{iZ} = W_{0Z}(1) + W_{AZ}\, x_{AZ} + W_{BZ}\, x_{BZ} \\ &= 0.5+0.9(0.7892)+0.9(0.8176) = 1.9461 \end{aligned}$$

こうして，net_Z が Z ノードにおけるシグモイド型の活性化関数に入力され，結果として，

$$f(net_Z) = \frac{1}{1+e^{-1.9461}} = 0.8750$$

が得られる．

この 0.8750 という値が，最初にデータをニューラルネットワークに通したときに得られる出力であり，目的変数の予測値である．

9・4 シグモイド型の活性化関数

よく使われる活性化関数は，次のシグモイド関数である．

$$y = f(x) = \frac{1}{1+e^{-x}}$$

なぜシグモイド関数が使われるのだろうか？ その理由は，シグモイド関数は，入力値次第で，**線形に近い**振舞いと，**曲線的**振舞い，**定数的な**振舞いを示すからである*．図 9・4 は $-5<x<5$ の範囲のシグモイド関数のグラフを示している．入力 x の中心（たとえば $-1<x<1$）の大部分に対しては．$f(x)$ は線形的に振舞う．入力が中心からずれると，$f(x)$ は曲線的になり，入力が極端に大きい，あるいは小さい値にな

* ［訳注］ほかにも微分が容易で数学的に扱うことができることも理由である．最近では ReLU (rectified linear unit，ランプ関数）などが使われることもある．

ると，$f(x)$は定数的になる．

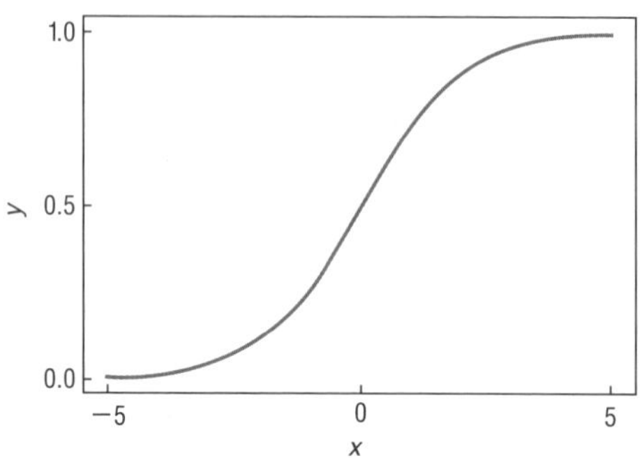

図9・4　シグモイド関数 $y=f(x)=1/(1+e^{-x})$ のグラフ

x が増加するとき，x の位置に依存して，$f(x)$ の増加量が変わる．入力が中心に近いと，x が増加したとき $f(x)$ も増加するが，x が極端に大きいまたは小さいときには，x が増加しても $f(x)$ はほとんど変わらない．

活性化関数について

ニューラルネットワークの発展形であるディープラーニングは，特に2012年のILSVRC（世界中の研究者が集まる物体認識コンペティション）で圧倒的な成果をあげた後，日進月歩で研究開発が進められている．**活性化関数**についても同様で，最近では **ReLU** や **Maxout** などがシグモイド関数に代わって使われるようになってきている．

9・5　誤差逆伝播法

ニューラルネットワークはどのように学習するのだろうか？ 学習用データセットのそれぞれのレコードに対してネットワークを通じて処理が行われ，出力の値は出力ノードから得られる．この出力された値が，学習用データセットに対する目的変数の実際の値と比較され，誤差（実際の値－出力値）が算出される．この予測誤差は線形回帰モデルにおける予測誤差に類似するものである．その出力が実際の目的変数にどのくらいよく適合しているかを測るために，多くのニューラルネットワークのモデルでは，**残差平方和**（sum of squared errors, SSE）

$$\mathrm{SSE} = \sum_{\text{レコード}} \sum_{\text{出力ノード}} (\text{実際の値} - \text{出力値})^2$$

を使うことが多い．残差平方和は，すべてのノードと学習用データセットのすべてのレコードに対して和をとる．問題は，その残差平方和を最小化するモデルの重みを求めることである．ここでは，重みは回帰モデルのパラメータのようなものである．残差平方和を最小化する重みの真の値は未知であり，やるべきことはそれらをデータから推定することである．

しかしながら，ネットワークにはシグモイド関数の非線形な性質があるために，最小二乗法のような残差平方和を最小化する解ける形の解は存在しない．それゆえ，最適化手法，特に**最急降下法**（gradient-descent method）がよく使われる．

最急降下法を含めてニューラルネットワークを学習させる最も一般的なアルゴリズムは，**誤差逆伝播法**（backpropagation）とよばれ，手順は以下である．

1. ある特定のレコードに対し，予測誤差（実際の値－出力値）を計算し，ネットワークを通して誤差を伝播させる．
2. さまざまな結合に対し，誤差の責任を分割して割り当てる．
3. 結合の重みに対し，最急降下法を用いて誤差を減らすようにする[*1]．

9・6 ニューラルネットワークの適用例

では，Framingham Heart Study データの一部を使ってニューラルネットワークの例を見ていこう[*2]．Framingham_training データセットには 7,953 人の患者における三つの変数の情報が含まれている．`Sex`（性別）は 1＝男性，2＝女性の 2 値の説明変数で，`Age`（年齢）は連続値の説明変数である．目的変数は `Death`（死亡）で，0 が生存，1 が死亡を表す．

説明変数と目的変数の間の関係に関する手がかりは，探索的データ解析，つまり，図 9・5，図 9・6 と表 9・2，表 9・3 を通して得られる．図 9・5，図 9・6 におけるヒス

表 9・2 `Sex`（性別）と `Death`（死亡）の分割表

		Sex（性別）		
		男性	女性	合計
Death（死亡）	0	2113	3422	5535
	1	1324	1094	2418
	合計	3437	4516	7953

表 9・3 列ごとにパーセンテージで表した `Sex`（性別）と `Death`（死亡）の分割表

		Sex（性別）	
		男性（%）	女性（%）
Death（死亡）	0	61.5	75.8
	1	38.5	24.2

*1 最急降下法および誤差逆伝播法の詳細に関するさらなる情報については，D. T. Larose, C. D. Larose, "Data Mining and Predictive Analytics", 2nd Ed., Chapter 12, Wiley (2015) を参照.
*2 www.framinghamheartstudy.org.

トグラムから，**Age** が増加するにつれて **Death** の割合が増えることがわかる．表 9・2，表 9・3 は女性よりも男性の方が死亡割合が高いことを示している．これらの変数間の関係はニューラルネットワークでの結果に反映されることが期待される．

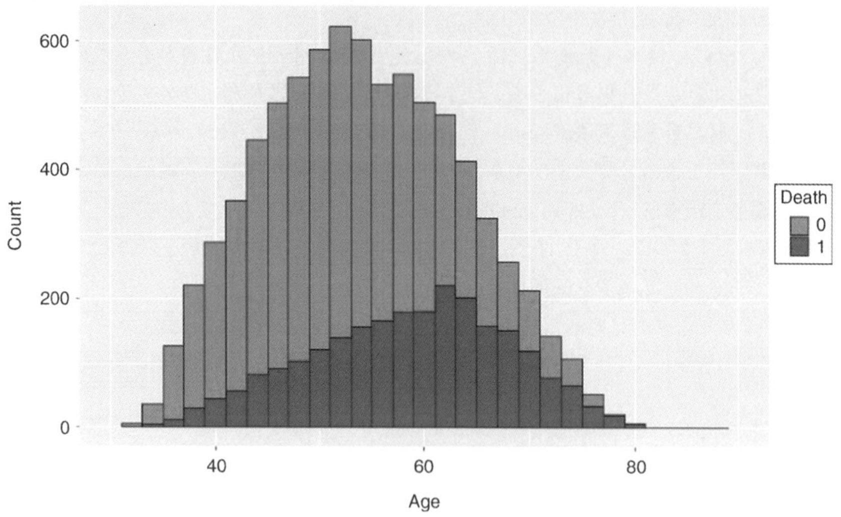

図 9・5　R によるカテゴリ変数 **Death** で分割した **Age** のヒストグラム

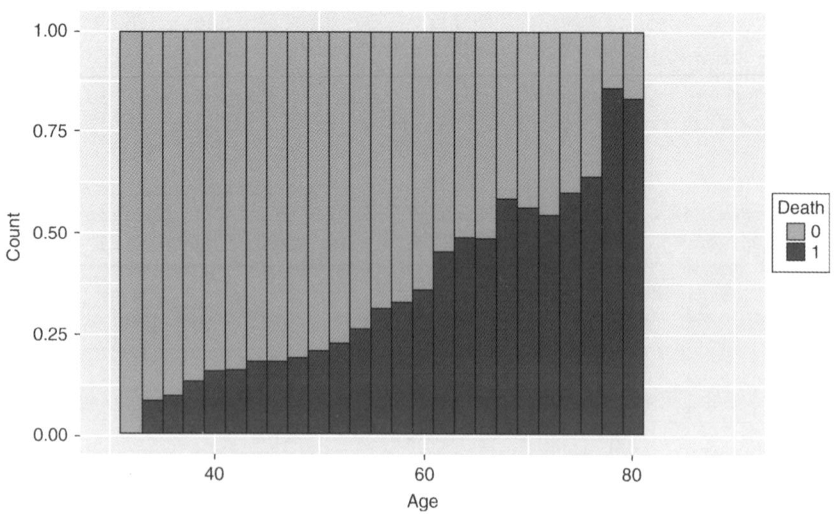

図 9・6　R によるカテゴリ変数 **Death** で分割した **Age** の正規化されたヒストグラム

簡単のために，ここではただ一つのニューロンをもつ1層の隠れ層を使ってみよう．図9・7は，Framingham_trainingデータセットとRを用いて構築した結果として得られるニューラルネットワークを表している．

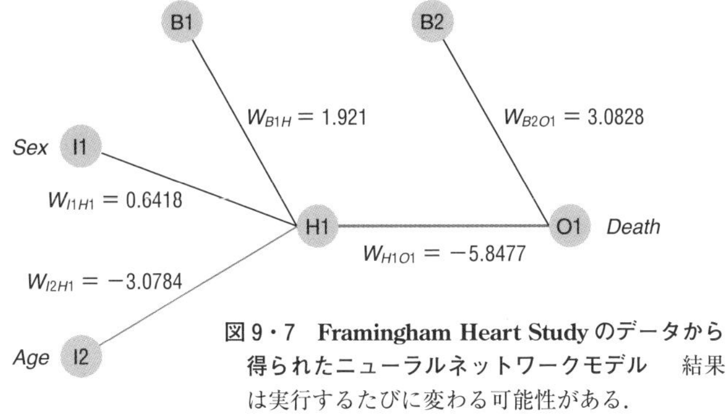

図9・7 Framingham Heart Studyのデータから得られたニューラルネットワークモデル 結果は実行するたびに変わる可能性がある．

9・7 ニューラルネットワークにおける重みの解釈

ニューラルネットワークにおける重みは，データをどのように変換するかを表している．これらの重みは，第11章で学ぶ回帰モデルにおける説明変数の係数に似ている．図9・7の重みからどのような情報が得られるかを探ってみよう．

最初に，バイアスの（定数項の）重み*B1*と*B2*は無視しよう．なぜならそれらは説明変数と目的変数の間の関係には影響しないからである．次に，探索的データ解析の結果を思い出そう．Framingham Heart Studyのデータにおいて，年齢が高いこと，また男性であることが高い死亡率と関連していることを確認した．また，`Sex`は2値の説明変数で，1＝男性，2＝女性であったので，`Sex`の値における増加は，死亡率の減少と関連しているはずである．これらの探索的データ解析の結果がニューラルネットワークの重みにどのように反映されているかをみてみよう．

隠れ層のノード*H1*と出力ノード*O1*の間の重みは，負の値，$W_{H1O1} = -5.8477$である．隠れ層のノード*H1*が大きな値になったとき，負の重みのため，死亡率を押し上げる効果をもつ．

次に，説明変数`Sex`から隠れ層への重みは，正の値，$W_{I1H} = 0.6418$であることに注目しよう．これは，`Sex`が大きい方の値（つまり女性）であることが，隠れ層のニューロン*H1*を活性化させることを意味している．上で見たように，*H1*が高い値であることは，死亡率を下げる．このように重みから，探索的データ解析で確認したのと同じ様に，女性であることが死亡率を下げることがわかる．

最後に，説明変数`Age`から隠れ層ノードへの重みが負の値，$W_{I2H} = -3.0784$であることに注目しよう．これは，Age が高くなるほど，隠れ層のノード *H1* が低い値になることを意味している．*H1* から出力ノードへ低い値が渡されることは，高い死亡率につながる．なぜなら重みが負だからである．このように重みから，年齢の増加は死亡率を高めることがわかる．

9・8 R でのニューラルネットワークの使い方

はじめに，Framingham_training データセットを fram_train として読み込み，2 値の順序変数である Death と Sex を因子型に変換する．

```
fram_train$Death <- as.factor(fram_train$Death)
fram_train$Sex <- as.factor(fram_train$Sex)
```

次に，変数 *Age* に対し，値が 0 から 1 になるように正規化を施す．

```
fram_train$Age.mm <- (fram_train$Age -
    min(fram_train$Age)) / (max(fram_train$Age) -
    min(fram_train$Age))
```

nnet と NeruralNetTools パッケージをインストールし，読み込む．

```
install.packages("nnet")
install.packages("NeuralNetTools")
library(nnet
library(NeuralNetTools)
```

ニューラルネットワークのアルゴリズムを実行しよう．

```
nnet01 <- nnet(Death ~ Sex + Age.mm, data = fram_train,
               size = 1)
```

式には，目的変数 Death をチルダの左側に，二つの説明変数 Sex と Age を右側に書く．data = fram_train はその三つの変数がどのデータに由来するかを指定する．size = 1 コマンドは隠れ層が一つのユニットをもつことを指定する．

ニューラルネットワークの出力を nnet01 として保存した．保存するのは，プロットや重みを得るためである．

ではここで，ニューラルネットワークをプロットしよう．

```
plotnet(nnet01)
```

nnet01 を引数にした plotnet() 関数の出力が図 9・7 と一致するはずである．最後に，重みを得る．

```
nnet01$wts
```

ニューラルネットワーク

ニューラルネットワークの研究は1940年代に始まり，さまざまなアルゴリズムの開発とその性能や学習特性の研究がなされてきた．近年の機械学習分野でブレイクスルーになったディープラーニングは，多くの隠れ層（つまり深い層）をもつニューラルネットワークである．その動作原理は，本章で紹介した原理と基本的に同じであるが，何層もの隠れ層をもつことが入力と出力の複雑な対応関係の学習を可能にしている．画像認識や音声認識といったさまざまな分野の課題に対して高い性能を示すことが明らかになり，応用面でも期待が高い．ディープラーニングの発展自体は，おもにコンピューターの計算能力の向上によって，深い層をもつニューラルネットワークに対してもノード間の重みを求めることが可能になったからである．ディープラーニングなどの本章で紹介していないニューラルネットワークの実装には，Rでも一部可能であるが，Pythonのライブラリが最も充実しているので，Pythonを使ってトライしてもらいたい．

練習問題

考え方の確認

9・1 ニューラルネットワークによる分類は，何を模倣しようとしているか示せ．

9・2 図9・1を用いて，人工のニューロンモデルが現実のニューロンの振舞いをどのように模倣しているか説明せよ．

9・3 モデリングにおいて，ニューラルネットワークのおもな利点を述べよ．さらに何がニューラルネットワークのどういった性質がその利点をもたらすのか説明せよ．

9・4 ニューラルネットワークのおもな欠点を述べよ．

9・5 ニューラルネットワークが完全結合であるとは，何を意味しているか説明せよ．

9・6 隠れ層に多数の，または少数のノードを使うことの利点と欠点を述べよ．

9・7 本文の例を参照し，$net_B=1.5$ と $f(net_B)=1/(1+e^{-1.5})=0.8176$ を計算せよ．

9・8 シグモイド関数は線形的，曲線的，定数的な振舞いをどのように組合わせているか説明せよ．

9・9 誤差逆伝播法のプロセスを述べよ．

9・10 ニューラルネットワークの学習は，何を最小化する重みを得ることか示せ．

データ分析練習

練習問題9・11〜9・16では，Framingham_training と Framingham_test データセットを分析する．問題を解くためにPythonまたはRを用いよ．

9・11 2値で順序変数である `Death`，`Sex`，`Educ` を因子型に変換せよ．

9・12 `Sex` と `Educ` を使って `Death` を予測するニューラルネットワークアルゴリズムを実行せよ．

9・13 ニューラルネットワークをプロットせよ．

9・14 ニューラルネットワークの重みを得よ．ネットワークのどの部分がどの重みをもっているかを特定せよ．

9・15 Franmingham_test データセットを用いて，ニューラルネットワークを評価せよ．Death の実際の値と予測値を比較する分割表を作成せよ．

9・16 ニューラルネットワークをどのベースラインモデルと比較すればよいか述べよ．また，ニューラルネットワークは正確度の点で，ベースラインモデルより優れているか述べよ．

データ分析実践

練習問題 9・17〜9・23 では，adult_ch6_training と adult_ch6_test データセットを分析する．問題を解くために Python または R を用いよ．

9・17 以下のようにニューラルネットワークモデリングのためのデータセットを用意しよう．

(a) Cap_Gains_Losses が 0 より大きいなら 1，そうでないなら 0 の二値変数をつくり，CapGainsLossesPositive とよぶことにする．

(b) Material status，Income，CapGainsLossesPositve を因子型に変換せよ．

9・18 学習用データセットを用いて，Material status および CapGainsLossesPositive から客の Income を予測するニューラルネットワークを構築せよ．その結果を NNM1（ニューラルネットワークモデル 1 の意味）とし，予測値を得よ．

9・19 NNM1 のニューラルネットワークを図示せよ．

9・20 テスト用データセットを用いて NNM1 を評価せよ．Income の実際の値と予測値を比較する分割表を作成せよ．

9・21 NNM1 をどのベースラインモデルと比較すればよいか述べよ．また，NNM1 は正確度の点で，ベースラインモデルより優れているか述べよ．

9・22 第 6 章と第 8 章の adult_ch6_training と adult_ch6_test データセットのモデリングから結果をまとめ，第 6 章の CART モデルを CARTM1 と，C5.0 モデルを C5M1 と名前をつけ，第 8 章の単純ベイズモデルを NBM1 と名前をつけよ．

9・23 (a) 正確度，(b) 感度，(c) 特異度を尺度に，NNM1 の結果を上の三つのモデルと比較せよ．各尺度に対し，どのモデルが最も良いまたは悪いかを議論せよ．

練習問題 9・24〜9・30 では，bank_marketing_training と bank_maketing_test データセットを分析する．問題を解くために Python または R を用いよ．

9・24 変数の正規化を含め，ニューラルネットワークのためのデータセットの準備をせよ．

9・25 学習用データセットを用い，適切だと思う説明変数を基に，客の Response を予測するニューラルネットワークを構築せよ．さらに予測値を得よ．

9・26 得られたニューラルネットワークを図示せよ．

9・27 テスト用データセットを用い，得られたニューラルネットワークを評価せよ．Response の実際の値と予測値を比較する分割表を作成せよ．

9・28 ニューラルネットワークをどのベースラインモデルと比較すればよいか述べよ．また，ニューラルネットワークは正確度の点で，ベースラインモデルより優れているか述べよ．

9・29 ニューラルネットワークに用いたのと同じ説明変数を使って，以下のアルゴリズムで `Response` を予測するモデルを構築せよ．

(a) CART

(b) C5.0

(c) 単純ベイズ

9・30 練習問題 9・29 の三つのモデルとニューラルネットワークの結果を (a) 正確度，(b) 感度，(c) 特異度のそれぞれの尺度で比較せよ．各尺度に対し，どのモデルが最も良いまたは悪いかを議論せよ．

10

クラスタリング

10・1 クラスタリングとは何か？

クラスタリング（clustering）とは，レコードや観測値といったデータを，似たもの同士のグループに分けることである．**クラスター**（cluster）は，互いに似ているレコードの集まりであり，他のクラスターのレコードとは似ていない．クラスタリングは，目的変数がないという点で**分類**（classification）とは異なる．クラスタリングは，目的変数の分類，推定，予測をしない．その代わり，クラスタリングアルゴリズムは，クラスター内におけるレコードの類似性の最大化とクラスター間の類似性の最小化によって，データ全体を比較的同質なサブグループやクラスターに分けようとする．

たとえば，Claritas, Inc. による Nielsen PRIZM セグメントは，米国の各地域における，郵便番号で定義される，異なった生活スタイルに関しての人口統計学的なプロファイルを表している．たとえば，郵便番号 90210 で識別されるカリフォルニア州ビバリーヒルズのクラスターは以下の五つである．

- Upper Crust
- Movers and Shakers
- Young Digerati
- Money and Brains
- Bohemian Mix

Upper Crust（上流階級）は以下のように説明される．Upper Crust は米国で最も豊かなライフスタイルで，子供が独立した 65 歳以上の夫婦にとっての安息地のようである．年に 10 万ドル以上稼ぐ人の割合と大学院の学位をもつ住民の割合が他のすべてのセグメントより高い．そして，これより裕福な生活水準をもつセグメントもない．

ビジネスや研究におけるクラスタリングの利用例として次のようなものがある．

- 大きな市場をもたない，小さい資本のビジネスに対するニッチな製品のターゲットマーケティング
- 監査目的として，金融行動の良いカテゴリーと疑わしいカテゴリーへのクラスタリング
- 遺伝子発現のクラスタリングにおける，似た発現パターンをもつ遺伝子のクラスタリング

クラスタリングは，データマイニングにおける事前準備のステップとして実行され，得られたクラスターは，下流のさまざまな解析，たとえばニューラルネットワークへの入力として使われることがある．多くの現代のデータベースは巨大なので，最初にクラスタリングを用いることは，下流の解析のアルゴリズムにおける探索空間を減らすために役に立つことがよくある．

すべてのクラスタリング手法は，グループ内の類似性が高く，他のグループ内のレコードと類似性が低くなるように，レコードをグループ化する．言い換えると，図 10・1 に示すように，クラスタリングアルゴリズムは，クラスター内変動と比べてクラスター間変動が大きくなるようにレコードのクラスターを構築することを目指す．

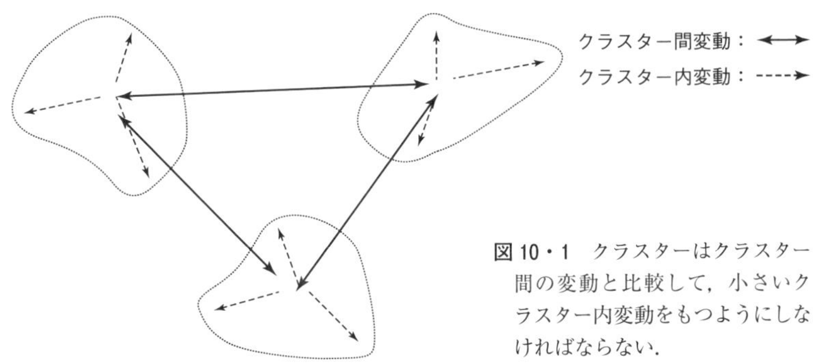

図 10・1 クラスターはクラスター間の変動と比較して，小さいクラスター内変動をもつようにしなければならない．

10・2 *k*-means クラスタリングアルゴリズム入門

クラスタリングには，階層クラスタリング，Kohonen ネットワーククラスタリング，BIRCH クラスタリングなど，さまざまな手法がある[*1]．***k*-means クラスタリングアルゴリズム**[*2] は，データ内のクラスターを見つけるための，単純で効果的なア

*1 これらのクラスタリング手法についての詳細は次を参照． D. T. Larose, C. D. Larose, "Data Mining and Predictive Analytics", 2nd Ed., John Wiley and Sons, Inc. (2015).

*2 J. B. MacQueen, 'Some methods for classification and analysis of multivariate observations'. *Proceedings of the 5th Berkeley symposium on mathematical statistics and probability*, **Vol. 1**, p. 281-297, University of California Press, Berkeley, CA (1967).

ルゴリズムである．その手順は次の通りである．

- Step 1：ユーザーに，データを何個（k 個）のクラスターに分けるべきかを尋ねる．
- Step 2：ランダムに選んだ k 個のレコードを初期のクラスターの中心とする．
- Step 3：各レコードに対し，最近傍のクラスターの中心を探す．各クラスターの中心はレコードのサブセットをもつことになり，これがデータセットの分割を表す．そして k 個のクラスター $C_1, C_2, ..., C_k$ を得る．
- Step 4：k 個のクラスターのおのおのに対し，クラスターの重心を求め，各クラスターの中心位置をアップデート（更新）する．
- Step 5：3〜4 の Step を収束するまで，または停止するまで繰返す．

Step 3 における“最近傍”の基準にはいろいろありうるが，通常，ユークリッド距離を用いる．Step 4 におけるクラスターの重心は以下のように求める．n 個のデータ点(a_1, b_1, c_1), (a_2, b_2, c_2), ..., (a_n, b_n, c_n)があることを考えて，これらの重心は，$(\Sigma a_i/n, \Sigma b_i/n, \Sigma c_i/n)$ である．たとえば，点$(1, 1, 1)$, $(1, 2, 1)$, $(1, 3, 1)$, $(2, 1, 1)$の重心は，

$$\left(\frac{1+1+1+2}{4}, \frac{1+2+3+1}{4}, \frac{1+1+1+1}{4}\right) = (1.25, 1.75, 1.00)$$

である．

アルゴリズムは，重心が変化しなくなったときに停止する．言い換えると，アルゴリズムは，すべてのクラスター $C_1, C_2, ..., C_k$ に対し，各クラスターの中心に割り当てられているレコードすべてが変化しなくなったときに終了する．k-means クラスタリングに関する詳細は Data Mining and Predictive Analytics* を参照されたい．

k-means の問題点

本章で紹介しているクラスタリングの手法である k-means は，もちろん万能ではない．問題点の一つとして，初期のクラスターの中心点はランダムに決定されるため，初期値によっては結果が大きく変化してしまい適切ではない結果が得られることがある．それに対して，初期のクラスターの中心点を離して設定することで精度を高めるように改良された k-means++が提案されている．また，他の多くのクラスタリング手法における問題点でもあるが，k-means はクラスターの数を解析する人があらかじめ指定しなければならず，クラスタリングの結果，期待したようなクラスターに分かれない場合もあるので注意が必要である．

＊ D. T. Larose, C. D. Larose, “Data Mining and Predictive Analytics”, 2nd Ed., Chapter 12, John Wiley and Sons, Inc. (2015).

10・3 *k*-means クラスタリングの適用

k-means クラスタリングアルゴリズムを white_wine_training と white_wine_test データセットに適用しよう．これらのデータセットは，UCI の Wine Quality データセットからの改変である*．データはポルトガル産白ワインの収蔵品の成分とその味の評価から構成されている．説明変数は，`Alcohol` と `Sugar` で，目的変数は `quality`，すなわちプロのテイスター（味の鑑定人）によって決められたワインの良さを表す値である．ただし，クラスターを構成するとき，クラスタリングアルゴリズムには入力として目的変数を含めないことが重要である．含めてしまうと，もし後に目的変数を予測するためにクラスターを使ってしまったときに，結果にバイアスがかかってしまう．また，説明変数のうちの一つが大きな分散をもつと，その変数がクラスタリングの結果の大部分を決めてしまうので，すべての説明変数を正規化することも重要である．

k-means アルゴリズムは分析者があらかじめクラスター数を決定しておく必要がある．簡単のために，$k=2$ 個のクラスターと指定して，*k*-means クラスタリングアルゴリズムを説明変数 `Alcohol` と `Sugar` に適用してみよう．ここでは Python を使って実施する．表 10・1 は二つのクラスターに対して，各説明変数の平均値を表している．クラスター 1 には 712 本のワインが含まれていて，平均の糖分量は 0.96 標準偏差単位分だけ，学習用データセットに含まれる全白ワインの平均から上回っている（すなわち，標準化された `Sugar_z` のクラスター 1 の平均値が 0.96 である）．しかし，クラスター 1 の平均アルコール量は，0.76 標準偏差分だけ，全体より下回っている．一方で，クラスター 2 には 1097 本のワインが含まれていて，クラスター 1 よりも糖分量が少ないが（全体よりも 0.62 標準偏差単位分下回っている），アルコール量は 0.49 標準偏差単位分，全体よりも高い．

表 10・1　white_wine_training データセットのクラスターごとの平均値

変　数	クラスター 1: 712 本 “甘口ワイン”	クラスター 2: 1097 本 “辛口ワイン”
`Suger_z`	0.96	−0.62
`Alcohol_z`	−0.76	0.49

そのため，クラスター 1 を “甘口ワイン”，つまり糖分が高くアルコール量が少ないワイン，クラスター 2 を “辛口ワイン”，つまり糖分が低くアルコール量が多いワインと

---

* https://archive.ics.uci.edu/ml/datasets/wine+quality. P. Cortez, A. Cerdeira, F. Almeida, T. Matos, J. Reis, ‘Modeling wine preferences by data mining from physicochemical properties’, *Decision Support Systems*, **47**(4), 547-553, Elsevier (2009).

みなすことが可能であろう．おそらく，最も重要なクラスターの検証方法は，その領域の専門家にとって理にかなったクラスターが得られているかを調べることである．インターネットで検索すると“発酵中に酵母が糖分をエタノール（アルコールの一種）に変えて…”*といったように実世界のさまざまなワインがどのようにつくられているかがわかる．辛口ワインは，甘口ワインよりも長い発酵プロセス（糖分を分解してアルコールを生成する）を経るという違いが背景にあるため，クラスタリングアルゴリズムが白ワインの二つの自然なクラスター，甘口ワインと辛口ワインを見つけたのは驚くべきことではない．

10・4 クラスターの検証

得られたクラスターは検証される必要がある．学習用データセットを用いて予測モデルをつくったわけではないので，再度 *k*-means アルゴリズムを，今度は white_wine_test データセットに適用し，学習用データセットで得られた結果と単純に比較すればよい．表 10・2 が得られたクラスターごとの平均値の結果である．表 10・3 に示すように，平均値間の差〔(学習用データセット)−(テスト用データセット)〕は比較的小さい．さらなる解析が必要であれば 2 標本 *t* 検定を実行するのもよいだろう．

表 10・2 white_wine_test データセットのクラスターごとの平均値

変　数	クラスター 1: 638 本 “甘口ワイン”	クラスター 2: 1122 本 “辛口ワイン”
`Suger_z`	1.07	−0.61
`Alcohol_z`	−0.80	0.46

表 10・3 クラスターの平均値の差〔(学習用データセット)−(テスト用データセット)〕

変　数	(学習用データセット)−(テスト用データセット)	
	“甘口ワイン”	“辛口ワイン”
`Suger_z`	0.96−1.07=−0.11	−0.62−(−0.61)=−0.01
`Alcohol_z`	−0.76−(−0.80)=0.04	0.49−0.46=0.03

10・5 Python による *k*-means クラスタリングの実行方法

必要なパッケージを読み込む．

* https://en.wikipedia.org/wiki/Fermentation_in_winemaking

```
import pandas as pd
from scipy import stats
from sklearn.cluster import KMeans
```

white_wine_training データセットを wine_train として読み込む．

```
wine_train = pd.read_csv("C:/.../white_wine_training.csv")
```

簡単のために，説明変数を分けて，X として保存しておく．

```
X = wine_train[['alcohol', 'sugar']]
```

そうしたら，*z* 値変換を用いてそれらを標準化し，データフレームに保存する．

```
Xz = pd.DataFrame(stats.zscore(X), columns= \
['alcohol', 'sugar'])
```

第 3 章でみたように，Scipy の `stats.zscore()` 関数は X の変数を Z 値に変換する．新しく標準化された変数を，pandas の `DataFrame()` 関数を用いてデータフレームとして保存している．オプションの引数 *columns* は，列に名前をつけている．この結果を Xz として保存した．

ここで，学習用データセットに対し，*k*-means クラスタリングを実行する．

```
kmeans01 = KMeans(n_clusters=2).fit(Xz)
```

`KMeans()` 関数には，*k*-means アルゴリズムのパラメーターを指定する必要がある．ここでは，引数 `n_cluster = 2` として二つのクラスターに分けることを指定している．`fit()` メソッドを用いて，指定した *k*-means アルゴリズムをデータに対し実行する．ここではクラスタリングしたいデータセットとして Xz を与えている．クラスタリングの結果を kmeans01 として保存した．

クラスタリングの結果を見るために，クラスターの番号（どのデータがどのクラスターに属するかの情報）を変数として保存する必要がある．

```
cluster = kmeans01.labels_
```

クラスターの番号は結果を保存した変数 kmeans01 内の `labels_` アトリビュートにある．わかりやすくするため，cluster という変数に保存した．

クラスターの番号を得たら，それを基に，レコードを二つのグループに分ける．

```
Cluster1 = Xz.loc[cluster == 0]
Cluster2 = Xz.loc[cluster == 1]
```

結果は，クラスター 1 に含まれるレコードと，クラスター 2 に含まれるレコードの二つのデータセットとなる．

最後に，describe() メソッドを用いて二つのクラスターの要約統計量を計算する．

```
Cluster1.describe()
Cluster2.describe()
```

pandas データフレームの describe() メソッドは，図 10・2 に示したような，各クラスターの変数に対してさまざまな統計量を計算する．表 10・1 の値は図 10・2 の平均値を写したものである．

```
In [106]: Cluster1.describe()
Out[106]:
         alcohol_z     sugar_z
count   712.000000  712.000000
mean     -0.755428    0.961034
std       0.580989    0.818726
min      -1.826971   -0.908740
25%      -1.158911    0.354160
50%      -0.908388    0.867883
75%      -0.407343    1.488630
max       2.014374    5.512788
```

```
In [107]: Cluster2.describe()
Out[107]:
          alcohol_z      sugar_z
count   1097.000000  1097.000000
mean       0.490305    -0.623752
std        0.905663     0.475694
min       -1.576448    -1.122791
25%       -0.156821    -0.951551
50%        0.427732    -0.844525
75%        1.179299    -0.352208
max        2.891203     1.477928
```

図 10・2　Python を用いて得られた学習用データセットにおけるクラスター 1（左）とクラスター 2（右）の詳細

クラスリングの結果を検証するために，テスト用データセットに対して k-means クラスタリングアルゴリズムを実行しよう．コードは以下で，学習用データセットの場合と同じである．テスト用データセットに対する結果を図 10・3 に示した．表 10・2 (p.152) の値はこの平均値を表示したものである．

```
In [115]: Cluster1_test.describe()
Out[115]:
          alcohol_z      sugar_z
count   1122.000000  1122.000000
mean       0.456397    -0.605782
std        0.903287     0.459740
min       -1.675754    -1.089453
25%       -0.218729    -0.945241
50%        0.368129    -0.821632
75%        1.157351    -0.285988
max        2.776268     1.423949
```

```
In [116]: Cluster2_test.describe()
Out[116]:
         alcohol_z     sugar_z
count   638.000000  638.000000
mean     -0.802630    1.065341
std       0.561207    0.779670
min      -2.080483   -1.037949
25%      -1.190079    0.396441
50%      -0.947241    1.032518
75%      -0.542512    1.583612
max       1.562080    3.298700
```

図 10・3　Python を用いて得られたテスト用データセットにおけるクラスター 1（左）とクラスター 2（右）の詳細

```
wine_test = pd.read_csv("C:/.../white_wine_test.csv")
X_test = wine_test[['alcohol', 'sugar']]
Xz_test = pd.DataFrame(stats.zscore(X_test), columns = \
['alcohol', 'sugar'])
kmeans_test = KMeans(n_clusters = 2).fit(Xz_test)
cluster_test = kmeans_test.labels_ # Cluster membership
Cluster1_test = Xz_test.loc[cluster_test == 0]
Cluster2_test = Xz_test.loc[cluster_test == 1]
Cluster1_test.describe()
Cluster2_test.describe()
```

10・6 R による *k*-means クラスタリングの実行方法

white_wine_training データセットを wine_train として読み込み，その説明変数を取出して行列をつくる．

```
X <- subset(wine_train, select = c("alcohol", "sugar"))
```

`subset()` 関数は，データセット `wine_train` から `alcohol` と `sugar` という名前のついた二つの変数を選択し取出している．ここでは，それを `X` という名前の変数に保存した．

両方の説明変数を標準化し，データフレームとして保存する．`kmeans()` 関数を実行するためにはデータフレーム形式であることが必須である．

```
Xs <- as.data.frame(scale(X))
colnames(Xs) <- c("alcohol_z", "sugar_z")
```

`scale()` 関数は `X` に含まれる変数をそれぞれ Z 値に変換し，`as.data.frame()` 関数でその結果をデータフレームとして保存する．ここでは，`Xs` という名前で保存した．そして最後に，標準化したことを強調するために `colnames()` 関数を用いて列名を変更した．

`kmeans()` 関数は R の最初のインストール時に含まれている．しかし，もし “Could not find function ‘kmeans’” とエラーメッセージが出たら，`install.packages("stats")` でインストールし，`library(stats)` で読み込む．

k-means クラスタリングアルゴリズムを実行する．

```
kmeans01 <- kmeans(Xs, centers = 2)
```

必要な入力は，データフレーム `Xs` と，アルゴリズムが探すクラスターの数 `centers`

= 2 である．ここではクラスタリングの結果を kmeans01 として保存した．

次に各レコードのクラスターの番号を別個の変数として保存する．

```
cluster <- as.factor(kmeans01$cluster)
```

kmeans01$cluster というコードで，各レコードのクラスターの番号を取出すことができる．この例では，二つのクラスターがあるので，kmeans01$cluster は 1 または 2 である．as.factor() 関数はその数字を因子型に変換する．

ここで各クラスターの記述統計量をみてみよう．最初に，レコードをどちらのクラスターに属するかに基づいて二つのグループに分ける．

```
Cluster1 <- Xs[which(cluster == 1), ]
Cluster2 <- Xs[which(cluster == 2), ]
```

[ ] 内のカンマ（,）の左側で使われている which() 関数は，クラスターの番号が 1（クラスター 1）または 2（クラスター 2）であるレコードを指定する．そして，各グループに対しておのおの summary() 関数を実行する．

```
summary(Cluster1)
summary(Cluster2)
```

結果が図 10・4 である．

クラスターを検証するために，white_wine_test データセットを wine_test として入

```
> summary(Cluster1)
   alcohol_z            sugar_z
 Min.   :-1.8265   Min.   :-0.9085
 1st Qu.:-1.1586   1st Qu.: 0.3541
 Median :-0.9081   Median : 0.8676
 Mean   :-0.7552   Mean   : 0.9608
 3rd Qu.:-0.4072   3rd Qu.: 1.4882
 Max.   : 2.0138   Max.   : 5.5113
```

```
> summary(Cluster2)
   alcohol_z            sugar_z
 Min.   :-1.5760   Min.   :-1.1225
 1st Qu.:-0.1568   1st Qu.:-0.9513
 Median : 0.4276   Median :-0.8443
 Mean   : 0.4902   Mean   :-0.6236
 3rd Qu.: 1.1790   3rd Qu.:-0.3521
 Max.   : 2.8904   Max.   : 1.4775
```

図 10・4 **R** を用いて得られた学習用データセットにおけるクラスター **1**（左）とクラスター **2**（右）の詳細

```
> summary(Cluster1_test)
   alcohol_z            sugar_z
 Min.   :-1.8265   Min.   :-1.1011
 1st Qu.:-1.2421   1st Qu.:-0.7801
 Median :-0.9081   Median : 0.3327
 Mean   :-0.8267   Mean   : 0.3606
 3rd Qu.:-0.5742   3rd Qu.: 1.2100
 Max.   : 1.4294   Max.   : 5.5113
```

```
> summary(Cluster2_test)
   alcohol_z            sugar_z
 Min.   :-1.7430   Min.   :-1.1225
 1st Qu.:-0.2403   1st Qu.:-0.9245
 Median : 0.3441   Median :-0.5019
 Mean   : 0.3697   Mean   :-0.1869
 3rd Qu.: 1.0120   3rd Qu.: 0.3327
 Max.   : 1.9303   Max.   : 3.5853
```

図 10・5 **R** を用いて得られたテスト用データセットにおけるクラスター **1**（左）とクラスター **2**（右）の詳細

力し，`Alcohol` と `Sugar` 変数に分け，標準化したのちに k-means クラスタリングを実行する．コードは以下で，結果は図 10・5 である．

```
X_test <- subset(wine_test, select = c("alcohol", "sugar"))
Xs_test <- as.data.frame(scale(X_test))
colnames(Xs_test) <- c("alcohol_z", "sugar_z")
kmeans01_test <- kmeans(Xs_test, centers = 2)
cluster_test <- as.factor(kmeans01_test$cluster)
Cluster1_test <- Xs[ which(cluster_test == 1), ]
Cluster2_test <- Xs[ which(cluster_test == 2), ]
summary(Cluster1_test)
summary(Cluster2_test)
```

その他のクラスタリング手法について

本章では，k-means を紹介したが，他にもさまざまなクラスタリングの手法がある．特にクラスタリングの手法は，非階層的クラスタリングと階層的クラスタリングの二つに大別され，k-means は非階層的クラスタリングの一つである．階層的クラスタリングは，データ間の類似度が最も似ている順にクラスターを形成していき，樹形図のような枝分かれ図（デンドログラム）を描く．ある閾値を与えると，その解像度のもとに，各データがどのクラスターに属するかを出力する．どのデータ同士が似ているのかを可視化できることに加え，閾値を変えることで，細かくクラスターに分けるのか，おおまかに分けるのかを決めることができ，結果としてクラスター数をあとから指定することが可能である．また，ある基準を基に，自動的にクラスター数を算出させることもある．クラスタリングのさまざまな手法は，R や Python で容易に実行できるので試してみてほしい．

練習問題

考え方の確認

10・1 クラスタリングは何をすることなのか，クラスター間変動とクラスター内変動という概念を用いて説明せよ．

10・2 クラスタリングはレコードと変数のどちらをグループ分けするか答えよ．

10・3 なぜ，クラスタリングはモデリングのプロセスの初期段階で役に立つのか説明せよ．

10・4 k-means クラスタリングは最適なクラスター数を自動的に選択するか．

10・5 なぜ目的変数をクラスタリングアルゴリズムの入力には入れないか説明せよ．

10・6 クラスターの検証をどのようにすればよいか，説明せよ．

10・7 なぜクラスタリングの前に量的な説明変数を標準化するのか答えよ．

10・8 クラスターの検証において最も重要な方法は何か示せ．

10・9 (1, 5), (2, 4), (3, 3)の重心を求めよ．

10・10 本章で議論されていない，日常におけるクラスタリングの例をあげよ．

データ分析練習

次の演習では，white_wine_training と white_wine_test データセットを分析する．各問題を解くために Python か R を用いよ．

10・11 学習用データセットとテスト用データセットを読み込み，標準化せよ．

10・12 クラスター数=2 を用いて，学習用データセットに対し k-means クラスタリングを実行しよう．

10・13 各クラスター内の各変数の平均値を求め，"辛口ワイン" と "甘口ワイン" を特定するためにその平均値を用いよ．

10・14 テスト用データセットに対し k-means クラスタリングを実行し，"辛口ワイン" と "甘口ワイン" を特定することで，クラスタリングの結果を検証せよ．

データ分析実践

以下の演習では，cereals データセットを分析する．各問題を解くために Python か R を用いよ．

10・15 `Fat` と `Sodium` 変数を取出して新しいデータフレームに保存し，データを標準化せよ．

10・16 データに対し k-means クラスタリングをクラスター数=3 で実行せよ．

10・17 各クラスター内の各変数の要約を得よ．以下の三つを特定するためにその要約を用いよ．

(a) 低い脂肪，低い塩分のクラスター

(b) 低い脂肪，高い塩分のクラスター

(c) 高い脂肪，高い塩分のクラスター

以下の演習では，Framingham_training と Framingham_test データセットを分析する．`Sex` と `Age` の項目だけを用い，`Age` に関しては標準化せよ．

10・18 クラスター数 k=2 で Framingham_training データセットに対し，k-means クラスタリングを実行せよ．

10・19 クラスターを要約する表を作成せよ．二つのクラスターが何で構成されているか記述せよ．

10・20 クラスター数 k=2 で Framingham_test データセットに対し，k-means クラスタリングを実行せよ．

10・21 テスト用データセットからの結果を記述せよ．クラスターは検証されたか述べよ．

10・22 再び，Framingham_training データセットに対し，k-means クラスタリングを実行せよ．ただし，今度はクラスター数 $k=3$ を用いよ．

10・23 クラスターを要約する表を作成せよ．どのレコードが各クラスターに属するか記述せよ．

10・24 クラスター数 $k=3$ で Framingham_test データセットに対し，k-means クラスタリングを実行せよ．

10・25 テスト用データセットからの結果を記述せよ．クラスターは検証されたか述べよ．

10・26 Framingham_training データセットに対し，k-means クラスタリングを実行せよ．今度はクラスター数 $k=4$ を用いよ．

10・27 クラスターを要約する表を作成せよ．四つのクラスターについて説明せよ．

10・28 クラスター数 $k=4$ で Framingham_test データセットに対し，k-means クラスタリングを実行せよ．

10・29 テスト用データセットからの結果を記述せよ．クラスターは検証されたか述べよ．

10・30 $k=2, 3, 4$ のクラスタリングの結果のうち，どれが好ましいか述べよ．またそれはなぜか説明せよ．

11

回帰モデル

11・1 推定タスク

モデル構築段階について，ここまでは以下のタスクについて説明してきた．

- 分類タスク
- クラスタリングタスク

残り二つのタスクが残っている．

- 推定タスク
- アソシエーションタスク

本章では，**推定タスク**（estimation task）について説明する．その後，第 14 章で**アソシエーションタスク**（association task）について説明する．

推定タスクを実行するために最もよく使われる手法は**線形回帰**（linear regression）である．単純な線形回帰では，説明変数と連続的な目的変数の間の関係を近似する．多変量回帰モデルは k（>1）個の説明変数と一つの目的変数の間の関係を k 次元平面（超平面）を用いて近似する．

11・2 記述的回帰モデル

通常の**多変量回帰モデル**（multiple regression model, **重回帰モデル**ともいう）は以下の式で定義される**パラメトリックモデル**（parametric model）である．

$$y = \beta_0 + \beta_1 x_1 + \beta_2 x_2 + \cdots + \beta_k x_k + \varepsilon$$

x は説明変数を，y は目的変数を表し，β はデータを用いて推定される未知のパラメータである*．ε は誤差項を表す．ここで，標本データを用いてモデルのパラメー

* 推測回帰モデルの詳細については次を参照．D. T. Larose, C. D. Larose, “Data Mining and Predictive Analytics”, 2nd Ed., John Wiley and Sons, Inc. (2015).

タを推定することは古典的な統計における推定である．しかし，第1章でふれたデータサイエンスの方法論（DSM）の枠組みでは，モデルの結果を検証するために古典的な推測統計を用いるのではなく，**クロスバリデーション**（cross-validation, 交差検証）を用いる．本書では，次の式を用いて，回帰モデルの記述的アプローチを支持して，上記のパラメトリック回帰の式を回避する*．

$$\hat{y} = b_0 + b_1x_1 + b_2x_2 + \cdots + b_kx_k$$

この回帰式において，$\hat{y}$ は目的変数 y の推定値，b が切片（回帰係数の値），x が説明変数を表す．

11・3　多変量回帰モデルの応用例

多変量回帰を説明するために，clothing_sales_training と clothing_sales_test データセットを使ってみよう．クライアントは顧客の消費額に関するデータをもっており，ウェブサイト訪問当たりの売上である `Sales per Visit` を以下の三つの説明変数から推定したいとする．

- `Days`：連続変数，訪問間の平均日数
- `CC`：Yes か No の変数，顧客が店のクレジットカードを持っているか
- `Web`：Yes か No の変数，顧客がウェブアカウントをもっているか

これらを用いて，暫定的な回帰式は以下のようになる．

$$\texttt{Sales}\ \widehat{\texttt{per}}\ \texttt{Visit} = b_0 + b_1(\texttt{Days}) + b_2(\texttt{CC}) + b_3(\texttt{Web})$$

説明変数には連続変数が一つしかないので，説明変数を標準化する必要はない．学習用データセットに対する `Sales per Visit` 対三つの説明変数の回帰の結果が図11・1に示されている．どの変数をモデルに含めるかを決めるために p 値を用いる．

```
==============================================================================
                 coef    std err          t      P>|t|      [0.025      0.975]
------------------------------------------------------------------------------
const         73.3654      4.676     15.689      0.000      64.192      82.538
CC            21.8175      4.766      4.578      0.000      12.468      31.167
Days           0.1644      0.017      9.802      0.000       0.131       0.197
Web            7.2755     11.658      0.624      0.533     -15.593      30.144
==============================================================================
```

図11・1　Python による学習用データセットに対する回帰の結果

* ［訳注］データの背後にある母集団のパラメータを推定するというよりも，記述統計的にパラメータを求め，クロスバリデーションなどで検証することを重視している．機械学習的なアプローチにおいて，母集団の特徴を推定することよりもモデルの予測力を高めることが重視されるため，誤差項について詳細に検討しないことが多い．

ただし，後にテスト用データセットでこれらの結果をクロスバリデーションするので，p 値を用いた統計的推定をしているわけではない．回帰モデルに含める変数を判断するための通常用いられる p 値の閾値は分野ごとに異なるが，おおむね 0.05 である．この値よりも小さい p 値をもつ変数をモデルに含める．

図 11・1 から，p 値＝0.533 である *Web* はモデルに含めない．図 11・2 のテスト用データに対する回帰の結果でも同様に *Web* がモデルに含まれない．これで，回帰式は以下のようになり，

$$\texttt{Sales}\ \widehat{\texttt{per}}\ \texttt{Visit} = b_0 + b_1(\texttt{Days}) + b_2(\texttt{CC})$$

	coef	std err	t	P>|t|	[0.025	0.975]
const	80.2877	4.000	20.071	0.000	72.441	88.135
CC	20.8955	4.170	5.011	0.000	12.716	29.075
Days	0.1261	0.014	9.120	0.000	0.099	0.153
Web	12.4811	9.054	1.378	0.168	-5.280	30.242

図 11・2　Python によるテスト用データセットを用いた回帰の結果の検証

モデルから Web を省くことになる．このモデルでの学習用データとテスト用データに対する結果が図 11・3 と図 11・4 に示されている．学習用データセットから得た係数を用いて，最終的な回帰モデルは以下のようになる．

$$\texttt{Sales}\ \widehat{\texttt{per}}\ \texttt{Visit} = 73.6209 + 0.1637(\texttt{Days}) + 22.1357(\texttt{CC})$$

	coef	std err	t	P>|t|	[0.025	0.975]
const	73.6209	4.657	15.808	0.000	64.485	82.757
CC	22.1357	4.738	4.672	0.000	12.842	31.429
Days	0.1637	0.017	9.784	0.000	0.131	0.197

図 11・3　Python による学習用データセットに対する回帰の最終結果

	coef	std err	t	P>|t|	[0.025	0.975]
const	80.7656	3.986	20.260	0.000	72.946	88.586
CC	21.5262	4.146	5.192	0.000	13.393	29.659
Days	0.1254	0.014	9.071	0.000	0.098	0.152

図 11・4　Python によるテスト用データセットを用いた回帰の最終結果の検証

すなわち，顧客のウェブサイトの訪問1回当たりの売上の推定値は，73.6209ドル＋(0.1637倍の購入間の日数)＋(お店のクレジットカードを持っていれば22.1357ドル）となる．ここから，クレジットカードをもっているとより多くの金額を使い，前回の訪問からの期間が長ければ長いほど，お客は多くの額を使うことがわかる．

回帰係数の解釈をまとめると以下のようになる．

- **クレジットカード**: 訪問間の期間を固定したとき，クレジットカードを持っている人は持っていない人に比べて，22.1357ドルだけ増加する
- **訪問間の期間**: クレジットカードの有無を固定したとき，購入間の期間の長さにおいて，1日増えるごとに，係数である0.1637ドルが増える．これは以下のように考えるとより理解できる．クレジットカードを持った二人の客，AさんとBさんがいるとして，AさんはBさんよりも購入の間隔が30日間長ければ，Aさんの購入額は30×0.1637＝4.91ドルだけBさんよりも大きいことを表す．

11・4 Pythonを用いた重回帰

まず初めに，必要なパッケージをロードする．

```
import pandas as pd
import numpy as np
import statsmodels.api as sm
import sklearn.metrics as met
```

次に二つのデータセットclothing_sales_trainingとclothing_sales_testをsales_trainとsales_testとして読み込む．

```
sales_train = pd.read_csv("C:/.../clothing_sales_ \
training.csv")
sales_test = pd.read_csv("C:/.../clothing_sales_test.csv")
```

簡単のために，説明変数と目的変数を分け，Xを説明変数のデータフレーム，yを目的変数のデータフレームとする．

```
X = pd.DataFrame(sales_train[['CC', 'Days', 'Web']])
y = pd.DataFrame(sales_train[['Sales per Visit']])
```

回帰モデルが定数項b_0をもつようにするため，説明変数に定数の変数を加える必要がある．

```
X = sm.add_constant(X)
```

stats models.apiの`add_constant()`関数を変数Xに実行すると，値1.0で埋めら

れた1列がデータフレームに加わる.

そして，重回帰を実行する.

```
model01 = sm.OLS(y, X).fit()
```

OLSは回帰モデルをフィッティングするために使われる手法である**“最小二乗法**(ordinary least squares, OLS)”を意味している．OLS()関数の引数は，目的変数yと説明変数Xの二つである．そして回帰モデルはmodel01インスタンスに格納されているので，回帰の結果を得るために，model01に対してsummary()メソッドを実行する.

```
model01.summary()
```

図11・1はsummary()メソッドの出力を抜粋したものである.

回帰係数はcoefの列に書かれている．回帰モデルの結果を検証するために，同じコードをsales_testのデータに対して実行してみる.

コードは次のとおりである．データが異なるだけでコードは同じである.

```
X_test = pd.DataFrame(sales_test[['CC', 'Days', 'Web']])
y_test = pd.DataFrame(sales_test[['Sales per Visit']])
X_test = sm.add_constant(X_test)
model01_test = sm.OLS(y_test, X_test).fit()
model01_test.summary()
```

図11・2はmodel01_ testのsummary()メソッドの出力結果の抜粋である．この結果からmodel01の結果が検証できた.

回帰モデルから変数Webを除くために，残りの二つの説明変数だけを含んだデータフレームXを再度つくる．その後に，定数項を付け加える.

```
X = pd.DataFrame(sales_train[['CC', 'Days']])
X = sm.add_constant(X)
```

説明変数のデータフレームが準備できたら，OLS()関数とfit()メソッドを目的変数yと新しい説明変数Xに対して実行する．ただし，目的変数は変えておらず，説明変数だけを変えた．新しい回帰モデルをmodel02として格納し，結果をみるためにsummary()メソッドを実行する.

```
model02 = sm.OLS(y, X).fit()
model02.summary()
```

図11・3(p.162)はmodel02.summary()の出力の抜粋である．この変数を減ら

したモデルを検証するために，テスト用データに対しても同様のコマンドを実行する．

```
X_test = pd.DataFrame(sales_test[['CC', 'Days']])
X_test = sm.add_constant(X_test)
model02_test = sm.OLS(y_test, X_test).fit()
model02_test.summary()
```

図 11・4（p.162）は model02_test.summary() の出力結果の抜粋である．

11・5 R を用いた重回帰

二つのデータセット clothing_sales_training と clothing_sales_test を sales_train と sales_test として読み込み，両方のデータセットで，二値変数を因子（factor）型に変換する．

```
sales_train$CC <- as.factor(sales_train$CC)
sales_train$Web <- as.factor(sales_train$Web)
sales_test$CC <- as.factor(sales_test$CC)
sales_test$Web <- as.factor(sales_test$Web)
```

まず，学習用データに対してすべての説明変数を使って回帰を行う．

```
model01 <- lm(Sales.per.Visit ~ Days + Web + CC, data =
              sales_train)
```

lm() 関数の引数にはモデル式とデータの二つを与えている．モデル式は，前述したような目的変数～説明変数の形をとり，データにはデータセットを data = slaes_train として与えている．この回帰モデルの結果を model01 という名前のオブジェクトに格納する．結果の要約をみるために，model01 を引数に summary() 関数を実行する．

```
summary(model01)
```

この出力結果の抜粋が図 11・5 に示されている．

```
Coefficients:
            Estimate Std. Error t value Pr(>|t|)
(Intercept) 73.36537    4.67621  15.689  < 2e-16 ***
Days         0.16438    0.01677   9.802  < 2e-16 ***
Web1         7.27550   11.65786   0.624    0.533
CC1         21.81750    4.76607   4.578  5.1e-06 ***
---
Signif. codes:  0 '***' 0.001 '**' 0.01 '*' 0.05 '.' 0.1 ' ' 1
```

図 11・5 R による学習用データセットに対する回帰の結果

モデルを検証するために，入力データを sales_test データセットに変更してみる．

```
model01_test <- lm(Sales.per.Visit ~ Days +Web + CC, data =
                   sales_test)
```

この新しいモデルの結果をみるために summary(model01_test) を実行する．その出力結果の抜粋が図 11・6 である．

```
Coefficients:
            Estimate Std. Error t value Pr(>|t|)
(Intercept) 80.28768    4.00016  20.071  < 2e-16 ***
Days         0.12610    0.01383   9.120  < 2e-16 ***
Web1        12.48109    9.05412   1.378    0.168
CC1         20.89548    4.16987   5.011 6.11e-07 ***
---
Signif. codes:  0 '***' 0.001 '**' 0.01 '*' 0.05 '.' 0.1 ' ' 1
```

図 11・6　R によるテスト用データセットを用いた回帰の結果の検証

変数を減らすためには，lm() のモデル式の説明変数から説明変数の名前を除けばよい．

新しいモデルを実行し，その出力結果の要約をみるコマンドは以下である．

```
model02 <- lm(formula = Sales.per.Visit ~ Days + CC,
              data = sales_train)
summary(model02)
model02_test <- lm(formula = Sales.per.Visit ~ Days +
                   CC, data = sales_test)
summary(model02_test)
```

summary(model02) と summary(model02_test) の出力結果の抜粋を図 11・7 と図 11・8 にそれぞれ示す．

```
Coefficients:
            Estimate Std. Error t value Pr(>|t|)
(Intercept) 73.62090    4.65727  15.808  < 2e-16 ***
Days         0.16374    0.01674   9.784  < 2e-16 ***
CC1         22.13570    4.73772   4.672 3.26e-06 ***
---
Signif. codes:  0 '***' 0.001 '**' 0.01 '*' 0.05 '.' 0.1 ' ' 1
```

図 11・7　R による学習用データセットに対する回帰の最終結果

```
Coefficients:
            Estimate Std. Error t value Pr(>|t|)
(Intercept) 80.76564    3.98640  20.260  < 2e-16 ***
Days         0.12538    0.01382   9.071  < 2e-16 ***
CC1         21.52618    4.14603   5.192 2.39e-07 ***
---
Signif. codes:  0 '***' 0.001 '**' 0.01 '*' 0.05 '.' 0.1 ' ' 1
```

図 11・8　R によるテスト用データセットを用いた回帰の最終結果の検証

11・6 推定に対するモデルの評価

1回の訪問当たりの売上を予測するために，回帰モデルを用いることができる．たとえば，購入間が333日で，店のクレジットカードを保有していない場合（cc=0）を考えてみよう．これらの値を回帰式に代入すると，予測値は，

$$\widehat{\texttt{Sales. per. Visit}} = 73.62+0.1637\times333+22.14\times0 = 128.13\text{ドル}$$

となる．

このように，回帰モデルを使うことで，この客に対する1訪問当たりの平均売上を$\hat{y}=128.13$ドルと推定することができる．しかし，この客の1訪問当たりの実際の売上は$y=184.23$ドルだとすると，この客に対する**予測誤差**〔prediction error，**残差**（residual）ともいう〕は，

$$\text{予測誤差} = (y-\hat{y}) = 184.23-128.13 = 56.10\text{ドル}$$

となる．これは，この客の訪問間の長さとクレジットカードの有無の情報が与えられた場合，実際の値は予測よりも56.10ドル多く使っていることを意味する．

予測誤差の典型的な大きさは，**二乗平均平方根誤差**（root mean squared error, RMSE）sで計算される．

$$s = RMSE = \sqrt{\frac{SSE}{n-k-1}} = \sqrt{\frac{\sum(y-\hat{y})^2}{n-k-1}}$$

ただし，kは説明変数の個数である．

ここでは，$s=RMSE=87.54$ドルであり，nはサンプルサイズを表すのでモデルの典型的な予測誤差は87.54ドルであることを意味している（図11・9）．この値が大きいのは，ここで用いたデータが，予測に有効な多くの説明変数を除外したデータセットだからである．しかし，通常，RMSEは回帰モデルの有効性を測る重要な値である．

```
In [194]: np.sqrt(model02.scale)
Out[194]: 87.54136112817613
```

図11・9 **Python による RMSE**

RMSEでは，予測誤差を二乗しているので，外れ値はその統計量に対し過剰な影響をもつことになる．そのため，RMSEを**平均絶対誤差**（mean absolute error, MAE）

$$MAE = \frac{\sum|y-\hat{y}|}{n}$$

と比較するとよい．

MAEは実際の値と予測値の間の距離をとり，その平均を計算する．そのため2乗

することはない．あらゆるモデル評価の統計量に対し，次のようにするべきである．

1. 学習用データセットを用いて回帰モデルを作成する
2. 作成した回帰モデルに対しテスト用データを用いて MAE を計算する

そうして，テスト用データセットに対し，MAE＝53.39 ドルを得る．

モデルの評価指標

モデルを評価するときは，常に RMSE（s）と MAE を確認する．

最後に，よく知られた回帰に関する指標である R^2（決定係数）を紹介する．これは，モデルの説明変数によって説明される目的変数のばらつきの割合と解釈できる．重回帰に対しては，多くの有効ではない説明変数をもつために R^2 にペナルティを課した $R_{adj}{}^2$（自由度調整済み決定係数）を使うべきである*．今の回帰モデルでは図 11・10 にみられるように $R_{adj}{}^2$＝0.064 である．これは，1 訪問当たりの売上におけるばらつきの 6.4％を購入間の日数とクレジットカードの有無という二つの説明変数が説明することを意味している．小さな値であることは驚くべきことではない．なぜなら，客がどのくらい購入するかは他のたくさんの要素に影響されるからである．

```
                            OLS Regression Results
==============================================================================
Dep. Variable:         Sales per Visit   R-squared:                       0.065
Model:                             OLS   Adj. R-squared:                  0.064
Method:                  Least Squares   F-statistic:                     50.72
Date:                 Mon, 13 Aug 2018   Prob (F-statistic):           5.12e-22
Time:                         12:33:41   Log-Likelihood:                -8546.4
No. Observations:                 1451   AIC:                         1.710e+04
Df Residuals:                     1448   BIC:                         1.711e+04
Df Model:                            2
Covariance Type:             nonrobust
```

図 11・10 **Python による最終的に得られた回帰モデルの $R_{adj}{}^2$**

11・6・1 モデル評価の実行方法（Python）

1 回の訪問当たりの客の売上を予測する回帰モデルを使うためには，まず Python の回帰モデルに対する最初の客に対する変数を特定する必要がある．モデルの中の変数は，定数，`CC`，`Days` の順に並んでいるので，

```
cust01 = np.column_stack((1, 0, 333))
```

* ［訳注］重回帰モデルでは，目的変数と関係性のない説明変数でもたくさんモデルに投入することで，学習用データセットに適合したをつくることができてしまう．過剰適合となるため，自由度（≒説明変数の種類数）に応じて調整する必要がある．

`column_stack()` 関数の最初の引数は，モデルの中の定数項なので，ここでは1である．

上記の実行後，`predict()` メソッドを `cust01` に対して実行する．`model02` の中に保存された結果を使って，売上の予測をするので，`model02.predict()` を実行する．

```
model02.predcit(cust01)
```

テスト用データセットの中のすべての客の予測値を得るために，`predict()` メソッドの引数をテスト用データ説明変数データフレーム `X_test` に変更する．

```
ypred = model02.predict(X_test)
```

`ypred` には，テスト用データの各レコードに対しての予測の列が保存されている．これらの値から MAE を計算することができる．

RMSE は，モデルのスケールパラメータの二乗根を使って計算できる．

```
np.sqrt(model02.scale)
```

MAE を計算するために，y の実際の値と予測値の両方が必要である．実際の値は目的変数の値であるので，明確にするために下のように `ytrue` と名前を付け直してみよう．そして `yred` が上のコードから得られる．

```
ytrue = sales_test[['Sales per Visit']]
met.mean_absolute_error(y_true = ytrue, y_pred = ypred)
```

最後の出力は MEA の値 53.39 である．この結果とコードは図 11・11 に示した．

```
In [191]: met.mean_absolute_error(y_true = ytrue, y_pred = ypred)
Out[191]: 53.38639553029432
```

図 11・11　Python による MAE

R_{adj}^2 を得るためには，§11・4 で示した `summary()` の出力を調べてみよう（図 11・10，p.168）．

11・6・2　R を用いたモデル評価の実行方法

特定の客の 1 訪問当たりの売上を予測するモデルを使うために，その客の情報に関するデータフレームをつくろう．

```
cust01 <- data.frame(CC = as.factor(0), Days = 333)
```

`data.frame()` 関数は引数の内容をもつデータフレームを作成してくれる．変数の名前はモデルの説明変数の名前と一致させる必要がある．クレジットカードの有無に関する変数は因子（factor）型なので，新しい客のデータをつくるときには因子型であることを明示しておく．この新しい客のデータを cust01 として保存する．目的変数は含まれないことに注意する．

```
predict(object = model02, newdata = cust01)
```

object = model02, newdata = cust01 として predict() 関数を実行すると，出力は 1 訪問当たりの売上の予測となる．RMSE は summary() 関数の出力に表示される．図 11・12 は summary(model02) の出力の一部である．重要な統計量である s は，この出力の中で“Residual standard error”として表示され，87.54 である．また，R_{adj}^2 は“Adjusted R-squared”として表示されている．

```
Residual standard error: 87.54 on 1448 degrees of freedom
Multiple R-squared:  0.06547,	Adjusted R-squared:  0.06418
F-statistic: 50.72 on 2 and 1448 DF,  p-value: < 2.2e-16
```

図 11・12　R による RMSE と R_{adj}^2

MAE を計算するために，学習用データセットに対して作成したモデルを用いてテスト用データのすべてのレコードに対して予測値を計算する必要がある．

```
X_test <- data.frame(Days = sales_test$Days, CC =
                        sales_test$CC)
ypred <- predict(object = model02, newdata = X_test)
ytrue <- sales_test$Sales.per.Visit
```

また，MLmetrics パッケージをインストールし読み込む必要がある．

```
install.packages("MLmetrics")
library(MLmetrics)
```

読み込んだら，MAE を計算することができる．

```
MAE(y_pred = ypred, y_true = ytrue)
```

MAE() 関数の二つの引数は，y_pred と y_true である．回帰モデルから得られた値である ypred を y_pred = ypred として入力し，テスト用データセットからの目的変数である ytrue を y_true = ytrue として入力する．このコマンドを実行した結果が MEA になる．コードと出力を図 11・13 に示した．

```
> MAE(y_pred = ypred, y_true = ytrue)
[1] 53.3864
```

図 11・13　R による MAE

11・7 ステップワイズ回帰

ここまでの例では，三つの説明変数だけを考えていた．しかし，ほとんどのデータサイエンスのプロジェクトでは，数百とは言わないが，多くの説明変数があるモデルを考える．それゆえ，最もよい回帰モデルの選択を簡便に行う手法が必要である．この手法を**ステップワイズ回帰**（stepwise regression）とよぶ．ステップワイズ回帰では，最も有効な変数を，一つずつ説明変数としてモデルに入れていく．複数の変数を入れたときに，第12章で説明する多重共線性などのせいで有効ではなくなる変数は，モデルから削除されるべきである．この理由で，ステップワイズ回帰では，最も有効な変数を一つずつ入れていき，それらすべてがモデルに入れるべきかどうかをチェックする．ステップワイズアルゴリズムが有効な説明変数を見つけ出さなくなった際のモデルを最終的なモデルとする．

clothing_sales_training と clothing_sales_test データセットに対するステップワイズ回帰を実行すると，図11・3と図11・4に示されている最終的なモデルに収束する．ステップワイズ回帰は最適モデルを見つけることを保証しないことを理解しておくのも重要である．それは，探索アルゴリズムはすべての可能な回帰を実行していないからである．最適モデルを保証するためには，総当たり法を使う[*1]．ただし，説明変数の数によって計算量が莫大になることがある[*2]．

11・7・1 ステップワイズ回帰の実行方法（R）

ステップワイズ回帰を実行するために，最初にMASSパッケージをインストールし，読み込む．

```
install.packages("MASS")
library(MASS)
```

考慮しているすべての変数を含んだ，回帰モデルを実行し，名前をつけて保存する．この例では，モデルに含まれない説明変数 `Web` も含んだモデルである `model01` を使う．いったんモデルを保存したら，ステップワイズ回帰を実行する．

```
model01_step <- stepAIC(object = model01)
```

`stepAIC()` 関数はそのオブジェクトに対してステップワイズ回帰を実行する．この例では，`model01` に対してステップワイズ回帰を実行する．その結果を，`model01_`

---

*1　D. T. Larose, C. D. Larose, "Data Mining and Predictive Analytics", 2nd Ed., John Wiley and Sons, Inc.（2015）を参照．

*2　［訳注］ステップワイズ法のなかでも変数増加法とよばれる．逆に利用できるすべての説明変数から一つずつ変数を取除く方法は変数減少法とよばれ，アルゴリズムもある．後者は，Pythonでは，sklearn.feature.selection.RFE などで実装できる．

step として名前をつけて保存する．

stepAIC() 関数の出力を変数の名前をつけて保存したときでも，いくつかの出力が表示される（図 11・14）．出力には，あるモデルへの収束の過程が表示される．出力の上から下へみると，ステップワイズアルゴリズムが一つのステップを経ていることがわかる．つまり，変数 Web が除かれたわけである．

```
Start:  AIC=12982.67
Sales.per.Visit ~ Days + Web + CC

       Df Sum of Sq      RSS   AIC
- Web   1      2986 11096733 12981
<none>              11093747 12983
- CC    1    160657 11254404 13002
- Days  1    736574 11830321 13074

Step:  AIC=12981.06
Sales.per.Visit ~ Days + CC

       Df Sum of Sq      RSS   AIC
<none>              11096733 12981
- CC    1    167291 11264025 13001
- Days  1    733593 11830326 13072
```

図 11・14　R おける ステップワイズ回帰の出力

もし model01_step と打って実行すると最終的なモデルの回帰係数が得られる．summary(model01_step) を実行すると最終的なモデルの要約が表示される．これは summary(model02) で得られた結果と一致する．ステップワイズアルゴリズムで最終的に得られるモデルが model02 として保存した回帰モデルと一致したためである．

11・8　回帰のベースとなるモデル

回帰モデルを比較するための通常のベースラインとなるモデルは $y=\bar{y}$ である．説明変数のいずれかが目的変数を予測するために有効であれば，そのモデルは $y=\bar{y}$ のモデルを打ち負かす．そうであっても，回帰モデルが $y=\bar{y}$ より優れていることを，以下のように正式に確かめるべきである．

推定モデルに対するベースラインモデル比較

1. ベースラインモデルによる誤差を計算する．　$Error = y = \bar{y}$
2. ベースラインモデルに対する MAE を右のように計算する．　$MAE_{Baseline} = \frac{\sum |y - \bar{y}|}{n}$
3. $MAE_{Baseline}$ と推定したモデルの MAE を比較する．　$MAE_{Regression} = \frac{\sum |y - \hat{y}|}{n}$

4. $MAE_{Regression} < MAE_{Baseline}$ であれば，推定モデルがベースラインモデルよりも優れている．

ベースラインモデル比較を最終的に得た回帰モデルに対して以下のように行う．

1. テスト用データセットによって計算される $\bar{y}=112.57$ ドルを用いてベースラインモデルの誤差を計算する．
2. $MAE_{Baseline}=55.53$ ドルを計算する．
3. 学習用データセットによって作成したモデルに対してテスト用データを用いることで $MAE_{Regression}=53.39$ ドルを得る．
4. 53.39 ドル $=MAE_{Regression} < MAE_{Baseline}=55.53$ ドルであるから，作成した回帰モデルはベースラインモデルよりも優れていることがわかる．

参考資料

1. MASS パッケージはすでに紹介した nnet パッケージと同一の論文（下記）で紹介されている．W. N. Venables, B. D. Ripley, “Modern applied statistics with S”, 4th Ed., Springer, New York (2002).
2. R で MAE を計算するための MLmetrics パッケージについての詳細は，Y. Yan, “MLmetrics: Machine learning evaluation metrics, R package version 1.1.1” (2016). https://CRAN.R-project.org/package=MLmetrics を参照．

練習問題

考え方の確認

11・1　重回帰は二つの説明変数と一つの目的変数の間の関係をどのように近似するかを説明せよ．

11・2　古典的な統計的推定のアプローチをどのように回帰につなげるか答えよ．

11・3　説明変数として一つが連続変数でほかは 2 値のカテゴリの場合，なぜ説明変数を標準化する必要がないかを説明せよ．

11・4　p 値をモデルに含めるかどうかを決めるために使うことは，統計的推定を使っていることを意味している，という主張は正しいだろうか？ もし誤りであるなら，なぜそうでないかを説明せよ．

11・5　図 11・3 での学習用データセットの結果に対し，購入間の日数が一方より 100 日長く，クレジットカードを共に保有する二人の客を考えてみる．その二人の客の 1 訪問当たりの売上の予測の差を求めよ．

11・6　図 11・3 での学習用データセットの結果に対し，購入間の日数が同じで，クレジットカードの有無が異なる２人の客を考えてみる．その２人の客の１訪問当たりの売上の予測の差を求めよ．

11・7 学習用データセットにおける客２に対する予測誤差を計算せよ．

11・8 テスト用データセットに対し，RMSE を計算せよ．

11・9 テスト用データセットに対し，MAE を計算せよ．

11・10 ステップワイズ回帰は常に最適な説明変数の集合を見つける，という主張は正しいか誤りか答えよ．

データ分析練習

練習問題 11・11〜11・24 では，clothing_sales_training と clothing_sales_test データセットを分析する．各問題を解くために Python か R を用いよ．

11・11 購入間の日数，クレジットカードの有無，ウェブアカウントの有無の情報を用いて，１訪問当たりの売上を予測する回帰モデルをつくるために，学習用データセットを使う．どの説明変数がモデルに必要ないかを求めよ．

11・12 テスト用データセットを用いることで，一つ前の問題で作成したモデルを検証せよ．

11・13 "1 訪問当たりの売上とクレジットカードの有無の間に関係があるという証拠はない" と誰かが言ったとする．どのように答えるか．

11・14 "1 訪問当たりの売上とウェブアカウントの有無の間に関係があるという証拠はない" と誰かが言ったとする．どのように答えるか．

11・15 その回帰モデルにおいて有効だと判断された変数だけを用いて，１訪問当たりの売上を予測する回帰モデルを作成せよ．

11・16 その作成したモデルを検証せよ．

11・17 "1 訪問当たりの推定された売上は…と等しい" という文章を埋めるために回帰式を用いよ．

11・18 回帰の二乗平均平方根誤差を計算し，解釈せよ．

11・19 R_{adj}^2 を求め，解釈せよ．

11・20 回帰モデルに対して MAE を計算し，解釈せよ．また，二乗平均平方根誤差と比較せよ．

11・21 練習問題 11・11 のモデルに対してステップワイズ回帰を実行してみよ．練習問題 11・13 でのモデルに一致することを確認せよ．

11・22 $MAE_{Baseline}$ を計算せよ．

11・23 $MAE_{Regression}$ を計算せよ．

11・24 回帰モデルがベースラインモデルよりも優れていることを確認せよ．

データ分析実践

練習問題 11・25〜11・33 では，adult データセットを分析する．各問題を解くために Python か R を用いよ．

11・25　データセットを学習用データセットとテスト用データセットに，約半分ずつになるように分割せよ．

11・26　Age と Education Num を使って Hours per Week を予測する回帰モデルをつくり，モデルの要約を確認せよ．モデルに含めるべきではない説明変数はあるだろうか，答えよ．

11・27　モデルを検証せよ．

11・28　回帰式を用いて，次の文を完成させよ．“推定された Hours per Week は…である．”

11・29　Age の回帰係数を解釈せよ．

11・30　Education Num の回帰係数を解釈せよ．

11・31　RMSE を求め，解釈せよ．

11・32　R_{adj}^2 を求め，解釈せよ．

11・33　$MAE_{Baseline}$ と $MAE_{Regression}$ を求めて，回帰モデルがベースラインのモデルよりも優れているかどうかを判断せよ．

練習問題 11・34〜11・44 では，bank_reg_training と bank_reg_test データセットを分析する．各問題を解くために Python か R を用いよ．

11・34　学習用データセットを用い，Debt-to-Income Ratio と Request Amount に基づいて Credit Store を予測する回帰モデルをつくりなさい．モデルの要約を見て，両方の説明変数がモデルに含まれるかを確認せよ．

11・35　モデルを検証せよ．

11・36　回帰式を用いて，次の文を完成させよ．“推定された Credit Score は…である．”

11・37　Debt-to-Income Ratio の回帰係数を解釈せよ．

11・38　Request Amount の回帰係数を解釈せよ．

11・39　RMSE を求め，解釈せよ．

11・40　R_{adj}^2 を求め，解釈せよ．

11・41　$MAE_{Baseline}$ と $MAE_{Regression}$ を求めて，回帰モデルがベースラインのモデルよりも優れているかどうかを判断せよ．

11・42　Request Amount を用いて Interest を予測する回帰モデルを作成せよ．

11・43　結果に何か異常がある．それは何か？

11・44　Request Amount に対する Interest の散布図を作成し，変数間の関係を記述せよ．そこから，この関係性がどのように異常な結果をもたらすかを説明せよ．

練習問題 11・45〜11・52 では，Framingham_training と Framingham_test データセットを分析する．Sex は二値変数で 0（男性）か 1（女性）である．各問題を解くために Python か R を用いよ．

11・45　学習用データセットを用い，Sex と Education に基づいて Age を予測する回帰モデルをつくりなさい．モデルの要約を見て，両方の説明変数がモデルに含まれるかを確認せよ．

11・46　モデルを検証せよ.

11・47　回帰式を用いて，次の文を完成させよ.“推定された *Age* は…である.”

11・48　`Sex` の回帰係数を解釈せよ.

11・49　`Education` の回帰係数を解釈せよ.

11・50　RMSE を求め，解釈せよ.

11・51　R_{adj}^2 を求め，解釈せよ.

11・52　$MAE_{Baseline}$ と $MAE_{Regression}$ を求めて，回帰モデルがベースラインのモデルよりも優れているかどうかを判断せよ.

練習問題 11・53〜11・60 では，white_wine_training と white_wine_test データセットを分析する. 各問題を解くために Python か R を用いよ.

11・53　学習用データセットを用い，`Alcohol` と `Sugar` に基づいて `Quality` を予測する回帰モデルをつくりなさい. モデルの要約を見て，両方の説明変数がモデルに含まれるかを確認せよ.

11・54　モデルを検証せよ.

11・55　回帰式を用いて，次の文を完成させよ.“推定された `Quality` は…である.”

11・56　`Alcohol` の回帰係数を解釈せよ.

11・57　`Sugar` の回帰係数を解釈せよ.

11・58　RMSE を求め，解釈せよ.

11・59　R_{adj}^2 を求め，解釈せよ.

11・60　$MAE_{Baseline}$ と $MAE_{Regression}$ を求めて，回帰モデルがベースラインのモデルよりも優れているかどうかを判断せよ.

12

次元削減

12・1　次元削減の必要性

データサイエンスにおける高次元とは，データセットの中にたくさんの説明変数がある状態をさす．たとえば，100 個の説明変数のあるデータは 100 次元空間で表される．では，なぜデータサイエンスでは，**次元削減**（dimension reduction）が必要になるのか？

1. **多重共線性**　通常，巨大なデータソースから生成されたレコードは多くの説明変数をもつ．これらの説明変数のすべてが相関しないことはありえない．説明変数の間に相関があると回帰モデルが不安定になる場合があり，これを多重共線性（multicollinearity）があると表現する．
2. **二重カウント**　高い相関がある説明変数同士をモデルに含めることは，モデルの特定の側面を過度に強調する傾向にある．つまり二重にカウントしていることになる．たとえば，数学の知識と身長，体重から若者の年齢を推定することを考えよう．身長と体重は高い相関を示すので，そのモデルは，知能に関する特徴に比べて，身体に関する特徴を二重にカウントしていることになる．
3. **次元の呪い**　次元が上がるにつれて，説明変数の空間の体積は指数的に増加する．つまり，説明変数の数よりも速く増加する．仮に巨大なサンプルサイズであったとしても，高次元空間はスカスカになる．たとえば，正規分布に従うデータであれば，平均±1 標準偏差の間に約 68%のデータが存在するが，それは 1 次元の場合である．10 次元であれば，同様の範囲にはデータの 2%しか存在しない．
4. **オッカムの剃刀**　オッカムの剃刀とは，多くの分野でみられる科学の原理であり，必要以上に説明に不要な要素を追加してはならないという考え方である．データサイエンスにおいても，モデルを比較するときには，説明変数の数を解釈可能なサイズにするように思考節約的に考えるべきであり，多すぎる説明変数を使うことはオッカムの剃刀の指針に従っていないことになる．

5. **過剰適合** 多くの説明変数を使ったモデルは過剰適合（overfitting）を起こしやすい傾向にある．過剰適合した結果は，一般性を失っている．なぜなら，新しいデータは学習用データと同じように振舞わないからである．

6. **大局的な視点の欠如** 分析者は大局的な視点をもつべきである．変数レベルの解析だけでは，説明変数間の関係の背後にある基本原理が不明になってしまうかもしれない．そのため，いくつかの説明変数を一つのグループ（因子や成分）に自然な形でまとめることで，データのある一つの側面を捉えることができる．たとえば，`saving account balance`（普通預金口座残高），`checking account balance`（当座勘定残高），`home equity`（住宅資産），`stock portfolio`（株式ポートフォリオ），`401 k balance`（401 k 残高，［訳注］アメリカの個人年金制度のこと）といった変数は一つの成分“資産”にまとめることができるかもしれない．

簡単に述べると，次元削減は変数間の関係性を利用し，以下を行う．

1. 説明変数の数を減らす
2. 変数同士が無相関になるようにする
3. 結果の解釈のためのフレームワークを与える

12・2 多 重 共 線 性

データサイエンティストは，説明変数の間で相関がある状況，すなわち多重共線性を防がなければならない．多重共線性は，回帰係数の変動が非常に大きくなるために，不安定な解をもたらす．それによって，信頼できないような回帰係数が得られることがある．データサイエンティストは，データが多くの説明変数をもち，そのうちのいくつかが相関する状況によく出くわす．そのため．多重共線性はデータ分析における危険要素の一つである．

図 12・1 と図 12・2 を考えてみよう．図 12・1 は説明変数 x_1 と x_2 が互いに相関しない状況，つまり，変数同士が直交している，または独立であることを示している．このような場合，説明変数は堅固な土台を形成し，その上に応答曲面 y が頑健に広がり，それゆえ安定な回帰係数 b_1 と b_2 が得られる．一方，図 12・2 は，説明変数 x_1 と x_2 が相関する多重共線性の状況を示している．そのため，片方が増加すると，もう一方も増加する．この場合，説明変数は，目的変数が広がるための堅固な土台を形成しない．それゆえ，説明変数が相関する場合，応答曲面が安定せず，誤差の大きな回帰

係数 b_1, b_2 が得られてしまう．

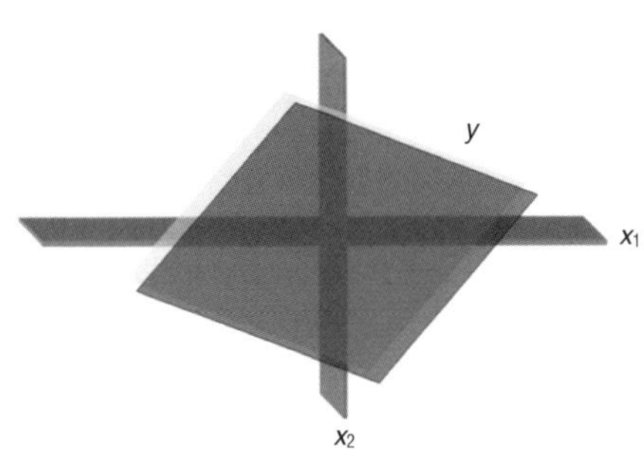

図 12・1 説明変数 x_1 と x_2 が無相関のときは，目的変数 y が堅固な土台の上に広がるので，安定した係数の推定を可能にする．

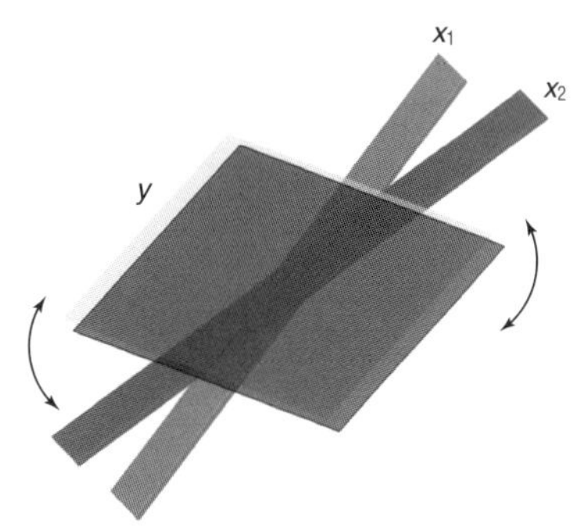

図 12・2 多重共線性 説明変数 x_1 と x_2 が相関するときは，目的変数の土台が不安定なため，係数の変動が大きくなり推定が怪しくなる．

推定値における大きな誤差は，異なったサンプルで異なった係数の推定値をもたらす．たとえば，あるサンプルでは，x_1 に対し，正の回帰係数が得られるが，別のサンプルに対しては負の回帰係数が得られることがある．この場合，説明変数と目的変数の関係の説明が個別に要求されるタスクでは許されないだろう．

この問題を理解するために簡単な例を見てみよう．表 12・1 に示した小さな母集団を考える．

表 12・1 簡単な例としての小さな母集団

母集団		
x_1	x_2	目的変数 y
1	1	2.0693
1	2	2.6392
2	2	3.7501
2	3	5.6432
3	3	5.8925
3	4	6.4308
4	4	8.3950
4	5	8.4947
5	5	11.3236
5	5	10.1562

明らかに x_1 と x_2 は相関している．相関係数は $r=0.938$ で，p 値はほぼ 0 である．

では次に，表 12・2 と表 12・3 に示すように二つのサンプルに分けてみる.

表 12・2 小さな母集団からの標本 1

標本 1		
x_1	x_2	目的変数 y
1	1	2.0693
2	2	3.7501
3	4	6.4308
4	5	8.4947
5	5	11.3236

表 12・3 小さな母集団からの標本 2

標本 2		
x_1	x_2	目的変数 y
1	2	2.6392
2	3	5.6432
3	3	5.8925
4	4	8.3950
5	5	10.1562

サンプル 1 から求めた回帰式は，

$$\hat{y} = -0.542 + 2.552x_1 \mathbf{-0.206}x_2$$

で，サンプル 2 から求めた回帰式は，

$$\hat{y} = -1.08 + 0.547x_1 \mathbf{+1.759}x_2$$

となる.

x_2 に対する回帰係数が，サンプル 1 では負で，サンプル 2 では正になっていることに注目しよう．これは，説明変数間の相関によって生じる，回帰係数における不安定な振舞いを示している．基本的に，この回帰係数の値や，符号さえも信頼することができない．それゆえ，解析の依頼者に対して回帰係数を解釈して説明することは好ましくない．その値や符号はサンプルごとに変化してしまうかもしれず，その結果，一つのサンプルから得られた回帰係数を解釈してしまうことで，クライアント（依頼者）に大きな損害をもたらすかもしれない．そのため，多重共線性に対処する手法が必要とされるのである.

cereals データセットのサブセットを使い，`Fiber`（食物繊維），`Potass`（カリウム），`Sugars`（糖分）を基に `Rating`（朝食のシリアルの栄養評価）を予測することを考えてみよう．回帰式は以下のようになる.

$$\widehat{\texttt{Rating}} = b_0 + b_1 \times \texttt{Fiber} + b_2 \times \texttt{Potass} + b_3 \times \texttt{Sugars}$$

多重共線性の可能性を把握するために，説明変数間の相関構造を調べる必要がある．図 12・3 は説明変数の行列プロットである．明らかに，`Potass` と `Fiber` の間には正の相関がある．実際，相関係数は r=0.912 である．この強い相関は回帰係数の分散を拡大し，回帰モデルを不安定にする.

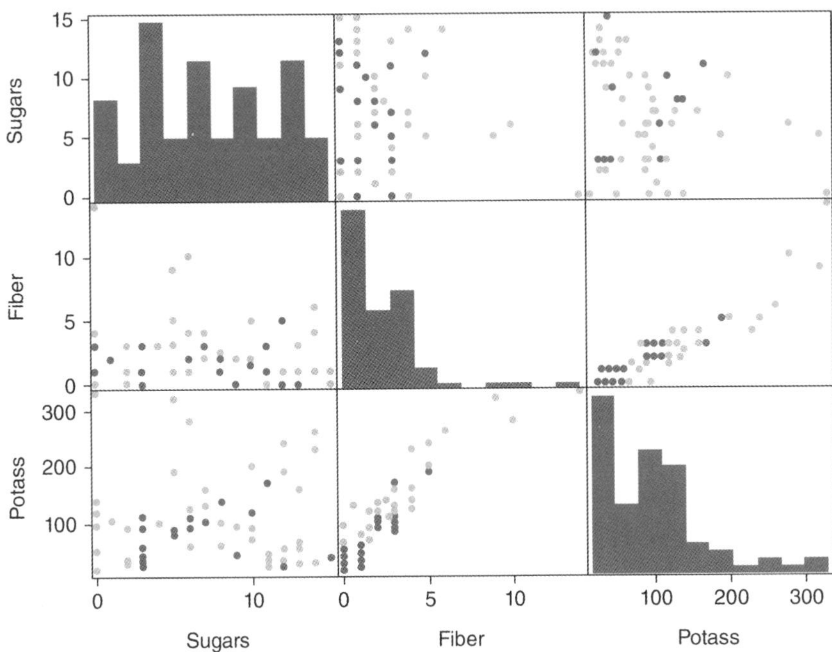

図 12・3　**Python** による説明変数の行列プロット　`Fiber` と `Potass` が相関することがわかる.

> **ダミー変数と多重共線性**
>
> ダミー変数とは，カテゴリ変数について，ユニークなカテゴリ値の分だけ 0/1 の二値変数に変換したもので，この本でも何度か扱ってきている．たとえば“白か黒か”といったカテゴリ値をダミー変数化した場合，それぞれ作成した“白か”，“黒か”の 2 列は完全に相関し，多重共線性が生まれてしまう．そのため，線形回帰のような多重共線性の影響が強く表れるモデルを使う場合には，ユニークなカテゴリ値分の変数列をつくるのではなく，1 個だけ減らしてダミー変数化するのが望ましい．

12・3　分散拡大係数を用いた多重共線性の確認

仮に，説明変数間の相関の有無をチェックせずに回帰を実行したとしよう．回帰の結果から多重共線性の有無を教えてくれる方法はあるのだろうか？ 答えは Yes である．**分散拡大係数**（variance inflation factor, VIF）を使うのである．

i 番目の説明変数に対する VIF は,

$$VIF_i = \frac{1}{1 - R_i^2}$$

で与えられる. R_i^2 は x_i をそれ以外の説明変数で回帰することで得られた R^2 値を表す. R_i^2 は, x_i が他の説明変数と強く相関するときに大きな値をとり, それゆえ VIF_i は大きくなる. VIF の値の解釈のためのおおざっぱな経験則は, $VIF_i \geq 5$ で中間的な多重共線性, $VIF_i \geq 10$ で強い多重共線性を表す. $VIF_i = 5$ は $R_i^2 = 0.80$, 一方, $VIF_i = 10$ は $R_i^2 = 0.90$ に相当する.

`Fiber`, `Potass`, `Sugars` での `Rating` の回帰に対して, 図 12・4 にその結果が示されている. `Fiber` に対する VIF は 6.85, `Potass` に対する VIF は 6.69 で, 両方とも中程度〜強い多重共線性があることを示している.

```
> vif(model03)
   Fiber   Potass   Sugars
6.850050 6.693982 1.158761
```

図 12・4　R による回帰の VIF の値　多重共線性があることを示している.

12・3・1　多重共線性の確認方法 (Python)

はじめに, 必要なパッケージを呼び出し, データセット cereals を名前 `cereals` として読み込む.

```
import pandas as pd
import statsmodels.api as sm
import statsmodels.stats.outliers_influence as inf
cereals = pd.read_csv("C:/.../cereals.csv")
```

データセットが Python に読み込まれたら, 三つの説明変数を取出し, データフレームに入れ, 名前を `X` とする.

```
X = pd.DataFrame(cereals[['Sugars', 'Fiber', 'Potass']])
```

ここで, 説明変数は一つのデータフレームに入っているので, 散布図行列*をつくるために `X` を引数として `scatter_matrix()` 関数を使う.

```
pd.plotting.scatter_matrix(X)
```

pandas の `scatter_matrix()` 関数の結果が図 12・3 である. そのスクリプトによって, 散布図とヒストグラムがつくられる.

---

* ［訳注］複数の変数がある場合に, すべての 2 変数のペアに対して散布図を作成し, 行列の形式として並べた図のこと.

VIF を得るために，最初に少しデータを整理する必要がある．X データフレームの dropna() メソッドを使って，欠損値のあるレコードを削除する．

```
X = X.dropna()
```

それから，X データフレームに定数項を付け加える．

```
X = sm.add_constant(X)
```

最後に，statsmodels.stats.outliers_influence の variance_inflation_factor() 関数を実行し，X データフレームの四つすべての列に対し，VIF 値を得る．

```
[inf.variance_inflation_factor(X.values, i) for i in \
range(X.shape[1])]
```

出力は先程付け加えた定数項に対しての VIF も含んでいて，無視してよい．興味のある VIF 値は三つの説明変数に対してであり，variance_inflation_factor() 関数による出力の 2，3，4 列目に表示されている．

12・3・2　多重共線性の確認方法（R）

R で散布図行列をつくるためには，最初にデータセットの中で説明変数のある列を確認する必要がある．まずデータセット cereals を名前 cereals として読み込む．

```
names(cereals)
```

Sugars, Potass, Fiber 変数がそれぞれ列 10，8，11 にあるのが確認できる．これらは，図 12・5 での散布図行列に使う列である．

```
pairs(x = cereals[, c(10, 8, 11)], pch = 16)
```

散布図行列を作成するための関数は pairs() である．必要な引数は，散布図行列に含める列を与える x である．ここでは cereals[, c(10, 8, 11)] として列を指定する．オプションを pch = 16 として，散布図のプロットを白丸から黒丸に変えた．

VIF を計算するために，最初に car パッケージをインストールして読み込む*．

```
install.packages("car")
library(car)
```

car パッケージを読み込んだら，多重共線性を調べたい係数の回帰モデルをつくり，モデルの出力を保存する．

＊［訳注］R のバージョンが 3.6 以上である必要がある．

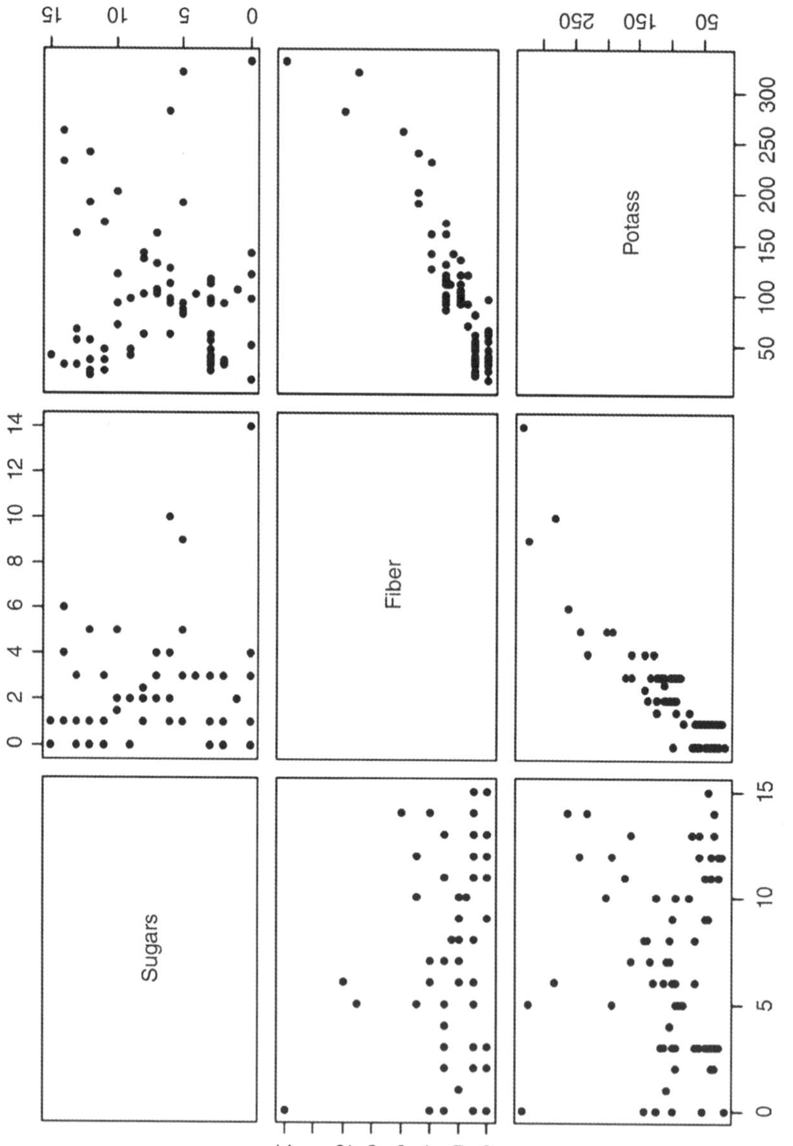

図 12・5　R による説明変数の散布図行列

```
model03 <- lm(formula = Rating ~ Fiber + Potass + Sugars,
                  data = cereals)
```

最後に，vif() 関数をモデルに対して実行する．

```
vif(model03)
```

vif() 関数に必要な引数は保存したモデルの変数名である．図 12・4 に示すように，その出力結果は各説明変数に対しての VIF を表している．

12・4 主成分分析

説明変数間に多重共線性が確認された場合，次は何をすればよいのだろうか？

一つは**主成分分析**（principal component analysis, PCA）を用いることである．主成分分析は，説明変数の線形結合で構成された**成分**（component）とよばれる無相関な少数の変数を使って，元の説明変数の相関構造を説明しようとする．元の m 個の説明変数によって得られるトータルの分散は，$k(<m)$ 個の成分によって大方説明されることがある．これは，もともとの m 変数に含まれてるのと同じくらい，k 個の成分に情報が含まれることを意味する．さらに，k 個の成分は，相関し合う元の説明変数とは異なり，互いに無相関になるように設定される．必要であれば，分析者は，元の m 変数を k $(<m)$ 個の成分に置き換えることができ，解析するデータは m 個の説明変数上の n 個のレコードではなく，k 個の成分上の n 個のレコードになる．これが次元削減である．

解析では，PCA を説明変数にだけ実行し，目的変数に対しては実行しない点に注意が必要である．また，説明変数は PCA の前に標準化，また正規化されるべきである．数学的には，主成分は説明変数の線形結合によって構成され，次の性質をもつ．

- 第一主成分は，通常最も重要である．他の成分に比べて，説明変数のもつ分散を最も説明する．
- 第二主成分は，2 番目によく分散を説明し，第一主成分と無相関である．
- 第三主成分は，3 番目によく分散を説明し，第一，第二主成分と無相関である．以下同様．

ある成分が元の説明変数の分散を説明する割合を寄与率とよび，第一主成分の寄与率が最も高く，第二主成分がそれに続く．元の説明変数の数と同じだけの数の主成分を計算すると，その寄与率の合計は 100% になる．

12・5 主成分分析の応用

PCA の応用例を示すために，clothing_store_PCA_training と clothing_store_PCA_test

データセットを使ってみよう．この例では，説明変数 Purchase.Visits，Days.on.File，Days.between.Purchases，Different.Items.Purchased，Days.since.Purchase を用いて目的変数 Sales.per.Visit（訪問当たり購入額）を推定したい．しかし，図12・6が示すように，説明変数間には強い相関がある．さらに，図12・7は説明変数と Sales.per.Visit の回帰を示していて，いくつかの中程度に大きい VIF 値が確認できる．

```
                        Days.since.Purchase.Z Purchase.Visits.Z Days.on.File.Z
Days.since.Purchase.Z                   1.000            -0.440         -0.159
Purchase.Visits.Z                      -0.440             1.000          0.364
Days.on.File.Z                         -0.159             0.364          1.000
Days.between.Purchases.Z                0.573            -0.453          0.203
Diff.Items.Purchased.Z                 -0.379             0.821          0.303
                        Days.between.Purchases.Z Diff.Items.Purchased.Z
Days.since.Purchase.Z                      0.573                 -0.379
Purchase.Visits.Z                         -0.453                  0.821
Days.on.File.Z                             0.203                  0.303
Days.between.Purchases.Z                   1.000                 -0.371
Diff.Items.Purchased.Z                    -0.371                  1.000
```

図12・6　Rによる相関行列　説明変数間に相関があること示している．

```
   Days.since.Purchase.Z        Purchase.Visits.Z           Days.on.File.Z
                1.701947                 3.793173                 1.536395
Days.between.Purchases.Z   Diff.Items.Purchased.Z
                2.145807                 3.076706
```

図12・7　Rによる回帰のVIFの結果　ほどほどに大きなVIFをもつ傾向がある．

それゆえ，これらの説明変数に対し，学習用データセットにバリマックス回転*を使うことでPCAを実行する．

PCAの解を回転させることは，成分の解釈可能性を上げてくれる．図12・8に回転し

```
Loadings:
                         RC1   RC2   RC3   RC4   RC5
Days.since.Purchase.Z                0.935
Purchase.Visits.Z        0.725                   0.573
Days.on.File.Z                 0.971
Days.between.Purchases.Z                   0.910
Diff.Items.Purchased.Z   0.965

                 RC1   RC2   RC3   RC4   RC5
SS loadings    1.566 1.045 1.035 1.006 0.348
Proportion Var 0.313 0.209 0.207 0.201 0.070
Cumulative Var 0.313 0.522 0.729 0.930 1.000
```

図12・8　RによるPCAの結果の抜粋

* ［訳注］複数次元のデータについて，変数軸の交点を中心に"回転"させて，一つの変数のみ値をもち，他の変数は0となるように変数の構造を単純化させる手法．主成分分析の最終処理として実行される．

た成分を調べることで，第一主成分だけを取出すなら説明変数の分散の31.3%を説明することがわかる（寄与率31.3%）．もし二つの成分を取出すと，約52.2%（第一と第二主成分の累積寄与率が52.5%）を説明することになる（図12・8の`Cumulative Var`を見よ）．以下同様である．すると，疑問が生じる．何個の成分を取出すべきなのだろうか？

12・6　何個の成分まで取出すか

PCAを用いる動機の一つが次元を減らすことであったことを思い出そう．すると疑問が生じる，何個の成分を取出すかをどのように決めたらよいのか？たとえば，最初の二つの主成分だけを使えば全体の半分以上の分散（52%の`Cumulative Var`）を説明するという理由から，その二つだけを使うべきなのか？明らかに，五つすべての成分を使うことは次元削減をもたらさない．答えは通常，これらの二つの極端なケースの中間にある．

12・6・1　固有値を基にした基準

図12・8には固有値が`SS loadings`という名前で表示されている．1.0の固有値は，その成分がトータルの分散のうち元の説明変数一つ分を説明することを意味する．固有値をもとにした基準は，各成分が少なくとも一つの説明変数がもつ以上の分散を説明することである．それゆえ，固有値基準では，固有値が1を超える成分だけを用いる．ただし，20個未満の説明変数である場合には，固有値基準は非常に少ない成分を取出す傾向にある．一方，50個以上の説明変数がある場合には，この基準は，

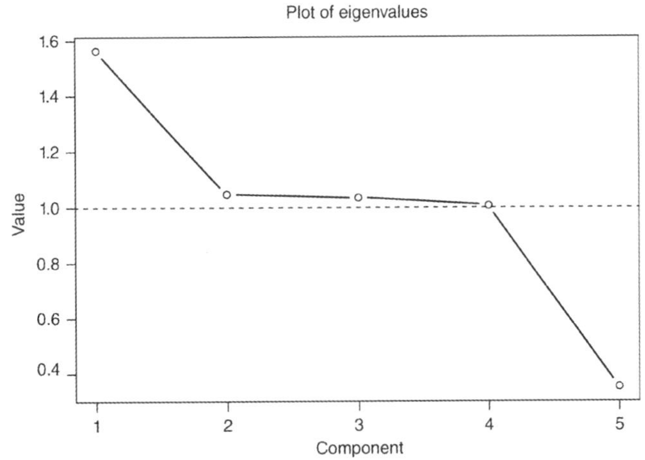

図12・9　Rによる固有値のプロット　点線は固有値＝1を表している．

非常に多くの成分を取出す可能性がある.

図 12・9 から，四つの回転済み成分が 1 より大きな固有値をもつことがわかる．成分 5 は 1 を下回る固有値なので，含めない．それゆえ，固有値基準に基づくと，$k=4$ 個の主成分を取出すことになる.

12・6・2 寄与率を基にした基準

寄与率を基にした基準に対して，分析の依頼者や分析者は最初，トータルの分散の何割を説明した主成分が必要かを定める必要がある．それから，分析者は，要求された分散の割合に達するまで，一つずつ成分を選んでいく．たとえば，説明変数の分散の約 70%を説明する成分が欲しいとしよう．図 12・8 から，トータルで分散の 72.9%を説明する成分 1～3 を選べばよいことがわかる．一方で，分散の 90%を説明する成分が欲しいなら，成分 4 も含める必要がある．これで最初の三つの成分と合わせて 93%の分散が説明される．分析の依頼者からさらなる要望がなければ，寄与率の基準では，$k=3$ または $k=4$ の成分で分析するのが望ましい，と伝えるだろう.

固有値基準では，$k=4$ の成分が推奨され，寄与率の基準では $k=3$ または $k=4$ の成分がよいとされた．それゆえ，ここでは総意によって，$k=4$ の成分を取出すことにする.

12・7 $k=4$ で PCA を実行する

図 12・10 は三つの成分を取出すための，(i) 回転前，(ii) 回転後の成分行列が示されている．図 12・10(b)の回転後の行列をまず調べよう．解釈をしやすくするために，成分の重みが−0.5～0.5 のものは非表示になっていることに注意．第一主成分（回

```
Loadings:
                         PC1    PC2    PC3    PC4
Days.since.Purchase     -0.718         0.569
Purchase.Visits          0.898
Days.on.File                    0.825
Days.between.Purchases  -0.662  0.647
Diff.Items.Purchased     0.849

Loadings:
                        RC1    RC2    RC3    RC4
Days.since.Purchase                   0.933
Purchase.Visits         0.862
Days.on.File                   0.965
Days.between.Purchases                       0.898
Diff.Items.Purchased    0.948
```

図 12・10　R による，回転なしで得られた成分の重み（上）とバリマックス回転ありで得られた成分の重み（下）

転後の成分1を示すRC1）は`Different.Items.Purchased`と`Purchase.Visits`の組合わせである．これらの成分の重みが同じ符号であるため，この二つの間には正の相関がある．成分は，正または負の相関を示す説明変数の組合わせが含まれている．仮に成分の重みの一つが負であれば，`Different.Items.Purchased`と`Purchase.Visit`は負の相関を示すことを意味する．残りの主成分は一つの説明変数だけを含んでいる．

次に，成分行列を回転しなかった場合を考えよう．回転していない成分行列が図12・10(a)に示されている．主成分の解釈が明確でないことに注意する．成分1が非常に大きく，正と負の相関をもつ五つの説明変数のうち四つが含まれている．回転成分行列の解釈の方がより明確である．

12・8 主成分の検証

他のデータサイエンスの手法と同様に，PCAの結果はテスト用データセットを使って検証される必要がある．図12・11はテスト用データセットに対してPCAを実行した結果であり，五つの成分の寄与率を示している．これは，図12・8に示した，学習用データセットから得られた結果とあまり変わらない．同様に，図12・12に示したテスト用データセットに対する四つの回転成分は図12・10(b)の学習用データセットの結果と似ている．

```
                 RC1   RC2   RC3   RC4   RC5
SS loadings    1.805 1.035 1.033 0.993 0.134
Proportion Var 0.361 0.207 0.207 0.199 0.027
Cumulative Var 0.361 0.568 0.775 0.973 1.000
```

図12・11 Rによるテスト用データセットから得られた各成分の寄与率

```
Loadings:
                        RC1    RC2    RC3    RC4
Days.since.Purchase                   0.932
Purchase.Visits         0.891
Days.on.File                   0.965
Days.between.Purchases                       0.901
Diff.Items.Purchased    0.944
```

図12・12 Rによるテスト用データセットから得られた各成分の重み

さて，PCAは多重共線性の問題を軽減しているのだろうか？ 次を調べることで確認ができる．

1. 四つの成分の相関
2. 主成分での説明変数のVIF

主成分に対する相関行列*を図 12・13 に示した．すべての相関が 0 であり，成分同士が無相関であることを意味している．最後に，元の説明変数の代わりになる四つの取出された主成分での Sales per Visit の回帰に対する VIF を得る．その結果が図 12・14 で，すべての VIF が 1 で最小の値を取っていることがわかる．

```
> round(cor(pca02_rot$scores),2)
    RC1 RC2 RC3 RC4
RC1   1   0   0   0
RC2   0   1   0   0
RC3   0   0   1   0
RC4   0   0   0   1
```

図 12・13 R で得られた主成分同士の相関係数 無相関であることがわかる．

```
> vif(model.pca)
PC1 PC2 PC3 PC4
  1   1   1   1
```

図 12・14 R による主成分を用いた回帰の VIF 多重共線性が消えていることがわかる．

12・9 Python を用いた主成分分析の実行法

まず，必要なパッケージを呼び出す．

```
import pandas as pd
import numpy as np
from sklearn.preprocessing import StandardScaler
from sklearn.decomposition import PCA
```

それから二つのデータセット clothing_store_PCA_training と clothing_store_PCA_test を clothes_train と clothes_test として読み込む．

```
clothes_train = \
pd.read_csv("C:/.../clothing_store_PCA_training.csv")
clothes_test = pd.read_csv("C:/.../clothing_store_PCA_ \
test.csv")
```

drop() メソッドを使って，目的変数 Sales per Visit を捨てて，説明変数だけを残す．このアプローチは，データ内の変数が興味のある目的変数と説明変数だけである場合に有効である．そして，変数を X として保存する．

```
X = clothes_train.drop('Sales per Visit', 1)
```

* ［訳注］説明変数の各ペアに対して計算した相関係数を要素とする行列．

corr() メソッドを用いて X に含まれる変数の相関行列を得る．

```
X.corr()
```

```
                         Days.since.Purchase  Purchase.Visits  Days.on.File
Days.since.Purchase                 1.000000        -0.439821     -0.158718
Purchase.Visits                    -0.439821         1.000000      0.363729
Days.on.File                       -0.158718         0.363729      1.000000
Days.between.Purchases              0.573090        -0.453024      0.202890
Diff.Items.Purchased               -0.378658         0.821257      0.302624

                         Days.between.Purchases  Diff.Items.Purchased
Days.since.Purchase                    0.573090             -0.378658
Purchase Visits                       -0.453024              0.821257
Days.on.File                           0.202890              0.302624
Days.between.Purchases                 1.000000             -0.371018
Diff.Items.Purchased                  -0.371018              1.000000
```

図 12・15 Python による相関行列

corr() メソッドの出力を図 12・15 に示した．

今，五つの成分で PCA を実行する．最初に，sklearn. decomposition の PCA() 関数内の n_components を使って成分の数を特定する．それから，X を引数として fit_transform() メソッドを使い，PCA をデータに対し実行する．

```
pca01 = PCA(n_components=5)
principComp = pca01.fit_transform(X)
```

PCA を実行し終えたら，次のタスクは各成分によって説明される分散の量と，それに対応する説明される累積の分散を確認することである．各成分によって説明される分散を得るためには pca01 オブジェクトと explained_variance_ratio_ アトリビュートを用いる．

```
pca01.explained_variance_ratio_
```

NumPy の cumsum() 関数を pca01.explained_variance_ratio に対して実行することで，説明される累積の分散を得る．

```
np.cumsum(pca01.explained_variance_ratio_)
```

本節の結果は，もともとの回転していない成分に対しての結果である．現在，Python の sklearn パッケージは因子のバリマックス回転を実行する関数を提供していない*.

* ［訳注］正確には，skleam の PCA 関数は，内部的には特異値分解（SVD）の手法を用いている．SVD は次元削減の観点において，回転を含めた PCA とほぼ同等の手法と捉えてよい．

12・10 R を用いた主成分分析の実行法

clothing_store_PCA_training と clothing_store_PCA_test データセットを clothes_train と clothes_test としてそれぞれ読み込む．コードを単純化するために，学習用データとテスト用データを変数 x と y に分ける．

```
y <- clothes_train$Sales.per.Visit
X <- clothes_train[, c(1:5)]
X_test <- clothes_test[, c(1:5)]
```

忘れずに説明変数を標準化する．

```
X_z <- as.data.frame(scale(X))
colnames(X_z) <- c("Days.since.Purchase.Z",
                   "Purchase.Visits.Z",
                   "Days.on.File.Z",
                   "Days.between.Purchases.Z",
                   "Diff.Items.Purchased.Z")
```

相関行列を得るために，cor() 関数を使う．

```
round(cor(X_z), 3)
```

cor() 関数は説明変数 X_z を引数とし，round() 関数の内側に入れた．round() 関数の二つ目の引数は値が丸められる有効数字桁数である．この場合は，3 桁と指定している．round() 関数の出力を図 12・6 に示した．

VIF 値を得るためには，最初に回帰モデルをつくる必要がある．それから，§12・3・2 で詳細を述べた car パッケージの vif() 関数を用いる．

```
model01 <- lm(formula = y ~ Days.since.Purchase.Z
              + Purchase.Visits.Z + Days.on.File.Z
              + Days.between.Purchases.Z +
              Diff.Items.Purchased.Z, data = X_z)
vif(model01)
```

vif() 関数の出力は図 12・7 である．

PCA を実行するには，psych パッケージをインストールし呼び出す必要がある．

```
install.packages("psych")
library(psych)
```

いったんパッケージを呼び出したら，PCA を実行するための principal() 関数を用いる．

```
pca01 <- principal(r = X_z, rotate = "varimax",
                   nfactors = 5)
```

principal() 関数は三つの引数を指定する．引数 r = X_z は解析したい変数を指定する．引数 rotate = "varimax" は得られた主成分に対しバリマックス回転を実行することを指示する．最後に，引数 nfactors = 5 は5個の成分を要求することを意味する．PCA の出力結果を pca01 として保存する．

ここでは，pca01 の結果の loadings（負荷量）に興味がある．

```
print(pca01$loadings, cutoff = 0.49)
```

小さな PCA の重みの表示をなくすために，cutoff = 0.49 を用いた．上記のコードの出力結果は，図 12・8 に示した．

固有値のプロットを作成するために，回転した成分の固有値が必要である．これらの値は，図 12・8 の“SS Loadings”の下に示されている．これらの値を新しいベクトル変数に保存し，plot() 関数を使って図示してみる．

```
ss.load <- c(1.566, 1.045, 1.035, 1.006, 0.348)
plot(ss.load, type = "b", main = "Plot of Eigenvalues",
     ylab = "Value", xlab = "Component")
abline(h = 1, lty = 2)
```

引数 type = "b" は固有値をプロットする際に，点とそれらをつなぐ線で表示することを指定している．引数 *main*, *xlab*, *ylab* はタイトル，x 軸のラベル，y 軸のラベルを設定している．abline() 関数は，プロットした図に線を加える関数である．その引数 h = 1 は水平位置 1 に線を加えることを意味し，引数 lty = 2 は点線を指定している．その結果が図 12・9 である．

バリマックス回転に対して回転なしの結果を比較するために，principal() 関数を，回転なしに対して rotate = "none" を使い，バリマックス回転に対して rotate = "varimax" を使ってみる．

```
pca02_norot <- principal(r = X, rotate = "none",
                         nfactors = 4)
print(pca02_norot$loadings, cutoff = 0.5)
pca02_rot <- principal(r = X, rotate = "varimax",
                       nfactors = 4)
print(pca02_rot$loadings, cutoff = 0.5)
```

pca02_norot$loadings の print() による出力からの抜粋が図 12・10(上)で

ある．一方，pca02_rot$loadings の print() による出力からの抜粋が図 12・10（下）である．両方とも cutoff = 0.5 を使っているので，−0.5〜0.5 の重みは表示されていないことに注意する．

PCA の結果を検証するために，テスト用データに対して同様のアルゴリズムを実行してみる．最初にデータを正規化する．

```
X_test_z <- scale(X_test)
```

それから，四つの成分が推奨されることを確認する．

```
pca02_test <- principal(r = X_test_z, rotate = "varimax",
                        nfactors = 5)
pca02_test$loadings
```

その出力の抜粋が図 12・11 である．四つの成分が推奨されていることを確認した後，成分の重みを確かめる．

```
pca02_test <- principal(r = X_test_z, rotate = "varimax",
                        nfactors = 4)
print(pca02_test$loadings, cutoff = 0.5)
```

その出力の抜粋が図 12・12 である．

学習用データセットの成分の相関を計算するために，round(cor()) を pca02_rot のスコアに対し実行する．

```
round(cor(pca02_rot$scores), 2)
```

ここでは，有効数字 2 ケタで丸めた．この結果が図 12・13 である．目的変数を主成分で回帰するために，各成分を新しい変数で保存するコードが以下である．

```
PC1 <- pca02_rot$scores[,1]
PC2 <- pca02_rot$scores[,2]
PC3 <- pca02_rot$scores[,3]
PC4 <- pca02_rot$scores[,4]
```

回帰モデルを作成し，VIF を得る．コードは以下である．

```
model.pca <- lm(y ~ PC1 + PC2 + PC3 + PC4)
vif(model.pca)
```

vif() 関数の出力は図 12・14 である．

12・11 多重共線性が問題にならないとき

解析者の前に立ちはだかるタスクに依存して，多重共線性はいつも致命的欠陥を与えるわけではない．Weiss*は，多重共線性は目的変数を予測する回帰式の能力に悪影響を与えないと言っている．彼は，多重共線性は目的変数の点推定，平均値に対する信頼区間，ランダムに選択した目的変数に対する予測区間には影響を与えないとも言っている．しかし，データサイエンティストは，目的変数の推定と予測に対して多重共線性のあるモデルを使うことを厳密に制限しなければならない．多重共線性のある状況では，個々の回帰係数が意味をなさないため，モデルの解釈が適切ではなくなるだろう．要するに，多重共線性のあるモデルは推定には使えるかもしれないが，記述や解釈には使えないということである．

参考資料

1. R の car パッケージは companion to applied regression の意味である．詳細は以下参照．J. Fox, S. Weisberg, “An {R} companion to applied regression”, 2nd Ed., Sage, Thousand Oaks, CA (2011).
2. バリマックス回転を用いた PCA を実行する psych パッケージの詳細は以下参照．W. Revelle, “Psych: Procedures for personality and psychological research”, Northwestern University, Evanston, IL (2018).

練習問題

考え方の確認

12・1 データサイエンスにおいて，高次元とは何を意味するか説明せよ．

12・2 なぜ次元削減法が必要か述べよ．

12・3 主成分はもともとの m 個の説明変数を何で置き換えるか述べよ．

12・4 どの主成分が最も分散を説明するか答えよ．

12・5 第一主成分と相関する他の主成分はどれか答えよ．

12・6 なぜ回転を使うのか述べよ．

12・7 固有値に基づいた基準を説明せよ．

12・8 寄与率に基づいた基準とは何か述べよ．

12・9 主成分分析について実施結果に対し検証を行う必要はない．○か×か．

12・10 いつ回帰モデルの説明変数として主成分を使うか述べよ．また，VIF はどんな値をとりうるか，VIF は何を意味するか説明せよ．

---

* N. A. Weiss, “Introductory statistics”, 9th Ed., Pearson, London (2010).

データ分析練習

練習問題 12・11〜12・20 では，clothing_store_PCA_training と clothing_store_PCA_test データセットを分析する．各問題を解くために R を用いよ．

12・11　説明変数を標準化，または正規化せよ．

12・12　説明変数 `Purchase.Visits`，`Days.on.File`，`Days.between.Purchases`，`Different.Items.Purchased`，`Days.since.Purchase` に対して相関行列を求めよ．どの変数間で相関が高いだろうか．

12・13　各説明変数に対して VIF を計算せよ．どの説明変数の VIF が "多重共線性が問題になっている" ことを示しているか．

12・14　バリマックス回転と五つの成分を使って PCA を実行せよ．一つの成分で何%の分散が説明されるか．二つではどうか．五つすべてではどうか説明せよ．

12・15　固有値のプロット図を作成せよ．固有値基準を使うと，何個の成分が残るか述べよ．

12・16　少なくとも分散の 80%を説明したいとする．何個の成分が残るか答えよ．

12・17　バリマックス回転と四つの成分を使って PCA を実行せよ．その四つの成分は何%の分散を説明するか述べよ．

12・18　どの変数が各成分に含まれるか述べよ．

12・19　`Sales.per.Visit` を推定するために，四つの成分を回帰モデルの説明変数として用いよ．四つの成分の回帰係数を求めよ．

12・20　その回帰モデルの四つの成分の VIF を求めよ．

データ分析実践

練習問題 12・21〜12・30 では，cereals データセットを分析する．各問題を解くために R を用いよ．

12・21　説明変数 `Sugars`，`Fiber`，`Potass` を標準化または正規化せよ．

12・22　`Sugars`，`Fiber`，`Potass` の相関行列を求めよ．どの変数同士が強く相関するか述べよ．

12・23　`Sugars`，`Fiber`，`Potass` に基づいて，`Rating` を推定する回帰モデルを作成せよ．モデルから VIF を求めよ．どの VIF で，多重共線性が問題になっているか述べよ．

12・24　バリマックス回転と三つの成分を使って PCA を実行せよ．一つの成分で何%の分散が説明されるか．二つではどうか．五つすべてではどうか説明せよ．

12・25　三つの成分の固有値のプロット図を作成せよ．固有値基準を使うと，何個の成分が残るか答えよ．

12・26　少なくとも分散の 70%を説明したいとする．何個の成分が残るか答えよ．

12・27　バリマックス回転と二つの成分を使って PCA を実行せよ．その二つの成分は何パーセントの分散を説明するか述べよ．

12・28　どの変数が成分 1 に含まれるか，どの変数が成分 2 に含まれるか，示せ．

12・29　`Rating` を推定するために，二つの成分を回帰モデルの説明変数として用いよ．二つの成分の回帰係数を求めよ．

12・30 その回帰モデルの二つの成分のVIFを求めよ．

練習問題12・31〜12・41では，red_wine_PCA_trainingとred_wine_PCA_testデータセットを分析する．各問題を解くためにRを用いよ．目的変数は`wine quality`で，説明変数は`alcohol`，`residual sugar`，`pH`，`denseity`，`fixed acidity`である．

12・31 説明変数を標準化または正規化せよ．

12・32 説明変数に対して相関行列を求めよ．どの変数間で最も相関が高いか述べよ．

12・33 説明変数に基づいて，`quality`を推定する回帰モデルを作成せよ．モデルからVIFを求めよ．どのVIFで，多重共線性が問題になっているか答えよ．最も高いVIFをもつ変数を練習問題12・32で求めた相関する変数と比べよ．

12・34 バリマックス回転を用いてPCAを実行せよ．五つまで成分を取出したときに，回転後の寄与率を示せ．一つの成分で何％の分散が説明されるか．二つ，三つ，四つではどうか．五つすべてではどうか述べよ．

12・35 少なくとも分散の90％を説明したいとする．寄与率を基にした基準では，何個の成分を残すべきであるか答えよ．

12・36 五つの成分の固有値のプロット図を作成せよ．固有値基準を使うと，何個の成分が残るか答えよ．

12・37 何個の成分を取出すべきかを，上記の二つの基準を組合わせて述べよ．

12・38 各成分にどの変数が含まれるかと，成分内の相関（正または負）を述べよ．簡単のために，0.5以上の成分の重みだけを考えよう．

12・39 成分に対して相関行列を求めよ．これらの値は何を意味するか述べよ．

12・40 次に，元の説明変数は含めないで，取出した成分だけを使ってワインの質を推定する回帰モデルをつくろう．

(a) sとR_{adj}^2の値をPCAでつくった成分での回帰と元の説明変数での回帰で比較せよ．

(b) なぜ元のモデルはPCAモデルよりsとR_{adj}^2の観点でやや優れているのかを説明せよ．

(c) sとR_{adj}^2に関しては劣るものの，PCAモデルはどのような点で優れていると考えられるか説明せよ．

12・41 練習問題12・40での回帰において，回帰モデルの二つの成分のVIFはいくらか．これらの値は何を意味するか述べよ．

13

一般化線形モデル

13・1　一般化線形モデルの概要

第 11 章で登場した線形回帰モデルの目的変数は，連続量であった．しかし，もし 2 値の目的変数に対して回帰モデルをつくりたいならどうしたらよいだろうか？ また，離散量の目的変数に対しては？ 嬉しいことに，目的変数が連続値，離散値，2 値のどの場合にも使える線形モデルがある．**一般化線形モデル**（generalized linear model, GLM）である．

三つの異なった目的変数のタイプに対する回帰がどのように関連しているかを説明するために，各ケースのパラメトリックな回帰式を見てみよう．

重回帰のパラメトリックモデルを思い出そう．

$$y = \beta_0 + \beta_1 x_1 + \beta_2 x_2 + \cdots + \beta_p x_p + \varepsilon$$

和（$\beta_0+\beta_1x_1+\beta_2x_2+\cdots+\beta_px_p$）は**線形予測子**（linear predictor）とよばれる．簡単のために，これを $\boldsymbol{X\beta}$ と書くことにする．説明変数が与えられたときに線形予測子と変数 y をつなげる働きをする関数を**リンク関数**（link function）$g(\mu)$ とよぶ．

各リンク関数が目的変数のタイプと関連しており，さまざまなリンク関数によってさまざまな回帰モデルをつくることができる．それぞれの異なった応答のタイプに対して $g(\mu)$ を指定し，$\boldsymbol{X\beta}=g(\mu)$ からモデルの最終形を得て，μ について解く．

線形回帰がどのように GLM として表されるのかをみることで，GLM がうまくいくことを示そう．それから GLM として二つの新しい回帰モデル，ロジスティック回帰とポアソン回帰で解析してみる．

13・2　一般化線形モデルとしての線形回帰

目的変数の値が，各説明変数に対して正規分布に従うときは，線形回帰の範囲で扱

える．リンク関数はただの恒等写像（入力と同じ値を出力する写像）

$$g(\mu) = \mu$$

である．

この恒等写像を使い $\boldsymbol{X\beta}$ を $g(\mu)$ とすることで，$\boldsymbol{X\beta}=g(\mu)=\mu$ となる．

いったん，$\boldsymbol{X\beta}$ と μ の間の関係が得られたら，略称の表記を戻し，回帰モデルの最終的な形を得る．そうすることで，線形回帰に対する式を得る．

$$y = \beta_0 + \beta_1 x_1 + \beta_2 x_2 + \cdots + \beta_p x_p + \varepsilon$$

ここから，記述形式を得ることができる．

$$\hat{y} = b_0 + b_1 x_1 + b_2 x_2 + \cdots + b_p x_p$$

これは第 11 章で見た形になっている．

13・3　一般化線形モデルとしてのロジスティック回帰

次に，顧客がお店のクレジットカードをもつ/もたないのような 2 値の目的変数を予測する．この場合，目的変数は Yes/No を表す 1/0 の二値である．

2 値の目的変数に対するリンク関数は，

$$g(\mu) = \ln\left(\frac{\mu}{1-\mu}\right)$$

である．この関数を線形予測子 $\boldsymbol{X\beta}$ とイコールと置くことにより，

$$X\beta = \ln\left(\frac{\mu}{1-\mu}\right)$$

を得る．μ を $\boldsymbol{X}$ の関数として書くために，$e^{\ln(x)}=x$ を利用して，

$$\mu = \frac{e^{\boldsymbol{X\beta}}}{1+e^{\boldsymbol{X\beta}}}$$

を得る．この式から目的変数の平均値 μ が常に 0 と 1 の間の値をとることがわかる．言い換えると，回帰モデルは $y=1$ である確率を推定するために使われる．これを**ロジスティック回帰**（logistic regression）とよぶ．

ロジスティック回帰からの予測値が確率であることを明らかにするために，二値変数の代わりに回帰モデルを $y=1$ となる確率である $p(y)$ として回帰モデルを記述する．略称の表記から戻して，モデルのパラメトリックな形式，

$$p(y) = \frac{\exp(\beta_0 + \beta_1 x_1 + \beta_2 x_2 + \cdots + \beta_p x_p + \varepsilon)}{1 + \exp(\beta_0 + \beta_1 x_1 + \beta_2 x_2 + \cdots + \beta_p x_p + \varepsilon)}$$

として書け，次のように記述形式で書くことができる．

$$\hat{p}(y) = \frac{\exp(b_0 + b_1 x_1 + b_2 x_2 + \cdots + b_p x_p)}{1 + \exp(b_0 + b_1 x_1 + b_2 x_2 + \cdots + b_p x_p)}$$

13・4 ロジスティック回帰の例

再度，clothing_sale_training と clothing_sale_test データセットを用いる．ここでの目的は，客が店のクレジットカードを持っているかどうかを決定することである．それによって，マーケティングチームは，クレジットカードを持っていない人にクレジットカードの登録を促す広告を送ることができる．この場合，目的変数は二値変数である．Yes は客がクレジットカードを持っている，No は持っていないことを表す．目的変数が二値変数なので，ロジスティック回帰を使う．

仮のロジスティック回帰モデルは，

$$\hat{p}(\texttt{credit card}) = \frac{\exp(b_0 + b_1(\texttt{Days between Purchases}) + b_2(\texttt{Web Account}))}{1 + \exp(b_0 + b_1(\texttt{Days between Purchases}) + b_2(\texttt{Web Account}))}$$

となる．

二つの説明変数によるクレジットカードの回帰の結果が図 13・1 に示してある．出力にある p 値から，両方の変数がモデルに必要であることがわかる．テスト用データセットを用いて結果のクロスバリデーションをした結果が図 13・2 である．

```
-----------------------------------------------------------------
          Coef.   Std.Err.      z      P>|z|    [0.025    0.975]
-----------------------------------------------------------------
const    0.4962    0.0887    5.5968   0.0000    0.3224    0.6699
Days    -0.0037    0.0004   -8.4491   0.0000   -0.0046   -0.0028
Web      1.2537    0.3307    3.7914   0.0001    0.6056    1.9018
=================================================================
```

図 13・1 **Python を用いた，学習用データセットに対するロジスティック回帰の結果**

```
-----------------------------------------------------------------
          Coef.   Std.Err.      z      P>|z|    [0.025    0.975]
-----------------------------------------------------------------
const    0.4634    0.0873    5.3105   0.0000    0.2924    0.6345
Days    -0.0035    0.0004   -8.2261   0.0000   -0.0043   -0.0026
Web      1.0973    0.2830    3.8780   0.0001    0.5427    1.6519
=================================================================
```

図 13・2 **Python を用いた，テスト用データセットに対するロジスティック回帰の結果**

テスト用データセットから得られたモデルも，両方の変数が含まれることが確認できる．学習用データセットからの回帰係数を用いて，最終的なロジスティック回帰モデルを得る．

$$\hat{p}(\texttt{credit card}) = \frac{\exp(0.496-0.004(\texttt{Days between Purchases})+1.254(\texttt{Web Account}))}{1+\exp(0.496-0.004(\texttt{Days between Purchases})+1.254(\texttt{Web Account}))}$$

では，ロジスティック回帰の回帰係数をどのように解釈したらよいだろうか？ 各回帰係数は，その係数の説明変数が1だけ上昇したときに，目的変数のオッズ[*1]における変化を表す．例として，Web Account という2値の説明変数を考えよう．Web Account に対する回帰係数は1.254である．$e^{1.254}=3.504$ であるから，客がウェブアカウントをもっているなら，もっていない人に比べてクレジットカードを持っている確率のオッズの比が3.5であることを意味する．

Days between Purchases の係数に対しても同様に考えてみよう．$e^{-0.004}=0.996$ であるから，Day between purchases が1日増えるごとに，客はクレジットカードを持っている確率のオッズが0.4%ほど下がる．個々の日をカウントすることは幅が狭すぎるかもしれないので，30を係数に掛けて，$e^{30\times-0.004}=0.89$ を得る．このことから，購入なしの期間が30日増えるごとに，客はクレジットカードをもつ確率のオッズが11%下がる[*2]．

13・4・1　ロジスティック回帰の実行方法（**Python**）

必要なパッケージをロードし，clothing_sales_training と clothing_sales_test データセットをそれぞれ sales_train と sales_test として読み込む．

```
import pandas as pd
import numpy as np
import statsmodels.api as sm
from scipy import stats
sales_train = \
pd.read_csv("C:/.../clothing_sales_training.csv")
sales_test = pd.read_csv("C:/.../clothing_sales_test.csv")
```

簡単のために，変数を説明変数 X と目的変数 y に分ける．回帰モデルに定数項を含ませるために，X データフレームに定数を追加する．

＊1　［訳注］確率 p に対し $p/(1-p)$ をオッズとよぶ．対数オッズは，対数を使うことで変数のとりうる値を 0～1 の範囲に収めて確率として扱えるようにしている．

＊2　ロジスティック回帰についてより知りたい読者は，D. T. Larose, C. D. Larose, “Data mining and predictive analytics”, 2nd Ed., John Wiley and Sons, Inc.（2015）を参照．

```
X = pd.DataFrame(sales_train[['Days', 'Web']])
X = sm.add_constant(X)
y = pd.DataFrame(sales_train[['CC']])
```

ロジスティック回帰を実行するために，`Logit()` 関数を使ってロジスティック回帰モデルオブジェクトを成功し，`fit()` メソッドを使う．モデルの出力を保存し，モデルの結果を表示させるために，保存された出力に対し `summary2()` メソッドを実行する．

```
logreg01 = sm.Logit(y, X).fit()
logreg01.summary2()
```

結果の抜粋を図 13・1 に示した．このモデルを検証するために，同様のステップをテスト用データに対して実行する．コードは以下である．

```
X_test = pd.DataFrame(sales_test[['Days', 'Web']])
X_test = sm.add_constant(X_test)
y_test = pd.DataFrame(sales_test[['CC']])
logreg01_test = sm.Logit(y_test, X_test).fit()
logreg01_test.summary2()
```

13・4・2 ロジスティック回帰の実行方法（R）

clothing_sales_training と clothing_sales_test データセットをそれぞれ sales_train と sales_test として読み込む．

ロジスティック回帰モデルを実行するために，`glm()` 関数を用いる．

```
logreg01 <- glm(formula = CC ~ Days + Web, data =
                sales_train, family = binomial)
```

コードの大部分は第 11 章のものと似ている．`formula` には目的変数と説明変数を，`data = sales_train` としてデータセットを入力する．変更点は，`glm()` 関数であることと，`family = binomial` を加えることである．`glm()` 関数は GLM 解析を実行することを表し，`family = binomial` はロジスティック回帰であることを指定している．そのモデルの出力を `logreg01` として保存する．

モデルの要約をみるために，保存したモデルの名前を `summary()` 関数に入力して実行しよう．出力の抜粋が図 13・3 である．

```
summary(logreg01)
```

```
Coefficients:
              Estimate Std. Error z value Pr(>|z|)
(Intercept)  0.4961706  0.0886529   5.597 2.18e-08 ***
Days        -0.0037016  0.0004381  -8.449  < 2e-16 ***
Web          1.2536955  0.3306672   3.791  0.00015 ***
---
Signif. codes:  0 '***' 0.001 '**' 0.01 '*' 0.05 '.' 0.1 ' ' 1
```

図 13・3 R を用いた，学習用データセットに対するロジスティック回帰の結果

モデルを検証するために，同じモデルをテスト用データに対して実行し，モデルの要約を得る（図 13・4）．コードは以下である．

```
logreg01_test <- glm(formula = CC ~ Days + Web, data =
                     sales_test, family = binomial)
summary(logreg01_test)
```

```
Coefficients:
              Estimate Std. Error z value Pr(>|z|)
(Intercept)  0.4634478  0.0872706   5.310 1.09e-07 ***
Days        -0.0034721  0.0004221  -8.226  < 2e-16 ***
Web          1.0972994  0.2829570   3.878 0.000105 ***
---
Signif. codes:  0 '***' 0.001 '**' 0.01 '*' 0.05 '.' 0.1 ' ' 1
```

図 13・4 R を用いた，テスト用データセットに対するロジスティック回帰の結果

13・5 ポアソン回帰

GLM に含まれる回帰モデルには多くの種類がある．ロジスティック回帰以外の一つとして，**ポアソン回帰**（Poisson regression）がある．ポアソン回帰は，客がカスタマーサービスに連絡をする回数のような，あることが起こる回数を予測したいときに使われる．目的変数は最小値が 0 をとるような事象の発生回数である．

カウントの目的変数に対するリンク関数は，$g(\mu)=\ln(\mu)$ である．リンク関数が線形予測子と等しくなるように設定し，

$$\boldsymbol{X\beta} = \ln(\mu)$$

を得る．μ を X の関数としてみると，

$$\mu = \mathrm{e}^{\boldsymbol{X\beta}}$$

となる．略式表記を戻して，ポアソン回帰式のパラメトリック版が，

$$y = \mathrm{e}^{\beta_0+\beta_1 x_1+\beta_2 x_2+\cdots+\beta_p x_p+\varepsilon}$$

となり，記述形式は

$$\hat{y} = \mathrm{e}^{b_0+b_1x_1+b_2x_2+\cdots+b_px_p}$$

と書ける．

13・6 ポアソン回帰の例

churn データセットを使い，客が携帯電話を解約しているかどうかに基づいて，カスタマーサービスに電話をかけた回数を推定するモデルを構築する．目的変数が整数値であることが，通常の線形回帰の代わりにポアソン回帰を使わなければならない理由である．

ポアソン回帰の構造は次式のとおりである．

$$(\widehat{\texttt{CustServ}}\ \texttt{Calls}) = \exp(b_0 + b_1(\texttt{Churn}))$$

この回帰分析の結果が図 13・5 である．回帰係数を用いて，ポアソン回帰のモデルは次のようになる．

$$(\widehat{\texttt{CustServ}}\ \texttt{Calls}) = \exp(0.3714 + 0.4305(\texttt{Churn=True}))$$

	coef	std err	z	P>|z|	[0.025	0.975]
const	0.3714	0.016	23.877	0.000	0.341	0.402
Churn = True	0.4305	0.034	12.582	0.000	0.363	0.498

図 13・5　Python を用いた，カスタマーサービスに電話する件数を予測するポアソン回帰の結果

では，どのようにポアソン回帰の係数を解釈すればよいだろうか？ e の指数として用いられたとき，その回帰係数は係数の説明変数が 1 上昇したときに，目的変数の掛け算的な増加の推定値を表す．このデータの場合，回帰係数は 0.4305 であり，$\mathrm{e}^{0.4305}=1.538$ となる．その係数の説明変数である Churn は，客が解約してなければ 0 で，解約していれば 1 である．そのため，非解約から解約の客へと変化した場合，客がカスタマーサービスに電話をかける回数の予測値が 1.538 倍または 53.8％増加することを表す．

13・6・1 ポアソン回帰の実行方法（Python）

通常，モデリングの結果を検証するために，最初にデータを学習用とテスト用の二つに分ける．交差検証は，ロジスティック回帰同様，他の章でも示したのと同じなので，ここではポアソン回帰モデルの構築の方法についてだけ説明する．

必要なパッケージを読み込む．

```
import pandas as pd
import numpy as np
import statsmodels.api as sm
import statsmodels.tools.tools as stattools
```

churn データセットを churn と名前をつけて読み込む.

```
churn = pd.read_csv("C:/.../churn.csv")
```

説明変数は Churn で，これはカテゴリ変数である．前述のモデリングの作業と同様に，カテゴリ変数である Churn をダミー変数に変換する必要がある．この練習課題では，一つのダミー変数を用いる．これは客が解約していたら 1 となる．

```
churn_ind = pd.get_dummies(churn['Churn'], drop_first=True)
```

pandas の get_dummies() 関数は二つのダミー変数をつくる．一つは Churn における各カテゴリカルな値である．drop_first = True とすることで，一つ目のダミー変数，ここでは Churn=False に対応する変数をなくすことができる．そして，残りのダミー変数，Churn=True を保持することになる．

それから，新しいダミー変数をデータフレームとして保存し，回帰モデルが定数項をもつように定数項を付け加え，出力を読みやすくするために列名を変更する．

```
X = pd.DataFrame(churn_ind)
X = sm.add_constant(X)
X.columns = ['const', 'Churn = True']
```

目的変数も準備する．

```
y = pd.DataFrame(churn[['CustServ Calls']])
```

GLM() 関数を使ってポアソン回帰を実行する．

```
poisreg01 = sm.GLM(y, X, family=sm.families. \
Poisson()).fit()
```

GLM() 関数には三つの引数があることに注意する．最初の二つである y と X は，目的変数と説明変数をそれぞれ指定する．3 番目の family = sm.families.Poisson() はポアソン回帰であることを指定する．fit() メソッドはデータを使ってモデルを学習させる．その結果を poisreg01 として保存する．summary() メソッド使って，モデルの結果を表示する．

```
poisreg01.summary()
```

summary() の出力の抜粋が図 13・5 である.

13・6・2　ポアソン回帰の実行方法（R）

ここでは Python の例と同じように，ポアソン回帰モデルの作成方法だけを説明する．ロジスティック回帰モデルをつくるために使った glm() 関数を思い出し，今度はポアソン回帰モデルをつくる.

```
poisreg01 <- glm(formula = CustServ.Calls ~ Churn, data =
        churn, family = poisson)
```

引数 formula は目的変数として CustServ Calls を，説明変数として Churn を指定する．引数 family = poisson はデータにポアソン回帰を実行することを指定する．回帰の結果を poisreg01 として保存しよう.

summary() 関数を使ってモデルについての詳細を確認する.

```
summary(poisreg01)
```

summary() 関数による結果の抜粋が図 13・6 である.

```
Coefficients:
            Estimate Std. Error z value Pr(>|z|)
(Intercept)  0.37144    0.01556   23.88   <2e-16 ***
ChurnTrue    0.43048    0.03421   12.58   <2e-16 ***
---
Signif. codes:  0 '***' 0.001 '**' 0.01 '*' 0.05 '.' 0.1 ' ' 1
```

図 13・6　R を用いたポアソン回帰の結果

一般化線形モデル（GLM）

一般化線形モデル（GLM）の重要な点は，線形予測子とデータをつなぐリンク関数を用いることによって，通常の最小二乗法による線形回帰では不可能な，誤差の分布を指定した回帰を実行できる点である．本章で紹介したロジスティック回帰やポアソン回帰以外にも，ポアソン分布よりも分散の大きな応答変数に対する負の二項回帰や，連続変数の非負値の応答変数に対するガンマ回帰がある．また，一般化線形モデルを拡張し，各データの所属するグループの特性や個体差といったランダム効果を含めることが可能な一般化線形混合モデル（generalized linear mixed model, GLMM）もある.

参考資料

1. GLM の世界を探るには，P. McCullagh, J. A. Nelder, "Generalized linear models", 2nd Ed., Chapman & Hall, London（1992）を参照.

練習問題

考え方の確認

13・1　本章で説明した，回帰の目的変数のタイプを三つ答えよ．

13・2　これら三つの異なる目的変数は，回帰モデルのどのカテゴリーに含まれるか答えよ．

13・3　線形予測子とは何か答えよ．また，その記号を示せ．

13・4　リンク関数は何と何をつなげるのか述べよ．また，その記号を示せ．

13・5　線形回帰のリンク関数は何か答えよ．

13・6　2 値の目的変数を予測するときには，どの回帰を用いるべきか述べよ．

13・7　ロジスティック回帰のリンク関数は何か答えよ．

13・8　ロジスティック回帰から得られる予測値は，確率か，それとも 2 値か答えよ．

13・9　ロジスティック回帰モデルの記述形式は何か答えよ．

13・10　カウントデータの目的変数を予測するときには，どの回帰を用いるべきか述べよ．

13・11　ポアソン回帰のリンク関数は何か答えよ．

13・12　ポアソン回帰モデルの記述形式は何か答えよ．

データ分析練習

練習問題 13・13〜13・17 では，clothing_sales_training と clothing_sales_test データセットを分析する．各問題を解くために Python か R を用いよ．

13・13　客が店のクレジットカードを持っているかどうかを予測するために，ウェブアカウントをもっているかどうかと，購入間の日数を基にしたロジスティック回帰モデルを作成せよ．そしてモデルの要約を得よ．

13・14　モデルから除かれる変数はあるか？ もしあるのなら，モデルから除いて，再度モデル作成を実行せよ．

13・15　得られた回帰係数を使って，ロジスティック回帰モデルの記述形式を書け．

13・16　テスト用データセットを使ってモデルの検証を行え．

13・17　データセットの各レコードに対して，目的変数の予測値を得よ．

練習問題 13・18，13・19 では，churn データセットを分析する．各問題を解くために Python か R を用いよ．

13・18　顧客の解約状況に基づいて，カスタマーサービスへの電話件数を予測するポアソン回帰モデルを作成せよ．

13・19　得られたポアソン回帰モデルの記述形式を書け．

データ分析実践

練習問題 13・20〜13・33 では，adult データセットを分析する．各問題を解くために Python か R を用いよ．

13・20　年齢（age）と教育年数（education.num），週当たりの労働時間（hours.

per.week）を基に，収入を予測するロジスティック回帰モデルを作成し，モデルの要約を得よ．

13・21 結果のモデルから除かれるべき変数はあるか？ あるのなら除いて，再度モデルを構築し直せ．

13・22 得られたロジスティック回帰モデルの記述形式を書け．

13・23 age 変数の回帰係数を解釈せよ．

13・24 10 歳年を重ねるごとに，高収入を得る確率はどう変化するか述べよ．

13・25 education.num 変数の回帰係数を解釈せよ．

13・26 教育年数（education.num）が 4 年増えるごとに，高収入を得る確率のオッズはどう変化するか述べよ

13・27 hours.per.week 変数の回帰係数を解釈せよ．

13・28 週当たりの労働時間（hours.per.week）が 5 時間増えるごとに，高収入を得る確率のオッズはどう変化するか述べよ．

13・29 作成したモデルを使って予測値を得よ．そして実際の値と予測値を比較せよ．

13・30 年齢（age）と週当たりの労働時間（hours.per.week）を基に，教育年数（education.num）を予測するポアソン回帰モデルを作成し，モデルの要約を得よ．

13・31 結果のモデルから除かれるべき変数はあるか？ あるのなら除いて，再度モデルを構築し直せ．

13・32 得られたポアソン回帰モデルの記述形式を書け．

13・33 作成したモデルを使って予測値を得よ．そして実際の値と予測値を比較せよ．

14 アソシエーションルール

14・1 イントロダクション

アソシエーションルール（association rule）は，“ある事象が発生すると，異なる別の事象も発生する”というような，事象間の関係性を探索する分析手法のことである．アソシエーションルールは，支持度と信頼度という指標によって表現される．たとえば，あるスーパーマーケットに木曜日の夜に 1,000 人の顧客が買い物に来た事例について考えてみる．1,000 人のうち，200 人の顧客がおむつを購入し，さらにそのうちの 50 人の顧客がビールを購入した．上記の内容を，アソシエーションルールに従って記述すると，“おむつを買うと，ビールも買う”となる．このとき，“支持度は 50/1000＝5％で，信頼度は 50/200＝25％であった”と表現される．

アソシエーションルールを扱うにあたり，深刻な問題として，“次元の呪い”に直面することになる．データの属性（変数の種類数）が増えるほど，検出されうるアソシエーションルールの数も指数的に増加してしまう．たとえば，2 値変数が k 種類あるとき，仮に “yes” 値同士の関係に絞って考えるとしても，2^{k-1} のアソシエーションルールが検出されうる[*1]．アソシエーションルール応用例の一つである，市場バスケット分析について考えてみると，顧客の購買行動を分析した際には，何千もの 2 値変数が存在することがわかるだろう（たとえば，ビール/ポップコーン/牛乳/パン…を買ったかどうかなど）．そのため，関係を探し出すのは絶望的に見える．たとえ 100 種類程度しか商品を置いていないような，小さな小売店であっても，$2^{100} \cong 1.27 \times 10^{30}$ ものアソシエーションルールが存在しうるのだ．しかしながら，ありがたいことに，アプリオリなアルゴリズムによって，上記のような膨大な関係性のあるデータに対し，関係を探す問題を現実的に取扱えるレベルに落とし込むことができる[*2]．

＊1　D. J. Hand, H. Mannila, P. Smyth, “Principles of data mining”, MIT Press, Cambridge (2001).

＊2　アプリオリなアルゴリズムの仕組みについての詳細は，D. T. Larose, C. D. Larose, “Data mining and predictive analytics”, 2nd Ed., John Wiley and Sons, Inc. (2015) を参照．

14・2　アソシエーションルールの簡単な抽出例

まず，簡単な例から考えてみよう．地元の農家が，道端に野菜の(無人)販売所を設置した．取扱っている商品は，アスパラガス，マメ，ブロッコリー，トウモロコシ，ピーマン，カボチャ，トマトの7種類である．これらの商品群をIと置く．

顧客は1個ずつ手に取って，商品群Iの中から任意の組合わせの形で購買する．

実際の取引一覧（D）を表14・1に示した．個々の取引（T）は，Iに含まれる商品の組合わせで表現される．

表14・1　道端の野菜(無人)販売所での取引

取 引	購入した商品
1	ブロッコリー，ピーマン，トウモロコシ
2	アスパラガス，カボチャ，トウモロコシ
3	トウモロコシ，トマト，マメ，カボチャ
4	ピーマン，トウモロコシ，トマト，マメ
5	マメ，アスパラガス，ブロッコリー
6	カボチャ，アスパラガス，マメ，トマト
7	トマト，トウモロコシ
8	ブロッコリー，トマト，ピーマン
9	カボチャ，アスパラガス，マメ
10	マメ，トウモロコシ
11	ピーマン，ブロッコリー，マメ，カボチャ
12	アスパラガス，マメ，カボチャ
13	カボチャ，トウモロコシ，アスパラガス，マメ
14	トウモロコシ，ピーマン，トマト，マメ，ブロッコリー

商品の組合わせA（例: マメとカボチャ）と別の商品の組合わせB（例: アスパラガス）を考えるとき，アソシエーションルールは下記のように定義される．

アソシエーションルール

if A then B（i.e. $A \Rightarrow B$）	条件部Aと結論部Bは，Iの部分集合である．また，AとBは相互に排他的である（同じ商品を含まない）．

上記の定義によって，たとえば“マメとカボチャ”と“マメ”といった，排他的で

ない組合わせ同士はルールから除外される．

14・3 支持度，信頼度，リフト値

アソシエーションルールの強さを測る基準として，支持度，信頼度，リフト値がある．**支持度**は，$A \Rightarrow B$ のアソシエーションルールを考えるとき，取引全体（D）の中で，A も B も購買されている割合を表す．数式で表現すると下記のようになる．

$$\text{支持度} = P(A \cap B) = \frac{A\text{と}B\text{両方を含むデータ数}}{\text{全データ数}}$$

信頼度はアソシエーションルールの正確度を測る指標であり，取引全体（D）の中で，A を含む取引のうち，B も一緒に購買されている取引の割合となる．数式で表すと，

$$\text{信頼度} = P(B|A) = \frac{P(A \cap B)}{P(A)} = \frac{A\text{と}B\text{両方を含むデータ数}}{A\text{を含むデータ数}}$$

となる．信頼度を確率論的に表現すると，“事象 A が発生したときの，事象 B が発生する条件付き確率”となる．

例として，“カボチャを買うと，マメも買う”というアソシエーションルールについて考えてみよう．事象 A を“カボチャを買う”，事象 B を“豆を買う”と置ける．表 14・1 から，カボチャを含む取引が七つあることがわかる（表 14・2）．また，そのうち，マメを含む取引が六つあることがわかる．事象 A と B について，支持度と信頼度と算出してみる．

表 14・2 購入した商品にカボチャが含まれる取引

取 引	購入した商品
2	アスパラガス，カボチャ，トウモロコシ
3	トウモロコシ，トマト，マメ，カボチャ
6	カボチャ，アスパラガス，マメ，トマト
9	カボチャ，アスパラガス，マメ
11	ピーマン，ブロッコリー，マメ，カボチャ
12	アスパラガス，マメ，カボチャ
13	カボチャ，トウモロコシ，アスパラガス，マメ

$$\text{支持度} = P(A \cap B) = \frac{A\text{と}B\text{両方を含むデータ数}}{\text{全データ数}} = \frac{6}{14} = 42.9\%$$

$$\text{信頼度} = P(B|A) = \frac{P(A \cap B)}{P(A)} = \frac{A\text{と}B\text{両方を含むデータ数}}{A\text{を含むデータ数}} = \frac{6}{7} = 85.7\%$$

アソシエーションルールを測るもう一つの指標としてリフト値がある．**リフト値**は，信頼度を使って算出する指標で，ただ B を購買するよりも，条件部 A が B の購買確率をどの程度押し上げたかを表すものである．数式で表現すると，

$$\text{リフト値} = \frac{\text{信頼度}(A \Rightarrow B)}{\text{全データのうち}\,B\,\text{を含む割合}}$$

スーパーマーケットでの事例を思い出してほしい．1,000 人の顧客が買い物に訪れ，200 人の顧客がおむつを購入し，さらにそのうちの 50 人の顧客がビールを購入していた．

新たに“全顧客 1,000 人のうち 100 人がビールを購買した”という状況を付け加えよう．ビールの購買割合は 100/1000＝10% である．また，“おむつを購買したとき，ビールも購買する”アソシエーションルールの信頼度は 50/200＝25%となる．リフト値を計算すると，

$$\text{リフト値} = \frac{\text{信頼度}(A \Rightarrow B)}{\text{全データのうち結論部}\,B\,\text{を含む割合}} = \frac{0.25}{0.10} = 2.5$$

これは，“全データセットのうち，おむつの購買がビールの購買を 2.5 倍押し上げた”と解釈できる．上記のアソシエーションルールは，ビールを沢山販売したいと考えるマネージャーにとって間違いなく有用だろう．

野菜販売所の話に戻るが，“カボチャを買うと，豆も買う”アソシエーションルールについて，リフト値を算出すると，

$$\text{リフト値} = \frac{\text{信頼度}(A \Rightarrow B)}{\text{全データのうち結論部}\,B\,\text{を含む割合}} = \frac{6/7}{9/14} = 1.33$$

となる．カボチャの購買によって豆の購買を 33%押し上げている，といえる．

14・4 アソシエーションルールの抽出

さて，Churn_Training_File データセットを使って，泥臭くアソシエーションルールの抽出に取組んでみよう．取込んだ後，事前に下記の処理をしておく．

- `VMail.Plan`（ボイスメールプラン），`Intl.Plan`（国際プラン），`CustServ.Call`（顧客との電話回数），`Churn`（解約）の 4 属性データをデータフレームに格納する．
- `CustServ.call` 列は，順序変数として取込む．

まず，上記の属性について，アソシエーションルールにおける指標の絞り込み条件を設定し，条件を満たすものを抽出する（図 14・1，図 14・2）．なお，顧客全体の解約率は 14.53%である．

ひとまず，下記のような条件を設定する．

```
> t11
           Intl.Plan = no Intl.Plan = yes
Count           2705.0000        295.0000
Proportion         0.9017          0.0983
> t22
           VMail.Plan = no VMail.Plan = yes
Count            2170.0000         830.0000
Proportion          0.7233           0.2767
> t33
           Churn = False Churn = True
Count          2564.0000     436.0000
Proportion        0.8547       0.1453
```

図 14・1 R で求めた **VMail Plan, Intl Plan, Churn** の割合

```
> t44
            CSC = 0  CSC = 1   CSC = 2   CSC = 3   CSC = 4
Count      626.00000 1068.000 679.00000 383.00000 149.00000
Proportion   0.20867    0.356   0.22633   0.12767   0.04967
             CSC = 5  CSC = 6 CSC = 7 CSC = 8 CSC = 9
Count       61.00000 22.00000 8.00000 2.00000 2.00000
Proportion   0.02033  0.00733 0.00267 0.00067 0.00067
```

図 14・2 R で求めた **CustServ.Call** の割合

- アソシエーションルールの条件部，結論部として利用する属性を絞り込む．
- 最小支持度を 0.01（1%）とする．
- 最小信頼度を 0.4（40%）とする
- 条件部に含まれるアクションの種数は 1 とする．

アソシエーションルールを生成した後，作成されたルールの中から，条件部に "Churn" を含むものを除外する．生成されたルールを，リフト値順に並べ替えたものが図 14・3 である．

```
     lhs                       rhs                support    confidence lift      count
[1]  {CustServ.Calls=5} => {Churn=True}      0.01200000 0.5901639 4.0607610   36
[2]  {CustServ.Calls=4} => {Churn=True}      0.02266667 0.4563758 3.1402007   68
[3]  {Intl.Plan=yes}    => {Churn=True}      0.04233333 0.4305085 2.9622143  127
[4]  {CustServ.Calls=3} => {VMail.Plan=no}   0.09933333 0.7780679 1.0756699  298
[5]  {VMail.Plan=yes}   => {Churn=False}     0.25200000 0.9108434 1.0657294  756
[6]  {CustServ.Calls=1} => {Churn=False}     0.32000000 0.8988764 1.0517275  960
[7]  {CustServ.Calls=3} => {Churn=False}     0.11433333 0.8955614 1.0478487  343
[8]  {CustServ.Calls=4} => {VMail.Plan=no}   0.03733333 0.7516779 1.0391860  112
[9]  {CustServ.Calls=2} => {Churn=False}     0.20066667 0.8865979 1.0373611  602
[10] {Intl.Plan=no}     => {Churn=False}     0.79866667 0.8857671 1.0363890 2396
```

図 14・3 R でカバーされないはじめの 10 のアソシエーションルール（リフト値順）

最も高いリフト値をもつルール（ID＝1）を見てほしい．

`CustServ.Calls`（顧客との電話回数）＝5　なら，`Churn`（解約）＝`True`

上記のルールのリフト値はおよそ 4.06 である．

14・4・1 アソシエーションルールの抽出（R）

Churn_Training_File データセットを，churn という名前のデータフレームとして取込む．まず，アソシエーションルールとして使う列だけに絞り込む．

```
min.churn <- subset(churn, select = c("Intl.plan",
                     "VMail.Plan", "CustServ.Calls",
                     "Churn"))
```

これまで見てきたとおり，subset() 関数はデータセットの中から特定の行や列のみを抽出する関数である．4 列の情報を抽出したいので，引数に四つのベクトルの名称を与えて，min.churn データフレームに格納した．

CustServ.Calls（顧客との電話回数）を因子（factor）型に変換するため，ordered() 関数を用いる．

```
min.churn$CustServ.Calls <- ordered(as.factor(min.churn$
                                 CustServ.Calls))
```

ここでは，ネストした二つの関数が使われている．まず，as.factor() 関数で，CustServ.Calls 変数を因子型に変換している．カテゴリごとに異なる値をもつ因子型として取扱えるようになった．ただし，このままでは値の大小を比較することができないので，順序変数として取扱うために，as.factor() 関数の結果を ordered() 関数で処理している．ordered() 関数で，昇順の順序付きデータとして扱えるようになった．

各 4 変数の分布を知るために，クロス集計表を作成してみよう．Intl.Plan について，下記のコードで作成する．なお，他の 3 変数については，練習として実際にコードを書いてみること．

```
t1 <- table(min.churn$Intl.Plan)
t11 <- rbind(t1, round(prop.table(t1), 4))
```

table() 関数，prop.table() 関数，round() 関数ではこれまでの章で何回か触れているので簡単な説明にとどめる．集計表 t1 には，何人の顧客が International Plan（国際プラン）を契約しているかの集計値が格納されている．prop.table() 関数で，カテゴリ値ごとの割合を可視化している．rbind() 関数で，集計値と割合を結合した行列を t11 データフレームとして保存している．

集計表をもっとわかりやすくするために，行と列それぞれに名前を付ける．

```
colnames(t11) <- c("Intl.Plan = no ", "Intl.Plan = yes")
rownames(t11) <- c("Count", "Proportion")
t11
```

t1 の 1 列目と 2 列目を確認すると，それぞれ Intl.Plan の値が“no”と“yes”についての集計値を表しているので，colnames() 関数でそれを表すような列名を与えている．t11 の出力結果は，図 14・1 の一番目の表に示した．

データの準備と分布の可視化が済んだところで，アソシエーションルールにかかわる arules パッケージをインストールし，読み込む．

```
install.packages("arules")
library(arules)
```

アソシエーションルールを抽出するには，arules パッケージの apriori() 関数を利用する．

```
all.rules <- apriori(data = min.churn, parameter = list(supp
                     = 0.01, target = "rules", conf = 0.4,
                     minlen = 2, maxlen = 2)
```

必須引数は data = min.churn であり，オプションとして前述のパラメータを与えている．supp = 0.01 で最小支持度を 1%とし，target = "rules" でアソシエーションルールの抽出を行っている．minlen = 2 と maxlen = 2 で，条件部と結論部がそれぞれ 1 ずつ，合計 2 のルールのみを抽出するように指定している．conf = 0.4 で最小信頼度を 40%としている．リフト値順で上位 10 件のルールを抽出するために，inspect() 関数と head() 関数を使う．

```
inspect(head(all.rules, by = "lift", n = 10))
```

引数 by は，結果の整列に使う変数を指定し，n は抽出するルールの数を指定している．結果を図 14・4 に示す．

```
     lhs                     rhs              support    confidence lift     count
[1]  {CustServ.Calls=5} => {Churn=True}     0.01200000 0.5901639  4.060761  36
[2]  {CustServ.Calls=4} => {Churn=True}     0.02266667 0.4563758  3.140201  68
[3]  {Intl.Plan=yes}    => {Churn=True}     0.04233333 0.4305085  2.962214 127
[4]  {Churn=True}       => {VMail.Plan=no}  0.12066667 0.8302752  1.147846 362
[5]  {CustServ.Calls=3} => {VMail.Plan=no}  0.09933333 0.7780679  1.075670 298
[6]  {VMail.Plan=yes}   => {Churn=False}    0.25200000 0.9108434  1.065729 756
[7]  {CustServ.Calls=1} => {Churn=False}    0.32000000 0.8988764  1.051727 960
[8]  {CustServ.Calls=3} => {Churn=False}    0.11433333 0.8955614  1.047849 343
[9]  {CustServ.Calls=4} => {VMail.Plan=no}  0.03733333 0.7516779  1.039186 112
[10] {CustServ.Calls=2} => {Churn=False}    0.20066667 0.8865979  1.037361 602
```

図 14・4　**R** で求めたアソシエーションルールトップ **10**（リフト値順）

図を見てみると，条件部（表の左側，lhs 列）に Churn が含まれていることがわかる．今回の分析は解約につながるアソシエーションルールを抽出することが目的なので，これらのルールは除外したい．そこで，条件部に Churn を含まないアソシエーションルールのみの抽出を行う．

まず，条件部（lhs 列）に Churn を含むアソシエーションルールを特定する．lhs 列を操作するために，アソシエーションルールを格納したデータフレームを作成する．しかし，apriori() 関数は，データフレームを戻り値として返さないため，as() 関数を使って変換する必要がある．

```
all.rules.ant.df <- as(as(attr(all.rules, "lhs"),
                       "transactions"), "data.frame")
```

attr(all.rules, "lhs") によって，all.rules 内の条件部を示す lhs 列の値を抽出する．左記と transactions を引数にした as() 関数は，arules パッケージにおける transactions という形式に変換している．この transactions という形式を介することで，もう一つの as() 関数で data.frame（データフレーム）に変換している．これを all.rules.ant.df として保存している（ant は条件部 “antecedent” を意味し，df はデータフレーム “data frame” を意味している）．

次に，上記で作成したデータフレームについて，条件部に Churn=True もしくは Churn=False となっているものを確認する．

```
t1 <- all.rules.ant.df$items == "{Churn=True}"
t2 <- all.rules.ant.df$items == "{Churn=False}"
non.churn.ant <- abs(t1+t2-1)
```

ベクトル t1 と t2 には，0, 1 の系列が格納されている．それぞれのレコードについて，条件部に == 以下で記述された内容が含まれていれば 1，そうでなければ 0 となっている．

abs() 関数により，t1+t2-1 の絶対値をとることで，出力結果も 0, 1 の系列が格納されたベクトルとなる．これは，条件部に Churn=True もしくは Churn=False のいずれかが含まれていれば 1 となり，そうでなければ 0 となる．この二値ベクトルを non.churn.ant に格納する．

そして，all.rules から，non.churn.ant が 1 となるレコードのみを抽出する．これは，条件部に Churn が含まれていないアソシエーションルールのみを抽出した形となる．

```
good.rules <- all.rules[non.churn.ant == 1]
```

結果を good.rules に格納する．

ここで，good.rules データフレームに対し，先ほど紹介した inspect() 関数と head() 関数を用いて，リフト値降順に確認する．

前出の図 14・3 は，出力結果の最初の 10 行を示している．

Churn（解約）と CustServ.Calls（カスタマーサービスによる電話）について，クロス集計表を下記のコードで作成する．

```
t.csc.churn <- table(min.churn$Churn,
                     min.churn$CustServ.Calls)
colnames(t.csc.churn) <- c("CSC = 0", "CSC = 1", "CSC = 2",
                           "CSC = 3", "CSC = 4", "CSC = 5",
                           "CSC = 6", "CSC = 7", "CSC = 8",
                           "CSC = 9")
rownames(t.csc.churn) <- c("Churn = False", "Churn = True")
addmargins(A = t.csc.churn, FUN = list(Total = sum), quiet =
          True)
```

結果を図 14・5 に示す．

```
              CSC = 0 CSC = 1 CSC = 2 CSC = 3 CSC = 4
Churn = False     540     960     602     343      81
Churn = True       86     108      77      40      68
Total             626    1068     679     383     149

              CSC = 5 CSC = 6 CSC = 7 CSC = 8 CSC = 9 Total
Churn = False      25       8       4       1       0  2564
Churn = True       36      14       4       1       2   436
Total              61      22       8       2       2  3000
```

図 14・5　R で求めた *Churn* および *CustServ.Call* の分割表

14・5 指 標 の 確 認

上記で作成したアソシエーションルール ID1（以下，ルール 1 とよぶ）について，(1) 支持度，(2) 信頼度，(3) リフト値の指標を確認していこう．

1. 支持度

$$s = \text{支持度} = P(\texttt{CSC = 5}\ \text{かつ}\ \texttt{Churn = True})$$

$$= \frac{\texttt{CSC = 5}\ \text{かつ}\ \texttt{Churn = True}\ \text{を含むデータ数}}{\text{全データ数}} = \frac{36}{3000} = 1.2\%$$

分子の 36 は，支持度の定義により，二つの事象の共通部分を意味するので，図 14・5 で示したクロス集計を確認し，CSC = 5 かつ Churn = True となるセルを確認すればよい．これは 36 件となり，全取引のうち 1.2% となる．

2. 信頼度　クロス集計表のうち，条件付き確率 $P(B|A)$ を確認する．

$$信頼度 = P(\texttt{Churn = True}|\texttt{CSC = 5}) = \frac{P(\texttt{CSC = 5 かつ Churn = True})}{P(\texttt{CSC = 5})} = \frac{\texttt{CSC = 5 を含む事象数}}{\texttt{CSC = 5 を含むデータ数}}$$

分子，分母は図 14・5 から確認できる．

$$信頼度 = P(\texttt{Churn = True}|\texttt{CSC = 5}) = \frac{36}{61} = 59.016\%$$

3. リフト値

$$リフト値 = \frac{ルール1の信頼度}{全データのうち \texttt{Churn = True} を含む割合}$$

ルール 1 の支持度は 59.016%で，図 14・1 より *Churn*=*True* の割合は 14.53%となるので，

$$リフト値 = \frac{ルール1の信頼度}{\texttt{Churn = True} の事前確率} = \frac{0.59016}{0.1453} = 4.061$$

言い換えれば 5 回カスタマーサービスに電話した顧客は，全体の顧客における解約率の 4.061 倍の解約率である，といえる．

14・6 信頼度差分基準

今まで説明してきたアソシエーションルールは，信頼度の下限の閾値を決めることによって作成した．しかしながら，アソシエーションルールを作成するには，下限の閾値のルールの他にもいくつか方法がある．次に，差分基準による信頼度の算出方法を考えてみよう．差分基準による方法では，結論部（ここでは解約状況）の事前確率と，ルールの信頼度の絶対値差分を用いる．ここでは，下記のような条件を指定する．

$$|結論部の事前確率 - ルールの信頼度| \geq 0.40$$

図 14・6 では，（条件部の最小支持度 1%，最小信頼度 5%，条件部が 1 個のみで構成されることに加え）信頼度差分基準が 0.4 以上となるものを示している．

```
    lhs                     rhs             support confidence diff      lift     count
[1] {CustServ.Calls=5} => {Churn=True} 0.012   0.5901639  0.4448306 4.060761 36
```

図 14・6 信頼度差分基準（=0.4）を使用して見つかったアソシエーションルール

このアソシエーションルールの信頼度は 0.59016 で，`Churn = True` の事前確率 0.41533 となるので，

$$|結論部の事前確率 - ルールの信頼度| = |0.14533 - 0.59016| = 0.44483 \geq 0.40$$

上記は，図 14・6 の `diff` の項目を参照してほしい．

結論部の事前確率と，ルールの信頼度がほぼ等しくなる（上記の数値が0に近くなる）状況は，ルールとしてあまり価値がないと思われる．たとえば，データからランダムに事象を抽出してきた場合，そのうち解約する顧客の率は0.14533になる．アソシエーションルールについて，信頼度が0.14533に近いものを抽出してきた場合，上記のようなランダム抽出とほぼ変わらないルールということになる．今回抽出した，5回カスタマーサービスに電話した顧客の解約率は，ランダム抽出した顧客の解約率とかなり差があるといえる．信頼度差分基準は，たとえば"妊娠していれば，それは女性である"というような明らかに不必要なルールの足きりに使うことができる．また，この過程を通じて，全体の分布がどの程度偏って（歪んでいるか）といったことの可視化にもつながる．

14・6・1 信頼度差分基準の実装（R）

信頼度差分基準をアソシエーションルールの抽出に利用するために，`apriori()`関数に，追加の引数を入力する必要がある．

```
rules.confdiff <- apriori(data = min.churn, parameter =
                          list(arem = "diff", aval = TRUE,
                          minval = 0.4, supp = 0.01, target
                          = "rules", conf = 0.05, minlen = 2,
                          maxlen = 2))
```

`parameer = list()`内の引数に注目してほしい．まず，`arem = "diff"`は，信頼度差分基準を使うように指定している．次に，`aval = TRUE`は，結果出力時に抽出基準を表示するように指定している．また，`minval = 0.4`は，信頼度差分基準の閾値を0.4にするように指定している．出力結果を，`rules.confdiff`に保存している．

新しく生成されたルール*を確認するには，`inspect()`関数と`head()`関数を使う．`head()`関数の第一引数に先ほどの`rules.confdiff`を指定する．

```
inspect(head(rules.confdiff, by = "lift", n = 10))
```

14・7 信頼度比率基準

次に，信頼度の比率基準について説明する．（条件部の最小支持度1%，最小信頼度5%，条件部が1個のみで構成されることに加え，）比率の閾値が0.4となるものを

---

* 出力には条件部ルールにChurnがあるものが含まれる．条件部ルールにChurnがないもののみをサブセット化すると，§14・6・1で示したように，出力は図14・6に示すものと一致する．

示す．条件部ルールにChurnが含まれるものを除くと，図14・7に示した三つのアソシエーションルールが検出される．信頼度比率基準では，結論部（Churn = True）の事前確率と，ルールの信頼度の絶対比率を利用する．ここでは，下記のような条件を指定する．

$$\begin{cases} 1 - \dfrac{\text{ルールの信頼度}}{\text{結論部の事前確率}} \geq 0.40 \\ \text{または} \\ 1 - \dfrac{\text{結論部の事前確率}}{\text{ルールの信頼度}} \geq 0.40 \end{cases}$$

```
    lhs                       rhs            support    confidence quot      lift     count
[1] {CustServ.Calls=5} => {Churn=True} 0.01200000 0.5901639  0.7537407 4.060761  36
[2] {CustServ.Calls=4} => {Churn=True} 0.02266667 0.4563758  0.6815490 3.140201  68
[3] {Intl.Plan=yes}    => {Churn=True} 0.04233333 0.4305085  0.6624147 2.962214 127
```

図14・7 信頼度比率基準（=0.4）を使用して見つかったアソシエーションルール

実際に図14・5のルール3について確認してみよう．このルールの信頼度は0.43051である．図14・1から，（Churn = True）の事前確率は0.14533である．つまり，

$$1 - \frac{\text{結論部の事前確率}}{\text{ルールの信頼度}} = 1 - \frac{0.14533}{0.43051} = 0.66242 \geq 0.40$$

となる．数値の丸め誤差を無視すると，図14・7に示したquotの値と等しくなる．

信頼度差分基準と同じく，分布の偏りを可視化できる．この方法は特にまれな事象の抽出に向いている．もちろん，データサイエンスで使われるクロスバリデーションの手法と同じく，アソシエーションルールの検証は必須である．練習問題で，実際の検証方法について詳しく触れる．

14・7・1 信頼度比率基準の実装（R）

信頼度比率基準をアソシエーションルールの抽出に利用するために，apriori()関数に渡す引数を変更する必要がある．

```
rules.confquot <- apriori(data = min.churn, parameter =
                          list(arem = "quot", aval = TRUE,
                          minval = 0.4, supp = 0.01, target
                          = "rules", conf = 0.05, minlen = 2,
                          maxlen = 2))
inspect (head(rules.confquot, by = "lift", n = 10))
```

上記コードの出力結果については特に記載しないが，これだけだと条件部に Churn が含まれるものも出力されてしまう．

条件部から Churn を含むものを除外するために，§14・4・1と同一の方法で除外を行う．

```
rules.confquot.ant.dif <- as(as(attr(rules.confquot, "lhs"),
                                "transactions"), "data.frame")
t1 <- rules.confquot.ant.df$items == "{Churn=True}"
t2 <- rules.confquot.ant.df$items == "{Churn=False}"
non.churn.ant <- abs(t1 + t2 - 1)
good.rules.confquot <- rules.confquot[non.churn.ant == 1]
inspect(good.rules.confquot)
```

別れの挨拶

Python と R によるデータサイエンスを通じて，データサイエンスを学んでいただき感謝する．ここまで学んだことで，達成感を感じていることだろう！ これからも，データサイエンスを学び，生かし続けていくことを願っている．

Chantal Larose
Daniel Larose

参考資料

本章でのアソシエーションルールを取扱うにあたって，R の arules パッケージに大きく依存している*．詳細は，下記を確認してほしい．

1. M. Haser, C. Buchta, B. Gruen, K. Hornik, "arules: Mining association rules and frequent itemsets", R package version 1.6-1, 2018. https://CRAN.R-project.org/package=arules
2. M. Hahsler, B. Gruen, K. Hornik, "arules: A computational environment for mining association rules and frequent item sets", *Journal of Statistical Software*, **14**(**15**), 2005. doi:https://doi.org/10.18637/jss.v014.i15.
3. M. Hahsler, S. Chelluboina, K. Hornik, C. Buchta, The arules Rpackage ecosystem: analyzing interesting patterns from large transaction datasets, *Journal of Machine Learning Research*, **12**, 1977-1981 (2011).

* ［訳注］本書では，R による実装を取扱ったが，Python でも mlxtend などの追加パッケージをインストールすることで，アソシエーションルールを実装できる．

練習問題

考え方の確認

14・1 “次元の呪い”が，アソシエーションルールの抽出をどのように難しくしているか述べよ．

14・2 アソシエーションルールは，どのような形式をとるか述べよ．

14・3 アソシエーションルールにおける支持度について，自身の言葉で述べよ．

14・4 信頼度はどの確率と等しくなるか答えよ．

14・5 リフト値とは何か述べよ．

14・6 信頼度差分基準とは何か，何のために使うか述べよ．

14・7 信頼度比率基準について説明せよ．

練習問題 14・8〜14・10 の設問に答えるにあたり，表 14・1 を参照せよ．

14・8 “トウモロコシを買うなら，トマトも買う”というアソシエーションルールについて，その支持度を計算せよ．

14・9 練習問題 14・8 と同様のルールについて，信頼度を表 14・1 から発見せよ．

14・10 練習問題 14・8 と同様のルールについて，リフト値を計算せよ．

データ分析練習

練習問題 14・11〜14・18 では，Churn_Training_File データセットを分析する．R を用いて各問題を解け．

14・11 `VMail Plan`，`Int'l Plan`，`CustServ.Calls`，`Churn` 列について，データフレームを作成し格納せよ．`CustServ.Calls` 列については，順序付き因子に変換せよ．

14・12 四つの属性について，データ数，割合が含まれるように表を作成せよ．その際，それぞれの属性について，データの分布の“基準”は何になるか，述べよ．

14・13 §14・4 で説明した方法を使って，アソシエーションルールを抽出せよ．

14・14 練習問題 14・13 で抽出したアソシエーションルールについて，条件部に `Churn` 属性を含まないように除外し，出力せよ．その際，リフト値降順で出力すること．

14・15 §14・6 で説明した信頼度差分基準を使って，アソシエーションルールを抽出せよ．

14・16 練習問題 14・15 について，手計算で信頼度差分がいくつになるか確認せよ．

14・17 §14・7 で説明した信頼度比率基準を使って，アソシエーションルールを抽出せよ．なお，その際には条件部に `Churn` が含まれないように，除外せよ．

14・18 練習問題 14・17 について，手計算で信頼度比率がいくつになるか確認せよ．

データ分析実践

練習問題 14・19〜14・28 では，adult データセットを分析する．R を用いて各問題を解け．

14・19 `education`，`marital status`，`Income` 列について，データフレームを作成し格納せよ．`CustServ.Calls` 列については，順序付き因子に変換せよ．

14・20　四つの属性について，データ数，割合が含まれるように表を作成せよ．その際，それぞれの属性について，データの分布の“基準”は何になるか，述べよ．

14・21　最小支持度 2%，最小信頼度 50%，条件部を 1 個の条件のみで構成する，という条件のもとに，アソシエーションルールを抽出せよ．

14・22　練習問題 14・21 で抽出したアソシエーションルールについて，条件部に `Income` 属性を含まないように除外し，出力せよ．その際，リフト値降順で出力すること．

14・23　最小支持度 2%，最小信頼度 50%，条件部を 1 個の条件のみで構成する，信頼度差分基準の閾値を 0.3 とする，という条件のもとに，アソシエーションルールを抽出せよ．

14・24　練習問題 14・23 で抽出したアソシエーションルールについて，条件部に `Income` 属性を含まないように除外し，出力せよ．その際，リフト値降順で出力すること．

14・25　練習問題 14・24 について，手計算で信頼度差分がいくつになるか確認せよ．

14・26　最小支持度 2%，最小信頼度 50%，条件部を 1 個の条件のみで構成する，信頼度比率基準の閾値を 0.3 とする，という条件のもとに，アソシエーションルールを抽出せよ．

14・27　練習問題 14・26 で抽出したアソシエーションルールについて，条件部に `Income` 属性を含まないように除外し，出力せよ．その際，リフト値降順で出力すること．

14・28　練習問題 14・27 について，手計算で信頼度比率がいくつになるか確認せよ．

練習問題 14・29～14・40 では，AR_Training と AR_Test データセットを分析する．R を用いて各問題を解け．`Response` 列が目的変数であるため，結論部は `Response` を含むもののみに限定する．その他の列はすべて説明変数とし，条件部にのみ出現するようにする．特に言及がない限り，AR_Training データセットを使って問題に取組むこと．

14・29　個々の属性について，データ数，割合が含まれるように表を作成せよ．この表は，今後事前確率を得るために使われる．

14・30　最小支持度 5%，最小信頼度 5%，条件部を 1 個の条件のみで構成する，という条件のもとに，アソシエーションルールを抽出し，出力せよ．その際，リフト値降順で出力すること．

14・31　練習問題 14・30 で抽出したアソシエーションルールについて，最も高いリフト値をもつものを選べ．また，リフト値について，データサイエンスに詳しくないものにもわかるように説明せよ．

14・32　練習問題 14・30 で抽出したアソシエーションルールについて，事前確率の算出ならびにクロス集計表の作成を行い，支持度，信頼度，リフト値について手計算せよ．

14・33　最小支持度 5%，最小信頼度 5%，条件部を 2 個以下の条件で構成する，という条件のもとに，アソシエーションルールを抽出し，出力せよ．その際，リフト値降順で出力すること．

14・34　練習問題 14・33 で抽出したアソシエーションルールについて，最も高いリフト値をもつものを選び，条件部が 1 個の条件のものと比較せよ．また，下記について述べよ．

(a) どちらのリフト値が高いか．

(b) どちらの支持度が高いか．

(c) あなたがマーケティング責任者だとした場合，どちらのルールが重要であると考えるか．またその理由は何か．

14・35 最小支持度5%，最小信頼度5%，条件部を1個の条件のみで構成する，信頼度差分基準の閾値を0.3とする，という条件のもとに，アソシエーションルールを抽出し，出力せよ．その際，リフト値降順で出力すること．

14・36 練習問題14・35で抽出したアソシエーションルールについて，最も高いリフト値をもつものを選べ．信頼度差分について，手計算で確認せよ．

14・37 最小支持度5%，最小信頼度5%，条件部を2個以下の条件で構成する，信頼度差分基準の閾値を0.1とする，という条件のもとに，アソシエーションルールを抽出し，出力せよ．その際，リフト値降順で出力すること．

14・38 練習問題14・37で抽出したアソシエーションルールについて，最も高いリフト値をもつものを選び，条件部が1個の条件のものと比較せよ．また，下記について述べよ．

(a) どちらのリフト値が高いか．

(b) どちらの支持度が高いか．

(c) あなたがマーケティング責任者だとした場合，どちらのルールが重要であると考えるか．またその理由は何か．

14・39 最小支持度5%，最小信頼度5%，条件部を3個以下の条件で構成する，信頼度比率基準の閾値を0.3とする，という条件のもとに，アソシエーションルールを抽出し，出力せよ．その際，リフト値降順で出力すること．

14・40 練習問題14・39で抽出したアソシエーションルールについて，最も高いリフト値をもつものを選べ．信頼度比率について，手計算で確認せよ．

練習問題14・29～14・40に取組む際に，AR_Testデータセットを使ってルールの検証を行う．

14・41 個々の属性について，データ数，割合が含まれるように表を作成せよ．なお，この表は，後ほど事前確率を確認するために利用する．

14・42 最小支持度5%，最小信頼度5%，条件部を1個の条件のみで構成する，という条件のもとに，アソシエーションルールを抽出せよ．

14・43 練習問題14・42で抽出したアソシエーションルールについて，練習問題14・30において，学習用データセットで同条件で抽出したものと比較せよ．練習問題14・30で抽出したアソシエーションルールは十分に検証されたといえるだろうか，述べよ．

付録：データの要約と可視化

ここではデータの要約と可視化の方法を簡潔に紹介する．詳細は，Daniel T. Larose, 'Discovering Statistics', 2nd Ed, W. H. Freeman (2013) で読むことができる．

A・1　要約1：データ分析のブロックの構築

- 記述統計は，データセット内の情報を要約および整理する方法をさす．表A・1を使って，いつくかの統計的概念を説明する．

表A・1　10人のローン申請者の特徴

申請者	婚姻状況	住宅ローン	収入(ドル)	ランク	年	リスク
1	未 婚	あ り	38,000	2	2009	低い
2	既 婚	あ り	32,000	7	2010	低い
3	その他	な し	25,000	9	2011	低い
4	その他	な し	36,000	3	2009	低い
5	その他	あ り	33,000	4	2010	低い
6	その他	な し	24,000	10	2008	高い
7	既 婚	あ り	25,100	8	2010	低い
8	既 婚	あ り	48,000	1	2007	低い
9	既 婚	あ り	32,100	6	2009	高い
10	既 婚	あ り	32,200	5	2010	低い

- 情報が収集される対象を**要素**（element）とよぶ．たとえば，表A・1における要素は10人の申請者である．要素は，事例（ケース，case）または対象（subject）ともよばれる．
- **変数**（variable）は要素の特性であり，要素ごとに異なる値をとりうる．表A・1の変数は，婚姻状況，住宅ローン，収入（ドル），ランク，年，リスクである．変数は**属性**（attribute）ともよばれる．

- 特定の要素における変数のセットは**観測値**（observation）である．観測値は**レコード**（record）ともよばれる．たとえば，申請者 2 の観測値は，

申請者	婚姻状況	住宅ローン	収入($)	ランク	年	リスク
2	既 婚	あ り	32,000	7	2010	Good

である．

- 変数は質的（qualitative）または量的（quantitative）に分けられる．
  - **質的変数**（qualitative variable）は，要素をいくつかの特性に従って分類またはカテゴリ化できる．表 A・1 の質的変数は，婚姻状況，住宅ローン，ランク，リスクである．質的変数は，**カテゴリ変数**（categorical variable）ともよばれる．
  - **量的変数**（quantitative variable）は数値をとり，算術演算を実行できる．表 A・1 の量的変数は，収入と年である．量的変数は**数値変数**（numerical variable）ともよばれる．
- データは，四つの測定レベル（名義，順序，間隔，比率）によって分類することもある．名義および順序のデータは質的で，間隔と比率のデータは数値である．
  - **名義データ**（nominal data）は，名前，ラベル，またはカテゴリをさす．普通の順序付けは行われず，名義データに対して算術演算を実行することはできない．表 A・1 の名義変数は，婚姻状況，住宅ローン，リスクである．
  - **順序データ**（ordinal data）は特定の順序にすることが可能である．ただし，順序データに対して算術演算を実行することはできない．表 A・1 の順序変数は収入ランクである．
  - **間隔データ**（interval data）は，ゼロのない，間隔で定義された定量データで構成される．間隔データに対しては，加算と減算を実行できる．表 A・1 の間隔変数は年である．（“ゼロ年” がないことに注意しよう．カレンダーは，紀元前 1 年から西暦 1 年に移る．）
  - **比率データ**（ratio data）は，加算，減算，乗算，除算を実行できる定量データである．比率データにはゼロが存在する．表 A・1 の比率変数は収入である．
- ある範囲に有限個の値をとる数値変数は**離散変数**（discrete variable）であり，各変数の値は，隙間を置いて別々の点としてグラフ化できる．表 A・1 における離散変数は年である．
- ある範囲に無限に値をとることができる数値変数は**連続変数**（continuous variable）であり，その可能な値は数直線上で範囲である．表 A・1 における連続変数は収入である．
- **母集団**（population）は，特定の問題に関係するすべての要素の集合である．**パラ**

メータ（parameter）は母集団の特性を表す．たとえば，母集団が米国人有権者すべてを表す集合で，パラメータは炭素に対する1トン当たり1ドルの税を払う人口の割合である．

◦ 通常，パラメータの値は未知であるが，定数である．

- **標本**（sample，サンプルともいう）は母集団の部分集合で構成される．標本の特性を**統計量**（statistic）とよぶ．たとえば，標本がある教室における米国人有権者の集合であり，統計量は標本中の炭素に対する1トン当たり1ドルの税を払う割合である．
  ◦ 統計量は通常既知の値であるが，標本ごとに変化する．
- **全数調査**（census）は，人口すべての要素から情報を集めることである．たとえば，全数調査は，すべての米国の有権者から，彼らが炭素に対する1トン当たり1ドルの税を支持するかどうかを明らかにすることである．実際には，このような全数調査は現実的ではないため，統計的推論に頼ることになる．
- **統計的推論**（statistical inference）とは，母集団から得られた標本の特性に基づいて，母集団の特性に関して推定することや結論づけるための方法をさす．たとえば，教室内の有権者の50%が税金を払っているとする．統計的推論を用いると，米国のすべての有権者の50%が税金を払っていると推測される．明らかに，これには問題がある．その標本はランダムでも代表でもないし，その推定には信頼水準がないからである．
- 各要素が選択される機会が等しい標本を取得すると，**ランダムな標本**（random sample）であるといえる．
- **説明変数**（predictor variable）は，予測に使われる変数である．表A・1の説明変数は，リスクを除くすべての変数である．
- **目的変数**（response variable）は，予測したい変数であり，説明変数の集合によって少なくとも部分的に決定される変数である．表A・1の目的変数はリスクである．

A・2　可視化：データを要約および整理するためのグラフと表

A・2・1　カテゴリ変数

- カテゴリの**頻度**〔frequency，カウント（count）ともいう〕は，各カテゴリのデータ値の個数である．カテゴリ変数の特定のカテゴリの**相対頻度**（relative frequency）は，その頻度を要素数で割ったものに等しくなる．
- カテゴリ変数の**(相対)頻度分布**〔(relative) frequency distribution〕は，変数が想定するすべてのカテゴリと，各値の（相対）頻度で構成される．頻度は合計して要素の数になり，相対頻度の合計は1になる．

- たとえば，表A・2は，表A・1のデータの婚姻状況の頻度分布と相対頻度分布を表している．

表A・2　頻度分布と相対頻度分布

婚姻状況のカテゴリ	頻 度	相対頻度
既　婚	5	0.5
その他	4	0.4
未　婚	1	0.1
合　計	10	1.0

- **棒グラフ**（bar chart）は，カテゴリ変数の頻度または相対頻度を表すために使用されるグラフである．棒同士は接触しないことに注意．
  - **パレート図**（pareto chart）は，棒が降順で配置された棒グラフである．図A・1はパレート図の例である．

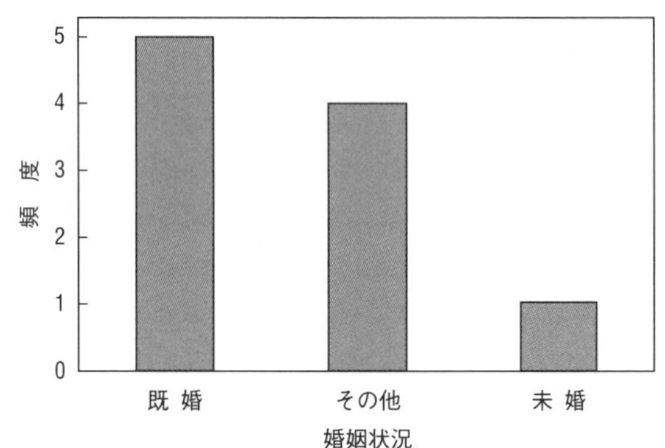

図A・1　婚姻状況に関する棒グラフ

- 円グラフ（pie chart）は，扇形に分割された円で，各扇の大きさは，その扇に関連付けられたカテゴリの相対頻度に比例する．図A・2は婚姻状況の円グラフを示し

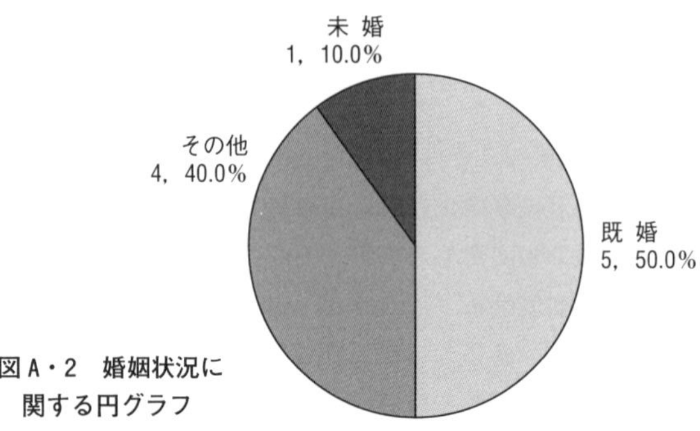

図A・2　婚姻状況に関する円グラフ

ている．

A・2・2 量 的 変 数

- 定量データは**クラス**（class）にグループ化することもできる．**クラスの下限**（**上限**）〔lower（upper）class limit〕は，そのクラス内の最小（最大）値に等しくなる．**クラス(の)幅**（class width）は，連続するクラスの下限の差である．
- 定量データの場合，(**相対**)**頻度分布**は，データをクラス幅が等しい重複しないクラスに分割する．表A・3は，表A・1からの連続変数である所得の頻度分布と相対頻度分布を表す．

表A・3 収入の頻度分布と相対頻度分布

収入（ドル）のクラス	頻 度	相対頻度
24,000〜29,999	3	0.3
30,000〜35,999	4	0.4
36,000〜41,999	2	0.2
42,000〜48,999	1	0.1
合 計	10	1.0

- **累積**(**相対**)**頻度分布**は，クラスの上限以下のデータ値の総数（相対頻度）を表す（表A・4）．

表A・4 収入の累積頻度分布と累積相対頻度分布

収入（ドル）のクラス	累積頻度	累積相対頻度
24,000〜29,999	3	0.3
30,000〜35,999	7	0.7
36,000〜41,999	9	0.9
42,000〜48,999	10	1.0

- 変数の**分布**（distribution）は，データセット内のすべての要素の変数の値と頻度を指定するグラフ，表，または式のことをさす．たとえば，表A・3は，所得変数の分布を表している．
- **ヒストグラム**（histogram）は，量的変数の（相対）頻度分布のグラフ表示である（図A・3）．ヒストグラムは，データの平滑化の単純なバージョンであるため，クラスの数と幅に応じて形状が異なることに注意しよう．そのため，ヒストグラムの解釈には注意が必要である．ヒストグラムクラスの数と幅を変更することにより，対称および右に歪んだ形状の両方になりうるデータセットの例を，D. T. Larose *et al.*, "Discovering Statistics", 3rd Ed., W. H. Freeman（2015）の §2・4で確認すること

ができるので参照されたい.

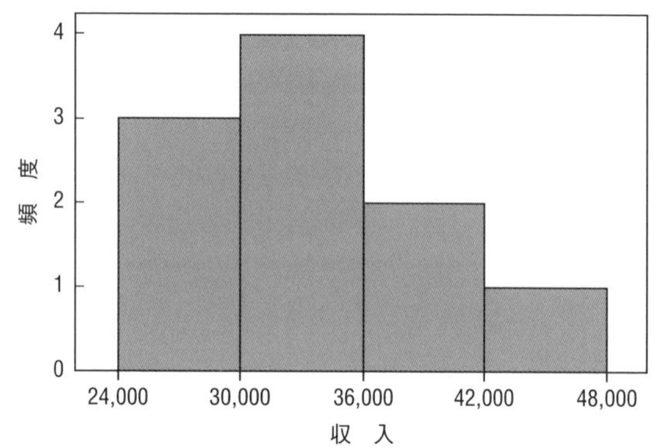

図A・3 収入のヒストグラム

- **幹葉表示**（stem-and-leaf display）は，元のデータ値を正確に，または近似的に保持しながら，データ分布の形状を表示する．葉の単位は10の累乗に等しくなるように定義され，幹の単位は葉の単位の10倍である．各葉は，幹と葉の組合わせによりデータ値を表す．たとえば，図A・4では，葉ユニット（右側の列）は1000で，幹ユニット（左側の列）は10,000である．したがって，“2 4”は2×10,000+4×1000=24,000ドルを表し，“2 55”は収入25,000ドルである2人を表す（1人は正確で，もう1人はおよそ25,100ドル）．左に90度回転した図A・4は，データ分布の形状を表すことに注意しよう．

```
Stem-and-leaf of Income
Leaf Unit = 1000

     2  4
     2  55
     3  2223
     3  68
     4
     4  8
```

図A・4 収入（Income）の幹葉表示

- **ドットプロット**（dotplot）では，各ドットは一つ以上のデータ値を表し，数字の線の上に配置される（図A・5）．

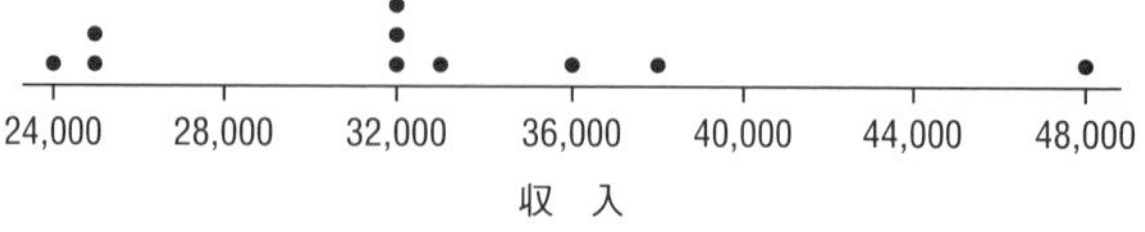

図A・5 収入のドットプロット

- 分布をほぼ鏡像である二つの半分に分割する対称軸（線）が存在する場合，分布は**対称**（symmetric）であるという（図A・6a）.
- **右に歪んだ**（right-skewed）データは，左よりも右に長い裾（テール）をもち（図A・6b），**左に歪んだ**（left-skewed）データは，右よりも左に長い裾をもつ（図A・6c）.

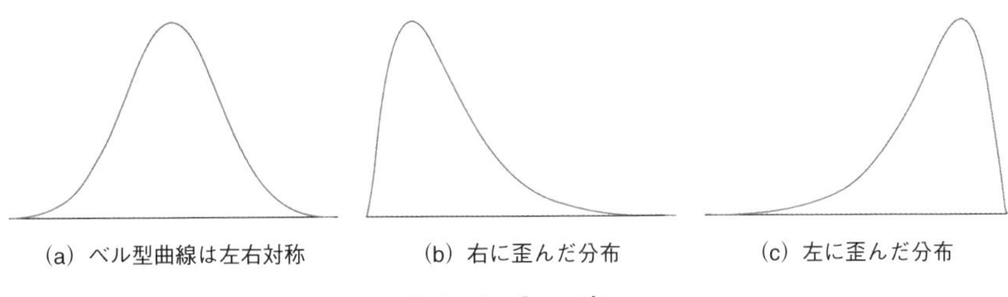

図A・6 分 布

A・3 要約2: 中心，ばらつき，位置の尺度

- 総和表記$\sum x$は，すべてのデータ値xを合計することを意味する．サンプルサイズ（標本の大きさ）をnで，母集団サイズをNと表記することが多い.
- **中心の尺度**（measures of center）は，データの中心部分が数直線上のどこにあるかを表す．中心の尺度には，平均，中央値，最頻値，およびミッドレンジがある.
    - **平均**（mean）は，データセットの算術平均である．平均を計算するには，値を合計し，値の個数で割る．表A・1の平均収入は次のようになる.

$$\frac{38{,}000 + 32{,}000 + \cdots + 32{,}200}{10} = \frac{325{,}400}{10} = 32{,}540 \text{ ドル}$$

    - **標本平均**（sample mean，**サンプル平均**ともいう）は，サンプルの算術平均であり，$\bar{x}$（エックスバー）で表す.
    - **母平均**（population mean）は，母集団の算術平均であり，μ（ミュー，mのギリシャ文字）で表される.
    - **中央値**（median）は，データの個数が奇数の場合，データを昇順（または降順）でソートしたときの（並び替えたときの）中央のデータ値である．データが偶数個ある場合，中央値は2つの中間データ値の平均で定義される．収入データの場合，2つの中間値は32,100ドルと32,200ドルであり，その平均である32,150ドルが中央値となる.
    - **最頻値**（mode）は，最も高い頻度で発生するデータ値のことである．最頻値は量的変数とカテゴリ変数のデータ両方に定義できるが，平均や中央値を定義できるのは量的変数のみに限られる．各収入値は1回だけ発生するため，最頻値は存在しない．年の最頻値は2010で，頻度は4である.

- **ミッドレンジ**（midrange）は，データセットの最大値と最小値の平均である．収入のミッドレンジは，

$$\text{ミッドレンジ(収入)} = \frac{\max(\text{収入}) + \min(\text{収入})}{2} = \frac{48{,}000 + 24{,}000}{2} = 36{,}000\text{ ドル}$$

である．

- 中心の歪みと値: 以下は傾向であり，厳密な法則ではない．
  - 対称データの場合，平均と中央値はほぼ等しくなる．
  - 右に歪んだデータの場合，平均は中央値より大きい．
  - 左に歪んだデータの場合，中央値は平均より大きい．
- **ばらつきの尺度**（measures of variability）は，データに存在する変動，広がり，またはばらつきの量を定量化する．ここで学ぶばらつきの尺度は，範囲，分散，標準偏差，四分位範囲（IQR）である．
  - 変数の**範囲**（range）は，最大値と最小値の差に等しい．収入の範囲は，max(収入)−min(収入)＝48,000−24,000＝24,000 ドルとなる．
  - **偏差**（deviation）は，各データと平均値の間の符号付きの差である．申請者 1 の場合，収入の偏差は $x-\bar{x}=38{,}000-32{,}540=5{,}460$ ドルである．どのようなデータセットに対しても，偏差の合計は 0 になるため，平均偏差は常に 0 である．
  - **母分散**（population variance，母集団の分散）は，偏差の 2 乗の平均であり，σ^2（シグマ 2 乗）と表す．

$$\sigma^2 = \frac{\sum(x-\mu)^2}{N}$$

  - **母集団標準偏差**（population standard deviation）は母分散の平方根であり，

$$\sigma=\sqrt{\sigma^2}$$

である．

  - **標本分散**（sample variance）は，偏差の 2 乗の平均であるが，分母の n を $n-1$ に置き換え，σ^2 の**不偏推定量**（unbiased estimator）とする．（不偏推定量とは，期待値が母集団のパラメーターに等しい統計量のことである）

$$s^2 = \frac{\sum(x-\bar{x})^2}{n-1}$$

  - **標本標準偏差**（sample standard deviation）は標本分散の平方根であり，

$$s=\sqrt{s^2}$$

である．

◦ 分散は2乗単位で表されるが，専門家でない人にはわかりにくいかもしれない．そのため，結果を報告するときは，元の単位で表される標準偏差が優先される．たとえば，所得の標本分散はs^2＝51,860,444 ドル2乗であり，その意味はクライアントには不明確かもしれない．そのため，標本の標準偏差s＝7,201 ドルを報告する方が適切である．
◦ 標本の標準偏差sは，典型的な偏差のサイズ，つまり，データ値と平均値の典型的な差の大きさと解釈できる．たとえば，通常，収入は平均から7,201 ドルだけずれている．

• **位置の尺度**（measures of position）は，データ分布内の特定のデータ値の相対位置を表す．ここで取り上げる位置の尺度は，パーセンタイル，パーセンタイルランク，Z値，および四分位数である．
◦ データセットの**pパーセンタイル**（p percentile）は，データセットの値のpパーセントがこの値以下になるようなデータ値を表す． 50パーセンタイルは中央値である．たとえば，収入の中央値は32,150 ドルで，データの50％はこの値以下である．
◦ データの**パーセンタイル順位**（percentile rank）は，データセット内のその値以下の値の割合である．たとえば，申請者1の38,000 ドルの収入のパーセンタイル順位は90％である．これは，38,000 ドル以下の収入の割合が90％だからである．
◦ **Z値**（Z-score）はある観測値に対し，平均に対して標準偏差にしていくつ分上回っているかを表す．標本に対して，Z値は次のように定義される．

$$\text{Z値} = \frac{x - \bar{x}}{s}$$

申請者6の場合，Z値は

$$\frac{24{,}000 - 32{,}540}{7{,}201} \approx -1.2$$

となり，申請者6の収入は，平均より1.2標準偏差分だけ下回る．
◦ Z値を指定すると，データの値が見つかる場合もある．平均から2標準偏差以上下回る収入の人にはローンが与えられないとしよう．ここで，Z値＝−2であり，対応する収入は次のようになる．

$$\text{収入} = \text{Z値} \times s + \bar{x} = (-2) \times 7{,}201 + 32{,}540 = 18{,}138 \text{ ドル}$$

収入が18,138 ドル未満の申請者にはローンは提供されないことがわかる．
◦ データの分布が正規分布であると，以下の**経験則**（empirical rule）が成り立つ．

▸ データの約 68%は，平均から ±1 標準偏差以内にある．

▸ データの約 95%は，平均から ±2 標準偏差以内にある．

▸ データの約 99.7%は，平均から ±3 標準偏差以内にある．

◦ **第 1 四分位数**（first percentile，Q1）は，データセットの 25 パーセンタイルである．**第 2 四分位数**（second percentile，Q2）は 50 パーセンタイル（中央値）である．**第 3 四分位数**（third percentile，Q3）は 75 パーセンタイルである．

◦ **四分位範囲**（interquartile range, IQR）は，外れ値に頑健なばらつきの尺度で，IQR＝Q3－Q1 で定義される．

◦ **外れ値を検出する IQR メソッド**では，次のいずれかの場合，データ値 x が外れ値であるとみなす．

▸ $x \leq \mathrm{Q1} - 1.5 \times (\mathrm{IQR})$，または

▸ $x \geq \mathrm{Q3} + 1.5 \times (\mathrm{IQR})$．

• データセットの**五数要約**（five-number summary）は，最小値，Q1，中央値，Q3，および最大値からなる．

• **箱ひげ図**（boxplot）は，五数要約に基づくグラフで，対称性と歪みを把握するのに役立つ．特定のデータセット（表 A・1 からではない）について，最小値＝15，Q1＝29，中央値＝36，Q3＝42，最大値＝47 と仮定し，箱ひげ図を図 A・7 に示す．

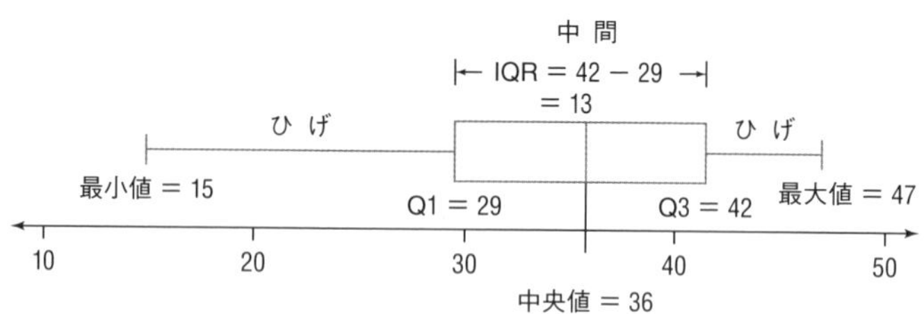

図 A・7 左に歪んだ分布の箱ひげ図

◦ 箱は，Q1 から Q3 のデータの範囲として表現される．

◦ 左のひげは，外れ値ではない最小値まで伸びる．

◦ 右のひげは，外れ値ではない最大値まで伸びる．

◦ 左のひげが右のひげよりも長い場合，分布は左に歪んでいることを表し，その逆も同様である．

◦ ひげの長さがほぼ等しい場合，分布は対称であることを意味する．図 A・7 から分布は，左に歪んでいることがわかる．

A・4　2変量の関係の要約と可視化

- **2変量の関係**（bivariate relationship）は，二つの変数間の関係である．
- 二つのカテゴリ変数間の関係は，二つの変数のクロス集計である**分割表**（contingency table）を使用して要約され，セルは変数値のすべての組合わせを表す．表A・5は，変数の住宅ローンとリスクの分割表である．列の和には，リスクの**周辺分布**（marginal distribution），つまり，この変数のみの頻度分布である．同様に，行の和は住宅ローンの周辺分布を表す．

表A・5　住宅ローンとリスクの分割表

		住宅ローン		
		あり	なし	合計
リスク	低い	6	2	8
	高い	1	1	2
	合計	7	3	10

- 分割表は多くのことを教えてくれる．高リスクのベースラインの割合は2/10＝20％である．ただし，住宅ローンのない申請者の高リスクの割合は1/3＝33％で，これはベースラインよりも高い．また，住宅ローンの申請者に対する高リスクの割合は1/7＝14％であり，これはベースラインよりも低い．したがって，申請者が住宅ローンをもっているかどうかは，リスクを予測するのに役立つ．
- **集合棒グラフ**（clustered bar chart）は，分割表の図としての表現である．図A・8は，住宅ローンの有無ごとにクラスター化されたリスクの棒グラフを示している．二つのグループ間の格差が一目瞭然である．

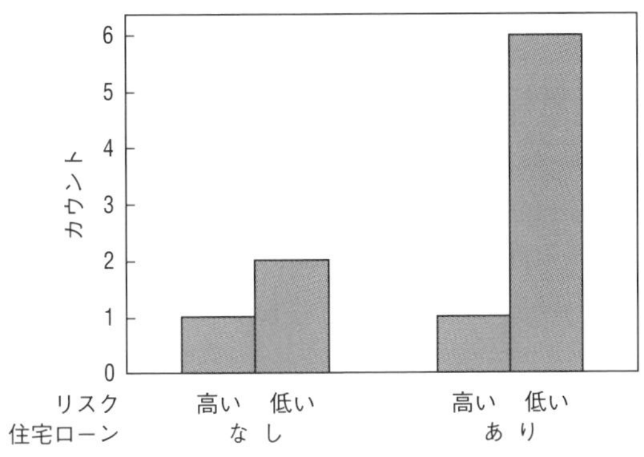

図A・8　住宅ローンでクラスター化されたリスクの棒グラフ

- 量的変数とカテゴリ変数の関係を要約するためには，カテゴリ変数の各レベルに対し，量的変数の要約統計量を計算する．たとえば，Minitab（統計解析ソフト）を使うと，収入，高いリスクのあるレコード，および低いリスクのレコードについて，以下の要約統計量が得られる．低リスクの場合，要約統計量のすべての値が大きくなっていることがわかる．その差は統計的に有意だろうか？ それを明らかにするためには，仮説検定を実行して確認する必要がある（第4章参照）．

記述統計: 収入

リスク	平均	標準偏差	最小値	中央値	最大値
高い	28,050	5,728	24,000	28,050	32,100
低い	33,663	7,402	25,000	32,600	48,000

- 量的変数とカテゴリ変数との関係を可視化するために，カテゴリ変数の各カテゴリに一つずつ，垂直ドットプロットのセットである**個別値プロット**（individual value plot）を使用できる．図A・9は，収入とリスクの個々の値のプロットを示しており，良好なリスクの収入は大きくなる傾向があることを示している．

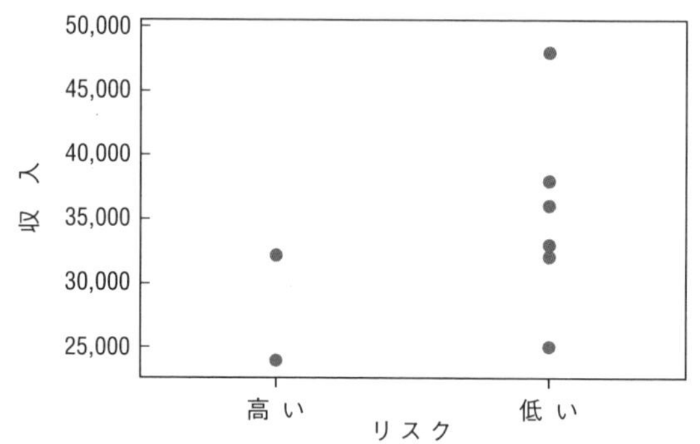

図A・9 収入とリスクの個々の値のプロット

- **散布図**（scatter plot）は，二つの量的変数 x と y の関係を可視化するために使われる．各（x, y）点は直交座標上に描かれ，x 軸が水平で，y 軸が垂直である．図A・10には，相関係数 r の値とともに，変数間のいくつかの関係を表す散布図が八つ描かれている．
- **相関係数**（correlation coefficient）r は，二つの量的変数間の線形関係の強さと方向を定量化する．相関係数は次のように定義される．

$$r = \frac{\sum(x-\bar{x})(y-\bar{y})}{(n-1)s_x s_y}$$

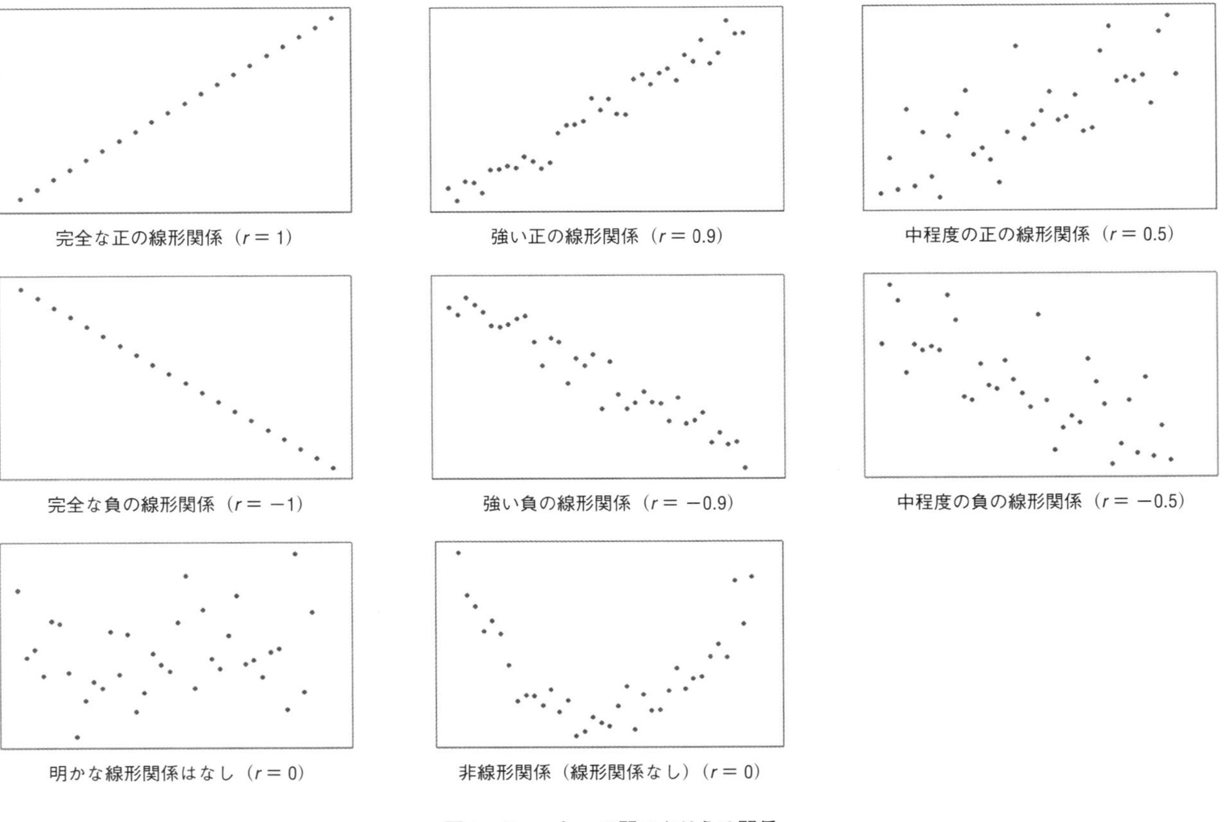

図A・10　x と y の間のありうる関係

ここで，s_x と s_y は，それぞれ変数 x と変数 y の標準偏差を表す．相関係数 r のとりうる範囲は $-1 \leq r \leq 1$ である．

- 多数のレコード（1000 を超える）が存在する場合は，$-0.1 \leq r \leq 0.1$ などの小さな r の値でも統計的に有意な場合がある．
- r が正で有意であれば，x と y の間には正の相関があるという．その場合，x（または y）の増加が，y（または x）の増加に関連している．
- r が負で有意であれば，x と y の間には負の相関があるという．その場合，x（または y）の増加は，y（または x）の減少と関連している．

コマンド・スクリプト索引

Python

R

索　　引

欧　文

あ　行

か　行

さ　行

た　行

な　行

は　行

ま　行

や　行

ら　行

阿部真人（あべ まさと）
1984 年 宮城県に生まれる
2009 年 東京大学教養学部 卒
2015 年 東京大学大学院総合文化研究科博士課程 修了
現 理化学研究所革新知能統合研究センター 特別研究員
専門 数理生物学，データ科学，ネットワーク科学
博士（学術）

西村晃治（にしむら こうじ）
1986 年 神奈川県に生まれる
2009 年 早稲田大学国際教養学部 卒
2012 年 東京大学大学院総合文化研究科修士課程 修了
現 （株）ブレインパッド リードデータサイエンティスト
専門 生態学，機械学習，プロジェクトマネジメント
修士（学術）

第 1 版 第 1 刷 2020 年 11 月 9 日 発 行

Python, R で学ぶデータサイエンス

訳 者 阿 部 真 人
西 村 晃 治

発行者 住 田 六 連

発 行 株式会社 東京化学同人
東京都文京区千石 3 丁目 36−7（〒112−0011）
電 話 03−3946−5311 ・ FAX 03−3946−5317
URL: http://www.tkd-pbl.com/

印刷・製本 新日本印刷株式会社

ISBN978−4−8079−0995−7
Printed in Japan